体育教师教育

张瑞林　梁　枢　著

北京体育大学出版社

策划编辑：赵海宁
责任编辑：赵海宁
责任校对：魏赛伟
版式设计：杨　俊

图书在版编目（CIP）数据

体育教师教育 / 张瑞林，梁枢著. -- 北京 : 北京体育大学出版社，2025. 3（2026.1重印）. -- ISBN 978-7-5644-4270-5

Ⅰ. G807

中国国家版本馆CIP数据核字第2025NH3941号

体育教师教育
TIYU JIAOSHI JIAOYU

张瑞林　梁　枢　著

出版发行：北京体育大学出版社
地　　址：北京市海淀区农大南路1号院2号楼2层办公B-212
邮　　编：100084
网　　址：http://cbs.bsu.edu.cn
发 行 部：010-62989320
邮 购 部：北京体育大学出版社读者服务部 010-62989432
印　　刷：北京科信印刷有限公司
开　　本：710mm × 1000mm　1/16
成品尺寸：170mm × 240mm
印　　张：19
字　　数：287千字
版　　次：2025年4月第1版
印　　次：2026年1月第3次印刷
定　　价：88.00元

前言

体育教师是我国学校体育工作深化改革的基础，更是国家体育事业可持续发展的基石。高质量培养体育教师人才、实现体育教师终身成长是我国体育教师教育工作的根本任务。本书在我国近现代体育教师教育事业的百年发展背景下，归纳党的十八大后我国体育教师教育的基本趋势与改革重点，针对我国体育教师教育的发展需要，比较美国、澳大利亚、英国、日本、加拿大等国家的成熟经验，探究我国体育教师教育事业改革的可行策略与路径，既适用于体育教育等专业学生、教师学习阅读，也能够为广大体育教师职业发展、职务晋升提供可靠指导。

本书共有九个章节可分为三个部分。（1）基础理论部分。本书提纲挈领介绍了体育教师教育的基本背景和根本功能，第一、二章首先介绍我国教师教育事业的历史背景与发展阶段，阐述我国体育教师教育改革的关键任务与可行路径，论述我国体育教师教育的“知识观”“行为观”和“能力观”，为本书后续章节奠定基础。（2）中国改革部分。讲好我国体育教师教育改革发展故事是本书的重要任务，第三章至第七章系统阐述我国体育教师教育的改革政策与相应举措。第三章介绍我国体育教师职前学历教育的相关体育学专业，归纳相关专业人才培养目标、学制学分和课程架构，分析体育相关专业的招生与就业环节，兼顾学前教育、特殊教育领域的体育教师培养；第四章聚焦体育教育专业现状不足，阐述学校体育工作改革、《义务教育体育与健康课程标准（2022 年版）》变化、“双减”政策实施等对体育教育专业建设的影响，并提出相应改进策略；第五章深入分析体育教育专业建设，阐释师范专业认证“以评促建”原则对体育教育专业高质量发展的影响，详细说明师范专业的认证逻辑、机理与办法；第六章讨论体育教师继续教育现状与改革；第七章基于职前职后一体化原则讨论我国体育教师教育的评价制度建设。（3）国际经验启示。本书不仅局限于讲好中国故事，更追求中国体育教师教育制度与国际接轨，试图梳理国际优秀且适宜的相关教育制度与经验，为中国体育教师教育事业提供参考。其中，第八章介绍了美国、澳大利亚、英国、日本和加拿大等国家职前学历教育、师资资格认证、职后培训制度；第九章梳理了美国、新加坡、日本、英国、澳大利亚等国的教育问责、教师职务（职称）晋升、绩效工资等制度经验，具有较高的启发价值。

概括来看，本书力求突出以下几方面特点：

（1）历史观念。本书首先介绍我国教师教育事业的发展历程与趋势特征，在高等教育改革的关键阶段讨论我国体育教师教育事业现状、问题与建设趋势，从历史沿革的总体历程来看我国体育教师教育事业的现实问题与改革举措。

（2）理论奠基。本书力求在国家教育事业整体发展格局下，在教师教育的基本理论体系中，充分结合体育教师工作岗位的特殊性，揭示体育教师教育的本质属性与基本任务，为读者深刻理解后续章节奠定理论基础。

（3）问题导向。本书的编写是坚持将理论与中国体育教师教育改革实践相结合，通过理论和实践充分融合引出改革所面临的困境，引发读者思考。

（4）国际视野。本书将中国改革实践与国际教育相关制度的成熟经验进行比较，有助于拓宽读者视野，帮助读者更好地理解中国改革举措内在的积极影响和可能面临的困境或风险。

最后，本书的编写参考了一系列宝贵的文献素材，收获了体育教育、学校体育领域一批学者、专家的重要建议，更得到了北京体育大学出版社的大力支持，这使得本书更具可读性和实用性。在此，特别向为本书编写提供帮助的学者、专家、同仁表达最诚挚的感谢。

目录

第一章

我国体育教师的发展现状

19 世纪末我国教师教育事业进入新的发展阶段。不同时期，教师教育事业的发展都会因内、外部环境的改变而持续演化发展。进入 21 世纪，教师教育事业已经较为成熟，为各学科领域的人才培养输送了大量教师人才。我国体育教师教育工作在国家教育方针、政策变革的引导之下不断完善健全。系统全面地了解我国教师教育事业的发展背景，进而把握体育教师队伍建设的基本现状，可以为后续深入讨论体育教师教育的相关改革问题奠定基础。

第一节　我国教师教育的历史背景、演化特征与改革重点

一、我国教师教育事业百年演变的历史背景

1896 年盛宣怀开办南洋公学拉开我国教师教育事业序幕。至今，我国教师教育事业经历一百多年的摸索，逐步向“师范教育”方向演化。不同历史时代，我国教师教育政策制度，包括教师培养、入职教育、职后培训等也始终处于持续改革状态[1]。我国教师教育政策演变可分 5 个阶段。

[1]　杨跃 . 论我国教师教育政策研究 [J]. 南京师大学报（社会科学版），2018（1）：60–66.

1.“美式”体系萌芽发展阶段（1896—1933 年）

1922 年民国政府参照美国师范教育模式，颁布了《学校系统改革案》，师范院校自此与普通大学共同纳入综合大学，与工、农、商科并驾齐驱[1]，但是师范教育的独立地位受到冲击，生源短缺成为当时师范教育的典型问题。总体来看，该历史阶段民国政府更多参照“美国模板”推动教师教育事业建设。[2]

2. 美、苏模式的交织与冲突阶段（1934—1948 年）

1934 年至 1948 年，我国社会先后经历土地革命后期、抗日战争以及解放战争三个时期。该阶段，美国社会文化与苏联社会文化之间发生激烈的冲突，也正是在冲突之中，苏联文化在中国大地上萌芽并发展起来。美、苏文化的对抗，以及苏联文化对我国的影响在我国教师教育事业中有所反映。例如，土地革命时期，苏区革命根据地（湘赣）先后建立起以短学制、培训为主的中等师范学校；抗日战争时期，晋察冀、晋绥、晋冀鲁豫、陕甘宁等敌后抗日根据地也建立起一批师范学校；解放战争时期，解放区解放军接管敌伪师范学校，并在原有师范教育机构基础上开设师范学校、短期师范学校或乡村师范学校、中学附设师范班等。1938 年是民国政府扭转师范教育混乱体制的关键年份，首先颁布《战时各级教育实施方案纲要》，规定：“师范学校独立设置，或将大学教育学院改为师范学院”；随后又颁布《师范学院规程》，不断完善师范院校办学目的、机制管理、课程训育、成绩考查等规定。

3. 全面苏化阶段（1949—1965 年）

1949 年，我国采用苏联模式加快推进社会建设与经济发展，教师教育体系全面苏化。1949 年 12 月全国第一次教师工作会议标志着教师队伍建设进入制度化轨道；1951 年《关于改革学制的决定》颁布，对各级各类学校地位、年限和互相衔接关系作出新的规定；1952 至 1954 年《关于大量短期培养初等

[1] 冯凯瑞 . 中国教师教育政策历史演进及特点分析 [J]. 焦作师范高等专科学校学报，2022，38（2）：52-56.

[2] 由于 1938 年同时存在美、苏两套教师教育模式，为清晰阐释该特殊历史阶段的制度演化逻辑，故按照此逻辑进行了发展阶段的划分。本书将《战时各级教育实施方案纲要》和《师范学院规程》的颁布也纳入第一阶段“美式”体系萌芽发展阶段进行阐述。

及中等教育师资的决定》等文件的颁布，有效改善了中小学师资短缺问题，为扭转国内80%的文盲、半文盲人口，提升学龄儿童20%极低入学率的恶劣局面提供解决办法。至1965年，国家教师教育体系在苏联模式影响下平稳发展、建设起来。

4. 停摆与恢复发展阶段（1966—1989年）

1966年"文化大革命"爆发导致国家教师教育事业停摆[1]。直至1977年国家教师教育体系仍然支离破碎。1978年党的十一届三中全会召开，确立了教育为社会主义建设服务的方向。同年《关于加强和发展师范教育的意见》颁布，提出"发展师范教育是振兴教育事业的重中之重，要求全国构建师范教育网"[2]，标志着教师教育事业进入重要的恢复阶段，试图从支离破碎的状态中摆脱出来，重整旗鼓推动教师教育事业的系统化建设。1980年全国师范教育工作会议召开，对1949年以来的教师教育工作经验进行总结，明确各级师范院校人才培养目标，在微观层面推动相关政策的落地与执行。此后，多项文件的颁布，均反映出中小学教师继续教育工作受到高度重视，教师教育体系建设进入快速恢复时期。

5. 法治建设与完善阶段（1990—1999年）

1990年前，国家更多采用行政命令的方式推进教师教育事业改革，虽然行之有效，但是简单依赖行政命令的方式无法保证教师教育事业的发展，只有在法治层面将教师教育事业认定为国家教育事业的重要组成，才能够保证教师教育事业始终在正确的道路上持续发展、持续变革。为此，1990年以后国家在法治层面不断强化教师教育工作的重要地位。1992年党的十四大提及了重视教师培养以及提升教师队伍法律意识，做好教师教育事业立法工作。1993年《中国教育改革和发展纲要》要求各级政府"努力增加投入，大力办好师范教育"，国家教师教育工作进入法治时代。同年《中华人民共和国教师法》颁布及1995年《中华人民共和国教育法》出台，明确我国教师权利义务、聘任制度及培训教育等；1999年《中共中央 国务院关于深化教育改革全面推进

[1] 张旸．中国百年教师教育政策的演变及特点[J]. 河北师范大学学报（教育科学版），2011，13（4）：16-21.
[2] 何东昌．中华人民共和国重要教育文献（1976—1990）[C]. 海口：海南出版社，1998.

素质教育的决定》颁布，鼓励综合性高等院校和非师范院校能够承担师范生人才培养任务；同年《中小学教师继续教育规定》《面向 21 世纪教育振兴行动计划》出台，高度重视中小学教师职后继续教育培训力度[1]，标志着国家在法治层面着手布局教师教育职前职后一体化培训工作。

6. 内涵式发展阶段（2000—2011 年）

2000 年以前，国家教师教育的首要任务是加快教师人才的输送，解决长期以来我国教师人才匮乏的现实问题。进入 21 世纪，国家教师规模逐步与国家教育事业所需相平衡，但是提高教师队伍的整体素养却始终是 21 世纪教师教育改革的重要任务，推动教师教育的内涵式发展迫在眉睫。2001 年《国务院关于基础教育改革与发展的决定》颁布，首次使用“教师教育”概念，强调在国家现有师范院校基础上推动开放性教师教育体系建设；2002 年教育部颁布《关于“十五”期间教师教育改革与发展的意见》指出，深化教师教育改革，做好现有师范院校布局、层次、类型、学科专业等方面的战略调整，是打造教师教育体系的实践路径。因此，教师教育体系建设进入“内涵式发展”的历史阶段，资源优先配置于业务素养偏弱的教师队伍。发展新时期我国教师队伍普遍急需提升的关键业务素养，成为该阶段教师教育工作改革的重要内容，具体表现为：①加大农村教师教育事业投入。2006 年教育部等四部门颁布《关于实施农村义务教育阶段学校教师特设岗位计划的通知》，正式开启农村“特岗计划”。②教师信息化教学素养培养纳入教师教育范畴，制定包括《关于实施全国教师教育网络联盟计划的指导意见》等政策，将教学信息化素养纳入培养范畴。

7. 深化改革阶段（2012 年至今）

2012 年党的十八大胜利召开之后，系列政策的颁布深化了我国教师教育事业改革，教师教育科学体系建立并完善起来。该阶段又可划分为两个子阶段，包括：①教学实践导向深化改革阶段（2012—2016 年）。2012 年 8 月颁布的《国务院关于加强教师队伍建设的意见》，是我国教师教育的纲领性文件，指出结合实际提高教师学科理论知识储备、增强教育教学知识、锻炼教师教育实

[1] 何东昌．中华人民共和国重要教育文献（1976—1990）[C]. 海口：海南出版社，1998.

践能力[1]，狠抓教师教育职前培养，重视教学实践能力的锻炼；同年《教育部、国家发展改革委、财政部关于深化教师教育改革的意见》颁布，进一步对教师教育体系实施科学化安排，完善健全的教师教育标准体系。②教师教育系统全面优化阶段（2017年至今）。2017年1月《国家教育事业发展“十三五”规划》颁布，重点从师德建设和提高教师素质等方面提出教师教育改革举措。一方面，提倡师资培养模式的调整与创新，强调师范招生制度的优化，完善高校、地方政府、中小学“三位一体”人才培养模式，明确将对不同层次师范类高校和师范专业实施专业认证工作；另一方面，强调政策支持师范专业建设，引导优质生源报考师范类院校及相关专业，如2018年2月《教师教育振兴行动计划（2018—2022年）》颁布，“免费师范生”概念替换为“公费师范生”，进一步扩大了师范专业潜在的优质生源。

二、中国教师教育事业百年演变的趋势特征

（一）越来越关注教师个人的成长与发展

长期以来，我国教师教育政策存在一定倾向的工具化色彩。尤其在中华人民共和国成立初期，为降低“文盲率”、扩大中小学基础教育师资规模，政策的工具化色彩尤为明显。政策工具化色彩往往会导致教育的同质化倾向，“一刀切”的行政管理特征往往会对教育者的创造性思维造成极大限制，与国家、社会对创新型人才培养的诉求相违背。因此，自20世纪90年代开始，国家在法治层面推进教师教育事业发展的过程中，明确提出教师个人成长的重要性。进入21世纪，《关于“十五”期间教师教育改革与发展的意见》《中共中央 国务院关于全面深化新时代教师队伍建设改革的意见》相继颁布，给予教师教育工作更多的权力空间和责任担当，反映出弱化政策工具化倾向和“一刀切”做法，鼓励尽可能因人制宜、根据不同教师群体的差异性诉求展开教育培训，更加重视教师个人的职业成长与价值实现[2]。

[1] 曲铁华，吴彤．十八大以来我国教师教育政策发展研究[J]. 教学与管理，2022（4）：1-6.
[2] 冯凯瑞．中国教师教育政策历史演进及特点分析[J]. 焦作师范高等专科学校学报，2022，38（2）：52-56.

（二）从关注教师规模扩张转变为关注教师综合素养提升

回溯20世纪前半叶，土地革命在苏区革命根据地时期，教师教育工作总体以“短平快”特点开展起来，以解决根据地师资数量不足的问题。直至20世纪80年代中期，我国师资规模扩展初见效果，但是师资专业素养偏弱的问题也显现出来了。1985年《中共中央关于教育体制改革的决定》颁布，高度重视我国在职、在岗教师的职后培训考核力度，切实提升教师的专业水平与业务素养。1993年《中国教育改革和发展纲要》颁布，提出到本世纪末通过师资补充和在职培训，绝大多数中小学教师要达到国家规定的合格学历标准，小学和初中教师中具有专科和本科学历者的比重逐年提高。这侧面反映出我国教师群体学历层次整体不高，甚至很多地区教师群体的受教育经历匮乏。该现象是造成教师队伍整体素养不足的客观原因，需通过相应手段提高教师队伍质量水平，体现在：①突出教师的思政教育。思想观念、政治立场、价值取向直接关系社会主义学校根本办学方向以及我们到底“培养什么样的人、如何培养人以及为谁培养人”的根本问题[1]。包括《中共中央 国务院关于进一步加强和改进大学生思想政治教育的意见》《高等学校课程思政建设指导纲要》等在内的政策文件，从不同视角提出了提升我国教师思政素养的政策要求与实践路径。②提升教师信息化教学能力。信息化教学能力被视为新时代中国教师应当掌握的重要能力，我国教师群体总体上缺乏相应的信息化教学知识与能力，对现代教育表现出一定的不适应性。为此，2005年《教育部关于启动实施全国中小学教师教育技术能力建设计划的通知》、2012年《教育信息化十年发展规划（2011—2020年）》等政策的颁布，是对《中国教育改革和发展纲要》关于教师素养提升要求的回应，对我国教师提升信息化教学能力素养的目标、内容、路径等提出明确要求。

（三）从城市教师发展“效率优先”逐步向“城乡公平配置”过渡

我国在特定历史阶段形成的“城－乡”二元结构，造成师资的城乡差别较大。城市较为发达的经济条件吸引大量优秀教师人才流入，是造成农村教

[1] 郗厚军．新时代高校青年教师思想政治工作研究[D]．长春：东北师范大学，2019.

育系统优秀师资流失的重要原因。进入 21 世纪，国家开始关注教育公平性问题，采用政策对“城－乡”的教育资源失衡问题进行干预。2006 年《关于实施农村义务教育阶段学校教师特设岗位计划的通知》颁布，公开招募高校毕业生到西部贫困乡镇中小学任教，引导并鼓励毕业生从事农村教育工作；2010 年教育部、财政部发布《关于实施“中小学教师国家级培训计划”的通知》，启动“国培计划”至今已历经十余年，帮扶了一大批乡村教师实现职业发展；2015 年《乡村教师支持计划（2015—2020 年）》颁布，要求根据中央精准扶贫战略部署，力争 2020 年造就师德高尚、素质优良、结构合理、甘于奉献的乡村教师队伍；2020 年《教育部等六部门关于加强新时代乡村教师队伍建设的意见》提出，通过定向发力、精准施策、破瓶颈、破弱项，力争用 3~5 年努力加强贫困地区乡村教师队伍建设。

（四）逐步由粗犷式“结构拼搭”转变为本土化“系统磨合”

长期以来，中国教师教育体系建设更多表现为“结构拼搭”状态，进入 21 世纪，国家不断制定政策，对原有体系进行系统的打磨，政策体系逐步健全。

1. 不同学段衔接的相关政策的颁布

我国教师教育体系一直存在学段衔接不畅的现实问题，集中体现为两个方面：第一，基础教育不同学段间存在衔接不畅问题。基础教育各学段衔接是指学生在幼儿园升小学、小学升初中、初中升高中过程中的科学有效衔接[1]。2010 年《国家中长期教育改革与发展规划纲要（2010—2020 年）》指出，树立系统培养观念，推进大中小学有机衔接。2021 年教育部印发《关于大力推进幼儿园与小学科学衔接的指导意见》进一步聚焦幼小衔接问题。第二，大中小学阶段的思政课程与任课教师教育的衔接不畅问题。德育工作一直是我国教师教育工作的重中之重[2]。2019 年习近平总书记在学校思想政治理论课教师座谈会上指出，在大中小学循序渐进、螺旋上升地开设思想政治理论课

[1] 方铭琳．基础教育加强学段贯通衔接研究 [J]. 亚太教育，2022（21）：39–42.
[2] 陆道坤．新时代大中小学课程思政一体化的内涵、难点及优化路径 [J]. 新疆师范大学学报（哲学社会科学版），2022，43（2）：38–48.

非常必要，是培养一代又一代社会主义建设者和接班人的重要保障。这意味着国家需要同样建立起循序渐进式的思政教师培养系统。同年，《关于深化新时代学校思想政治理论课改革创新的若干意见》颁布。该文件指出统筹大中小学思政课一体化建设，推动各类课程与思政课建设形成协同效应[1]，标志着在专业思政教师培养体系之外，国家试图依托各学科的师范专业体系，推进不同学科知识与思政教育素材的融合，实现“课课有思政”的改革目标。

2. 教师人才培养“职前—入职—职后”衔接的相关政策的颁布

1996 年国家教委颁布《关于师范教育改革和发展的若干问题》提出，建立培养和培训相沟通的师范教育体系。但是，管理体制分割、教育观念错位、教学资源互用性薄弱、师资队伍互不兼容等客观原因存在，导致我国教师教育职前培养与职后培训一直存在巨大隔阂[2]。2017 年教育部印发《普通高等学校师范类专业认证实施办法（暂行）》（以下简称《专业认证办法》），提出“以评促建”教师教育逻辑，即通过职后评价促进职前教育改革，具备“职前职后一体化”内在逻辑。用人单位对教师的评价意见，成为培养该教师的师范专业人才培养方案优化与调整的重要依据。换言之，师范专业人才培养不能与用人单位的实际诉求相脱节。为此，国家颁布相关政策通过“师范认证”方式打通教师教育“职前—职后”关节，通过教师行业的实际用人需求促进优化师范院校（专业）的毕业要求、培养目标及课程目标等。

第二节　党的十八大后我国教师教育的改革重点与关键任务

2012 年党的十八大胜利召开，是我国教育事业发生变革的重要节点，国家教师教育体系进入深化改革的历史新阶段。此后，国家出台系列改革举措，教师教育事业深受影响。

---

[1] 张浩，刘海莲，张锐．新时代大中小学课程思政衔接问题与对策研究 [J]. 吉林工程技术师范学院学报，2021，37（12）：11-14.

[2] 陈立万，杨丽娜，陈强，等．地方高校师范教育职前职后“一体化”培养模式探索 [J]. 中国成人教育，2018（24）：147-149.

一、我国教师教育改革的重要领域

通过梳理，我国教师教育改革的主要领域大致包括“职前学历教育”和“教师继续教育”两大领域（图 1–1）。①职前学历教育。职前学历教育就是基于学校教育体系的专业教育。按“职业区别”或“学生属性”，职前学历教育又可进一步划分为普通教育（以下简称普教）、职业教育（以下简称职教）、特殊教育（以下简称特教）；普教按“学段区别”又可以进一步划分为学前、基础、高校三个学段。②教师继续教育。教师继续教育是指教师入职后，在教师岗位上进一步接受培训，吸收先进前沿知识、锻炼先进教学技能的教育活动；从现有政策的划分情况来看，教师继续教育又可划分为：学历继续教育和非学历继续教育两大门类。

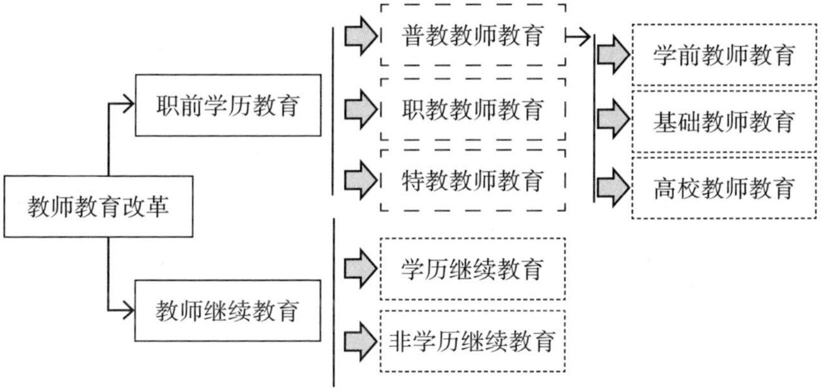

图 1–1　党的十八大后我国教师教育改革重要领域

（一）我国职前学历教育的改革：教师人才的学历提升

2010 年《国家中长期教育改革和发展规划纲要（2010—2020 年）》提出，调整师范院校结构布局，形成以师范院校为主、综合大学共同参与的教师培养格局。职前学历教育是我国教师教育体系的基石，是向国家可持续、大规模输送教师人才的重要来源，更是国家教育事业高质量发展的重大支撑，因此更加系统化、严谨化。其中，本科阶段是师范生职业价值观形成、专业知识吸收、专项教学技能学习的重要阶段，同时本科生自主学习的能力也相对偏弱，需要国家对于师范本科专业进行更加具体、严谨的规范化规定，相对硕士学历教育的人才培养空间会更放松，博士学历教育则相比而言限制更加宽泛。

聚焦本科师范专业，国家出台的两套评价标准——《普通高等学校本科专业类教学质量国家标准》（以下简称《国标》）和《专业认证办法》，对于我国教师的职前学历教育影响最为深刻，同时硕士阶段、博士阶段的人才培养方案也在本科模式的基础之上，逐步放开监控标准。两套政策是国家规定教师职前学历教育的重要政策与标准。

1.《国标》重点概述

2018 年《国标》正式发布。《国标》遵循三大原则：第一，以学生为中心。《国标》既强调巩固传统“教得好”教育思路，提倡引导学生“学得好”的基本逻辑。第二，产出导向。《国标》强调人才培养的落地与成效，人才培养目标设计、人才培养方案调整、专业课程优化等对口行业实际需要。第三，持续改进。《国标》评价体系具有“底线保障与卓越追求相结合”特征，底线标准既强调办学基本条件的达成，又留有办学的自主空间，鼓励专业的卓越发展和特色培育。

2.《专业认证办法》重点概述

2017 年 10 月教育部印发《专业认证办法》，与 2018 年颁布《国标》存在一定天然联系，是在《国标》基础上针对师范专业制定的专门性评价制度，内在逻辑同样与《国标》强调学生中心、产出导向、持续改进原则一致，是目前我国教师职前学历教育质量保障的重要制度文件，对于我国师范专业人才培养质量控制具有重要意义。

（二）我国继续教育制度改革：教师职后培训与终身学习

教师继续教育是指针对入职后在岗教师开展的一系列职后培训工作，是终身教育理念的特殊形式。但是，长期以来，我国教师教育工作重点是职前学历教育，教师的职后培训体系相对松散，且教师继续教育的政策制度相对薄弱。其中 1985 年《中共中央关于教育体制改革的决定》提出，学校教育和学校校外、课后教育并举，更好帮助教师适应经济和社会发展多方面需求。同样，我国继续教育工作可以划分出两大门类，包括非学历继续教育和学历继续教育。

1. 教师非学历继续教育

（1）非学历继续教育政策背景。1978 年邓小平同志同意筹办电视大学[1]，标志着我国以“电视大学”方式开展学历继续教育，后期拓展出了非学历培训。1987 年《关于改革和发展成人教育的决定》提出，积极开展大学后继续教育和专业培训、实践培训。1999 年中共中央、国务院《关于深化教育改革全面推进素质教育的决定》提出，大力发展现代远程教育、职业资格证书教育和其他继续教育。2010 年《国家中长期教育改革与发展规划纲要（2010—2020 年）》提出，“加快发展继续教育”“建立健全继续教育体制机制”“构建灵活开放的终身教育体系”。次年《教育部 2011 年工作要点》颁布，并指出，推进继续教育国家制度建设，加快发展非学历继续教育。2017 年，教育部办公厅发布了《关于举办“互联网 + 高等继续教育促进行业企业转型升级”高级研修班的通知》并提出，鼓励利用互联网等多种方式为重点人群提供学历和非学历继续教育。

（2）非学历教师继续教育系统中的细分领域政策。非学历教师继续教育政策分布在：①基础教育领域；②学前教育领域；③特殊教育领域。结合教师成长周期理论，非学历继续教育还可以理解为一个长链过程，包括新任教师培训、教师岗位培训和骨干教师培训三个阶段[2]。

第一，“基础教育领域”非学历教师继续教育。中华人民共和国成立初期，我国便已经开始研究推动中小学教师参与非学历教师继续教育。20 世纪 80 年代，我国教师继续教育总体以“学历补偿”为主要目的[3]，即降低无学历教师的比例。进入 90 年代，由于中小学师资配备已经达标，原先师资的“无学历”问题得到全面改善，1999 年 3 月《关于师范院校布局结构调整的几点

[1] 孙长远，许安然 . 我国高校非学历继续教育的演变脉络、主要问题及对策建议 [J]. 终身教育研究，2022，33（5）：51–57.
[2] 崔红洁 . 改革开放以来我国教师教育政策研究 [D]. 长春：东北师范大学，2014.
[3] 傅树京，崔彦琨 . 中小学教师职后培训政策的演变 [J]. 教学与管理，2016（9）：61–64.

意见》颁布，提出中小学教师职后培训重心需突出“继续教育”工作必要性与重要性。同年9月，《中小学教师继续教育规定》颁布，指出：中小学教师继续教育是针对在职中小学教师进行的系列培训工作，本质是教师的非学历继续教育——职后培训。2010年《关于实施“中小学教师国家级培训计划”的通知》颁布，集中推动“中小学教师示范性培训项目”和“中西部农村骨干教师培训项目”两个职后非学历继续教育项目，说明教师非学历职后培训工作分别朝着“卓越示范”（示范性培训项目）和“重点补缺”（骨干教师培训项目）的两个方向深化改革。

第二，“学前教育领域”非学历教师继续教育。20世纪90年代开始，学前教育的重要价值开始受到社会关注。1991年《关于改进和加强学前班管理的意见》颁布，提出：建立学前班教师资格审定、考核与培训制度[1]。1996年《全国幼儿园园长任职资格、职责和岗位要求（试行）》颁布，明确了园长任职资格、职责和尚位要求。1997年《全国幼儿教育事业“九五”发展目标实施意见》颁布，提出：采取多种形式加强在职幼儿园教师的业务培训[2]。2001年《幼儿园教育指导纲要（试行）》颁布，提出深入探究学前教师专业发展的有效方式。2003年《关于幼儿教育改革与发展的指导意见》颁布，学前教育师资培训经费纳入中小学教师继续教育规划。2010年颁布《国务院关于当前发展学前教育的若干意见》，通过多元渠道建设出讲求师德、精于业务、技能过硬的学前教师队伍。2011年《关于实施幼儿教师国家级培训计划的通知》下发，压实地方开展幼儿教师职后培训的责任，要求各地加强职后培训工作开展情况的监管力度。2013年《“国培计划”示范性集中培训项目管理办法》颁布，开始侧重幼儿园师资的高质量发展。

第三，“特殊教育领域”的非学历教师继续教育。特殊教育教师是指各类特殊学校中，那些从事特殊儿童教育教学和特殊儿童康复训练的教师类型；或者在普通学校中承担附设特殊班级教学、教辅、训练工作的教师类型[3]。

---

[1] 王凌玉．我国学前教师培训政策演进研究——基于1978—2016年政策文本的分析[D]. 长春：东北师范大学，2017.
[2] 同[1].
[3] 雷江华，方俊明．特殊教育学[M]. 北京：北京大学出版社，2011.

2012 年《关于加强特殊教育教师队伍建设的意见》颁布，对特殊教育教师选拔、准入、培训、激励等提出明确要求。2015 年《特殊教育教师专业标准（试行）》颁布，从“专业理念与师德”“专业知识”“专业能力”3 个维度给出了 14 个领域的 68 项具体标准，为特殊教育非学历继续教育的规范化开展提供治理依据。

第四，“职业教育领域”非学历教师继续教育。伴随信息技术蓬勃发展，我国职业教育发展面临重大的信息化改革。因此，职业教育师资信息化素养提升迫在眉睫。2021 年中共中央办公厅、国务院办公厅印发《关于推动现代化职业教育高质量发展的意见》及《教育部 财政部关于实施职业院校教师素质提高计划（2021—2025 年）的通知》，对“双师型”教师队伍建设、创新教学模式方式、改进教学内容与教材、完善质量保证体系等方面提出要求，是在职业教育领域开展师资职后培训的重要内容。

第五，“乡镇农村”非学历教师继续教育。党的十八大后，国家全面进入小康社会建设关键时期[1]，如何改变教育资源的城乡失衡问题成为党的十八大之后亟待解决的重大问题。加大乡镇农村教师队伍建设资源投入、优化乡镇农村教育管理体制成为发展乡镇教育事业的重要内容。2012 年《教育部、中央编办、国家发展改革委、财政部、人力资源社会保障部关于大力推进农村义务教育教师队伍建设的意见》、2015 年《乡村教师支持计划（2015—2020 年）》、2020 年《教育部等六部门印发关于加强新时代乡村教师队伍建设的意见》等政策相继颁布，从不同视角、不同路径、不同方式对开展乡村教师职后培训、推进非学历继续教育工作发展提出要求。

2. 教师的学历继续教育

教师的学历继续教育是现阶段国家提升教师队伍学历层次的重要方式，是指教师入职后通过特定方式进入到国家规定的学历教育体系接受学历教育，以达到知识补充和能力加强的目的。目前，我国现行教育制度正处于发展关键时期，一方面需要为在职在岗教师提供健全的学历继续教育体系，包括两个子门类，即“成人高等教育”（本科）和“教学硕士（博士）专业学位”；

[1] 何茜，顾静 . 建党百年乡村教师队伍政策演进的逻辑与启示 [J]. 教育研究，2022，43（2）：44-56.

另一方面，我国学历继续教育的管理仍然存在巨大漏洞，需对现行的继续教育工作进行规范化监管。

（1）推进教师学历继续教育的体系建设。我国学历继续教育体系的结构建设已经初步完成，在“成人高等教育”（本科）的成人高考制度设计与改革方面，及在增设“教学硕士（博士）专业学位”的方面，均作出诸多贡献与成果。

第一，成人高等教育制度。中华人民共和国成立初期，国家批准中国人民大学开展高等函授教育，为我国成人高等教育的发展奠定了基础。其中，成人高等教育的学制与内容依托于普通高等院校的各个学科教育体系，是相关教育教学的简化版，没有过多差别。但是，成人高等教育制度与普通本科教育制度相比，最大差别就在于入学考试制度，即成人高考。换言之，我国一批在岗教师（尤其是学历未达本科层次的一批教师群体）如何能够进入到成人高等教育中接受师范教育，就需要通过成人高考制度，获得接受成人教育的资格。目前，我国已建立起一套稳定且科学的成人高考制度，是国民教育系列中高校学历继续教育的入口，分为专升本、高起本、高起专三类，包括“脱产”“业余”“函授”三种形式。根据《教育部关于推进新时代普通高等学校学历继续教育改革的实施意见》，2025 年成人高等教育不再使用“函授”“业余”，统一更改为“非脱产”。

第二，增设教育硕士（博士）专业学位。教育硕士（博士）专业学位是为具有本科学历的在职、在岗中小学教师，提升学历至硕士层次（博士层次）而设计的学位类型，可纳入教师的学历继续教育范畴。为在职教师开辟此条继续教育路径，可追溯至 20 世纪 90 年代。1996 年国务院学位委员会决议同意设置教育硕士专业学位，1997 年启动教育专硕招生试点，为基础教育在职教师群体开辟硕士学位的受教育平台，与公共管理硕士、法学硕士、工商管理硕士等专业硕士的内涵相近。需要区别的是，教育专业硕士与教育学学术硕士之间存在明显差别，教育专业硕士的培养目标更加偏重于培养兼具理论素养和教学实践能力的学校教学干部或骨干教师。2008 年 12 月，国务院学位委员会第 26 次会议审议通过设置教育博士专业学位，招收对象是具有硕士学位、有 5 年以上教育及相关领域全职工作经验且卓有成就的中小学教师和学校管理人员。

（2）推进改善教师学历继续教育的监管举措。长期以来，我国学历继续教育领域更多关注体系的结构性建设，但是不论是成人高等教育还是教育专业硕士（博士）学位点，管理体制机制内涵化建设仍然落后，导致教育质量和效果无法达到预期。为此，2022 年《教育部办公厅关于严格规范高等学历继续教育校外教学点设置与管理工作的通知》《教育部关于推进新时代普通高等学校学历继续教育改革的实施意见》均是高等学校学历继续教育改革政策文件。其中，《教育部办公厅关于严格规范高等学历继续教育校外教学点设置与管理工作的通知》是为了解决高校学历继续教育校外教学点（函授站、业余点、校外学习中心、开放大学系统外设置的学习中心）所存在的失范、混乱问题颁布的；另外，《教育部关于推进新时代普通高等学校学历继续教育改革的实施意见》是未来全面改革我国高校学历继续教育的指导性文件，对适应新发展阶段的办学体系、改进优化教育教学、加强办学管理、促进数字化转型等方面提出要求。两份文件对教师的高校学历继续教育进行了明确规定，可以设想在政策支持的大背景下，包括教育类的专升本、高起本、高起专，以及教育硕士（博士）专业学位的整体办学模式、办学基础等均会不断完善。

二、我国教师教育改革的关键任务

2018 年印发的《教师教育振兴行动计划（2018—2022 年）》（以下简称《振兴计划》），为切实推动国家教师教育改革提供政策依据。根据《振兴计划》，可将党的十八大后我国教师教育的改革关键任务划分为师德师风养成、培养层次提升、乡村教师培养、生源质量改善、教师数字教育、教师教育实验、教师教育基地、教师教育师资、教师教育学科、质量保障体系十大项目。本书分别从“教师成长周期”“细分行业—学历层次”及“综合改革”三大视角出发，对十项改革项目进行进一步的任务划分与任务归类，具体内容如下。

（一）“教师成长周期”视角下教师教育的改革任务与关键指标

根据教师成长周期理论，《振兴计划》的相关改革任务大致可以归纳为“职前学历教育”改革、“学段衔接”机制改革、“继续教育”制度改革3个阶段（图1-2）。

1.“职前学历阶段”教师教育的改革任务与关键指标

（1）师德师风养成。“师德师风”是师范生学历教育重中之重，在职前学历阶段需要重点考虑课程体系的思政元素融入，尤其围绕必修课程设计“师风师德”的教育板块模式，并组织专家定期考查师风、师德教育的示范与激励。

（2）生源质量改善。生源质量是决定教师职前学历教育质量的重要条件，扩大优质生源是保障师范专业人才培养质量的重要路径。国家出台一系列师范类专业的优质生源录取、教师就业引导的优惠政策，引导更多优秀生源报考师范专业。

（3）质量保障系统。师范学历教育实施过程，需要将预先设计的人才培养方案付诸实践，需要加强质量保障体系建设，使人才培养实践过程能够保质保量并顺利达成培养目标。

（4）培养层次提升。目前，我国教师队伍总体学历层次更多集中于本科，教师学历层次虽然达到基本标准，但是却难以满足国家教育事业未来持续高质量发展对高学历师资人才的迫切需求。为此，在现有基础上逐步提升培养层次，扩大硕士、博士学历层次的师资人才培养规模，显得极为重要。

（5）教师教育师资。师范类专业的人才培养不仅仅是专业学科知识的灌输，更需要教会师范生如何将专业学科知识有效地传授给中小学生。为此，在职前学历教育领域，除了配备专业学科教师，还要根据学科特点培养、输送、配备一定比例的教师教育方向的师资，且此类师资同样具备特定的专业学科知识。结合相关政策，鼓励各师范院校筹建教师教育学院，是扩大教师教育优秀师资的重要方式。

（6）学科专业建设。鼓励符合条件的师范院校或综合院校投入更多学科建设资源，自设“教师教育学”二级学科，根据不同行业特征建设教师教育课程标准，结合实际启动相关的课程资源建设和教材编写。

（7）教育基地建设。长期以来，我国教师的学历教育存在一定偏颇，往往更加重视学科知识与技能的灌输与积累，但是对师范生教学实践能力的锻炼与培养相对较少。为此，相关政策均强调对师范生“专业教学能力”的培养。其中，最为行之有效的培养方式就是依托“教学技能实训平台”不断完善师范生的教学实践指导。

（8）教师教育实验。在新历史时期下，国家教育事业面临诸多新问题、新挑战，无法通过简单的模式化、标准化管理来解决不同的教育现实问题。为此，国家推进教师教育改革过程中，应当针对教育领域相关新问题、新挑战展开系统性实验，给出可行的教学改革办法，并将新办法、新经验融入教师职前学历教育之中，帮助所培养的师资入职后更好地解决教学领域的现实问题。

2.“职后继续教育阶段”教师教育的改革工作与关键指标

（1）教师非学历继续教育。非学历继续教育，一定程度可理解为“职后培训”，同样在师德养成、教育基地建设、教师教育师资、质量保障系统、学科专业建设、教师教育实验 6 个方面需要深化改革，与职前学历教育内容相近，但是具体的实施主体却与职前学历教育不同。目前，我国职后继续教育的实施主体更多依托市、县两级的教师发展中心；另外，各地一批具有资质的师范院系也通过社会服务的方式,承担起周边地区教师的职后培训任务。

从培训内容来看，国家不断优化教师继续教育培训内容，根据实际条件和需要开展针对性培训；从教师教育的师资配备来看，国家正多途径推进各级、各类教师职后培训的培训师资队伍建设工作，其中配齐、培训各行政级别的全学科学段的教研员，是我国建设教师职后培训师资队伍的重要举措。另外，在各项职后培训工作中，新教师入职教育培训是相对重点的内容，不断加强集中培训和跟岗实践相结合的新教师入职教育模式的研究和探索。

（2）学历继续教育。与非学历继续教育相近，学历继续教育同样服务于在职、在岗的教师群体。不同的是，非学历继续教育更多是职后短期培训，而学历继续教育则更加系统，且与成人本科教育、教育专业硕士、教育专业博士等学历挂钩。目前，我国成人本科教育相对比较成熟，且初具规模。下一阶段，教育硕士、博士培养体系的建设是我国教师学历继续教育领域的重点内容，尤其对于教师群体学历提升意义重大。

3. 体育教师教育的“职前—职后”衔接协同改革与关键任务

我国体育教师教育工作存在“职前—职后”衔接薄弱问题，这是造成体育教师教育资源整合力不足的重要原因。《振兴计划》明确提出加强教师教育各个组织机构、环节及各教师教育层次衔接。根据图 1–2，衔接改革工作包括以下两个方面：①师德培养、教师教育的“职前—职后”衔接。师德培养、教师教育是加强“职前—职后”衔接的重要领域，呈现出循序渐进的教育方式。②培养单位与用人单位的协同育人。长期以来，高校师范院系的培养单位与一线用人单位存在一定程度的信息壁垒，培养的人才在入职教师岗位后无法很快适应教育教学实践工作。为此，国家提出，加强师范院校人才培养单位与中小学用人单位的协同育人机制，具体方式包括教师资源双向共享、高校与中小学联合开展师范生实习实践活动，以及教师跟岗培训和教研教改协同研究。

（二）“细分职业—学历层次”视角是教师教育的重要改革任务

教师的职前学历教育是我国教师教育事业的基石，而学历继续教育发展相对较晚，系统结构建设与教育内容开发均并不成熟。但是，国家现有的教师群体规模巨大，对在职、在岗教师进行高质量培训与教育，是在现有条件基础上开发师资人力资源的必行之路。结合我国学历继续教育的现实情况，国家可以分别从“细分职业”与“学历层次”两个口径切入，推进学历继续教育。鉴于此，构建“细分职业—学历层次”矩阵（图 1–3）。其中，教师教育的“细分职业”维度包括基础教育、职业教育（职教）、学前教育（幼教）、特殊教育（特教）等，学历层次可划分为专科层次、本科层次、硕士层次以及博士层次。通过将“细分职业—学历层次”矩阵与上述整理政策进行结合，可以更加清晰地发现我国不同“细分教师职业”领域学历层次提升的重点任务，包括：①面向基础教育和职业教育，适度增设一批教育博士点；②增设一批教育硕士点；③加大特殊教育硕士培养力度。

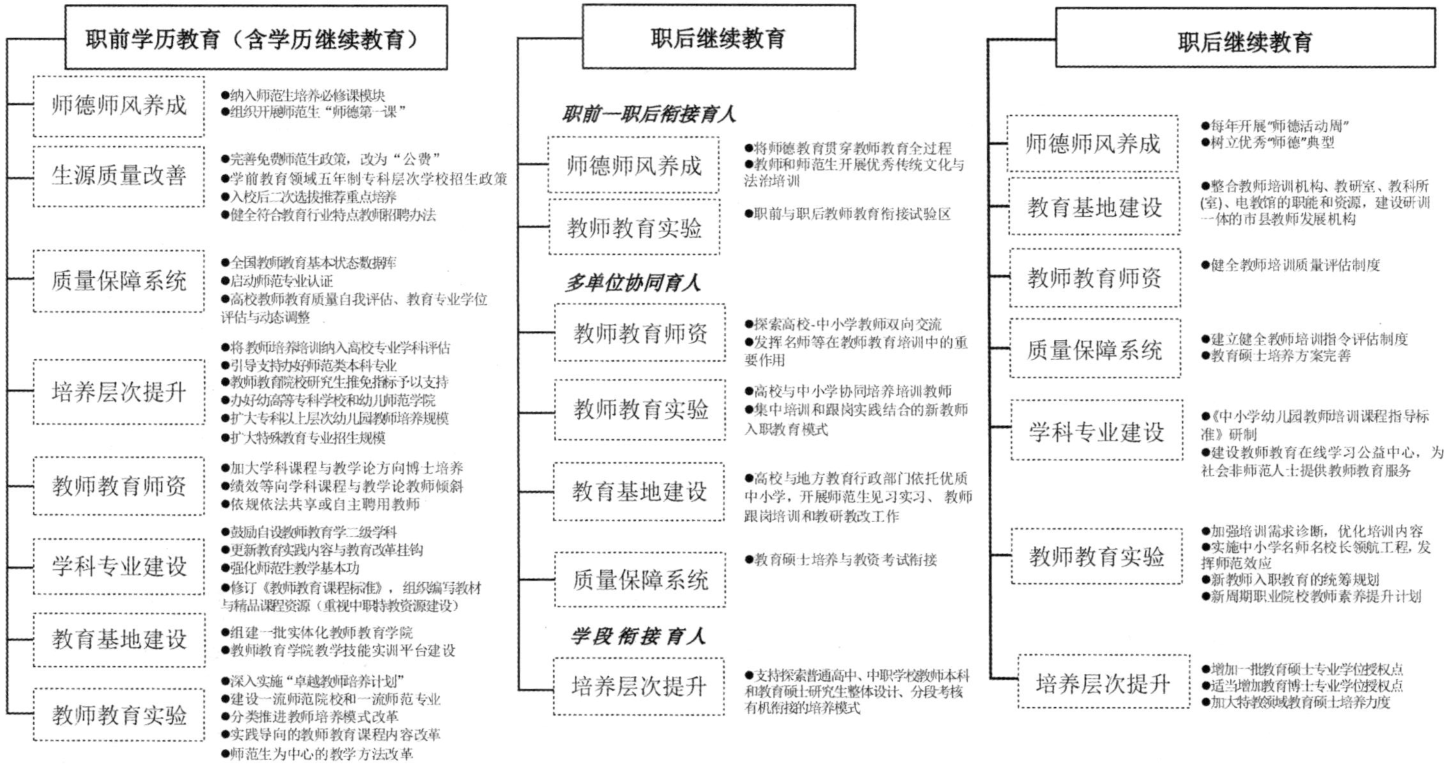

图1-2　政策对比视角下我国教师教育重点改革范畴与任务

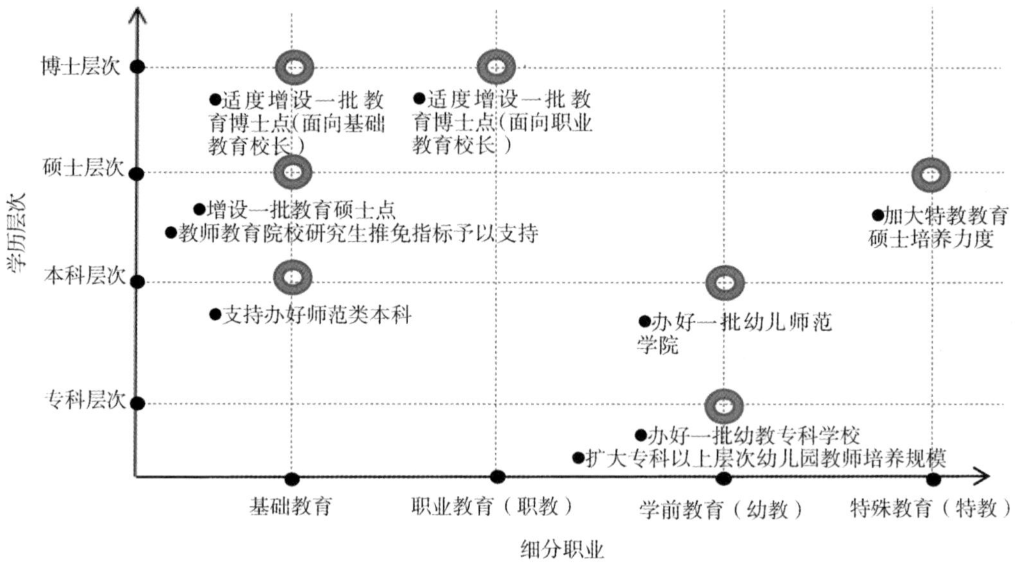

图1-3　新时代我国教师教育工作关于提升学历层次的教师细分职业

（三）“综合改革”视野下教师教育重要改革任务与关键指标

基于《振兴计划》，我国教师教育面临两大综合改革项目，对于我国教师教育体系的结构优化、提升我国教师素养具有重大的基础性作用，包括乡村教师素质提升行动和“互联网＋教师教育”创新行动（图 1–4）。

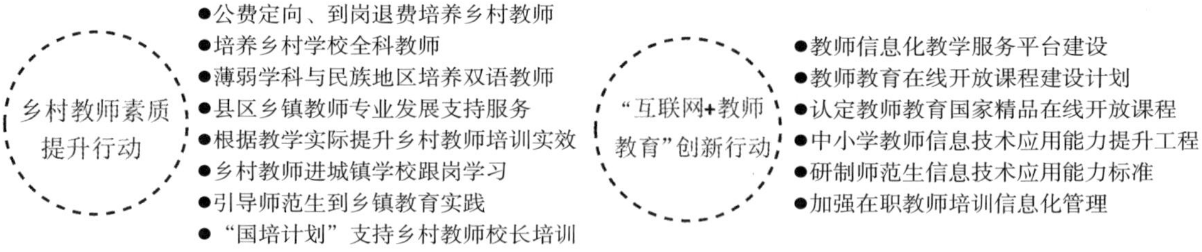

图1–4　“综合改革”视野下新时代我国教师教育重点改革任务

1. 乡村教师素质提升行动的重要改革任务与关键指标

乡村体育教师职业发展问题一直以来受到党和国家高度重视。近几年，伴随乡村振兴工程备受重视，乡村教师教育工作日渐迫切。根据《振兴计划》，乡村教师发展重点任务包括：①公费定向、到岗退费培养全科教师。我国乡村学校严重缺乏体育教师人力资源，导致乡村基层体育教育水平低下。为此，国家出台系列政策，试图激励、引导师范生流向乡村学校从事教育教学工作，缓解乡村学校教育水平低下的窘境。激励、引导方式包括公费定向、到岗退费以及全科教师。②薄弱学科与民族地区培养双语教师。我国很多少数民族聚居区都是贫困乡村，因此乡村教师教育工作在一定程度带有民族工作色彩，师资培养可能涉及民族语言培训，教会教师掌握当地民族语言，有助于提高传播学科专业知识的效率。③根据教学实际提升乡村教师培训实效。不同乡镇地区的资源基础差异明显，教师群体的知识结构、能力积累等都会存在差别。因此，各县级教师发展机构应当针对辖区内的乡村教师基本情况进行摸排，进而在相关规则标准的框架内，根据自身实际情况开展乡村教师素质提升的专项行动。④乡村教师跟岗学习。符合条件的乡村教师应当采用跟岗进修方式，到对口帮扶的城市学校进修学习，体验先进前沿的教育理念和教学知识、方法。⑤推进师范类专业在县、乡两级学校建设“教学实习基地”。教学实践基地建设能够帮助乡村学校更好对接各类、各级师范专业，将人才引进端口嵌入师范本科、硕士专业的实习环节，有机整合就业咨询服务，推动师范生人才向乡村空间转移。

2.“互联网 + 教师教育”创新行动的重要改革任务与关键指标

①教师教育信息化教学服务平台建设。2012 年教育部印发《教育信息化十年发展规划（2011—2020 年）》对我国教育信息化建设提出要求；2018 年《振兴计划》颁布，系统阐述“互联网 + 教师教育”创新行动的重点改革任务，包括教师教育信息化教学服务平台建设。围绕国家相关教育平台，整合相关数据库信息，面向教师群体开展专门性信息化教学服务平台建设。其中，平台操作办法和信息服务内容应当系统纳入教师教育过程。②开发在线课程建设。传统教师教育课程往往植根于线下，一定程度上受到时空限制。为此，伴随教育信息化不断发展，国家大力提倡将教师教育课程搬到线上，启动在线开放课程建设计划，引导各地根据实际开发设计线上教师教育课程。③中小学教师信息技术应用能力提升工程。推动教师的信息化能力培养，帮助受训教师养成信息化教学与管理习惯与能力。④研制师范生信息技术应用能力

标准。国家对教师职前学历教育阶段师范生的信息技术能力高度重视，提出将信息化培养纳入师范生课程体系，并在毕业要求中规定师范生入职前应当掌握哪些基本的信息技术，能够运用基本的信息教学方法提高教学效率。

第三节　党的十八大后我国体育教师教育基本现状与改革趋势

2012 年党的十八大召开，国家教师教育工作乃至整个教育事业迎来深刻变革。为此，党的十八大后我国体育教师教育工作顺应教育事业整体改革，开始分阶段、有重点地推进体育教师群体的教师教育工作。

一、我国体育教师教育改革的基本现状

（一）党的十八大后我国体育教师教育改革的两大阶段

党的十八大后，我国教育事业发生深刻改变，学校体育工作地位不断提升，对于体育教师知识储备、工作能力提出新的要求。为适应学校体育工作变革需要，我国在职、在岗体育教师群体，及在师范院校的体育教育等专业学生，都应当重新学习掌握新知识、新技能。如何推动体育教师教育体系改革，顺应学校体育工作对体育教师发展的新诉求，已成为重要议题。2012 年至今，体育教师教育改革总体可分为两个阶段。

1. 体育教师教育的“补弱筑基”阶段

进入 21 世纪第一个 10 年，学校体育工作上升到较高历史地位，但是体育教师队伍规模、质量整体偏低，导致学校体育工作改革很难推进。其中，我国体育教师整体发展空间过窄、待遇薪酬偏低、基础素养参差不齐等问题导致学校体育工作改革遭遇瓶颈。为此，2016 年《国务院办公厅关于强化学校体育促进学生身心健康全面发展的意见》颁布，提出加强体育教师队伍建设、突出师德建设、强化乡村体育教师职业荣誉、按标准配齐体育教师和体育教研人员、办好高等院校体育专业、鼓励优秀教练员等兼职体育教师、推动体育教师全员培训、提升特殊教育体育教师水平等。2017 年教育部印发《学

校体育美育兼职教师管理办法》，需要按照选聘条件，严格执行聘任程序，加强统筹管理与激励，充分培训并逐步建立高质量兼职教师队伍。两套政策均是针对我国体育教师队伍存在的明显不足与局限而提出的。因此，2012 至 2017 年的 5 年间，总体上可以归结为我国体育教师教育的“补弱筑基”阶段，为下一阶段推进体育教师教育工作高质量发展奠定基础。

2. 体育教师教育的“高质量发展”阶段

进入 2018 年，学校体育工作进入高质量发展新轨道，国家对于体育教师队伍建设提出更多建设性要求。针对体育教师队伍长期存在的根本性矛盾与问题，给出深刻改革的重要政策依据，包括：① 2020 年国家体育总局、教育部联合颁布的《关于深化体教融合 促进青少年健康发展的意见》提出，落实《学校体育美育兼职教师管理办法》，鼓励优秀退役运动员进入校园担任体育教师和教练员，畅通优秀退役运动员、教练员进入学校兼任、担任体育教师的渠道，探索先入职后培训制度；选派优秀体育教师参加各种体育运动项目技能培训，增强体育教学和课余训练能力。② 2020 年 10 月中共中央办公厅、国务院办公厅颁布《关于全面加强和改进新时代学校体育工作的意见》提出，各地要加大配齐中小学体育教师，支持高等师范院校与优质中小学建立协同培训基地，推进高校体育教育专业人才培养模式改进，推进地方政府、高校、中小学协同育人等。③ 2021 年《〈体育与健康〉教学改革指导纲要（试行）》提出，强化师资队伍建设、配齐配足教研员；按需引进师资，将优秀体育毕业生、退役运动员补充进入体育教师、教练员队伍；通过政府购买引入社会体育机构中有资质的专业体育教师、教练员补充师资缺口；注重体育教师师德培养；强化体育教师专业素养提升，系统规划体育教师的分层培训，每位教师每年要参加不低于 1 次培训活动，强化培训，通过培训准确把握改革方向；关注农村体育教师成长，注重兼职体育教师专业素养提升，加强教研平台建设，强化体育教研活动。④ 2022 年颁布的《教育部等十三部门关于规范面向中小学生的非学科类校外培训的意见》提出：在师资条件方面，所聘从事培训工作的人员必须具备体育、文化艺术、科技等相应类别的职业（专业）能力（具体由省级以上主管部门明确）或具有相应类别的教师资格证。⑤ 2022 年 6 月，《中华人民共和国体育法》颁布，针对体育教师队伍提出，学校应当按照国家有关规定配足合格体育教师，保障体育教师享受与其他学科教师同等待遇。学校可以设立教练员岗位，优先聘用符合相关条件的优秀退役运动员从事学校体育教学、训练活动；学校体育改革系列政策密集颁布，为我国体育教师教育事业高质量发展奠定政策支持基础。

（二）体育教师教育发展的三大运动专项

1. 足球专项师资培养的政策发布

为高质量推进我国校园足球事业改革，2013 年国家体育总局与教育部共同颁布《关于加强全国青少年校园足球工作的意见》，校园足球正式启动，提出加强足球师资队伍建设，研制并落实、配齐专职体育教师计划；建立、健全足球教师培养培训体系，创建一批全国青少年校园足球师资培养培训基地；重点落实足球教师等级教练员培训工作。2015 年国务院办公厅颁布《中国足球改革发展总体方案》，强调足球专业人才培养与发展的重要性。同年，《教育部等 6 部门关于加快发展青少年校园足球的实施意见》从配备师资和培养师资两方面提出要求：首先，多渠道配备足球师资，制定校园足球兼职教师管理办法，为退役运动员转岗足球教师或兼职足球教学创造条件；其次，加强体育教育专业建设，鼓励体育师范生主修、辅修足球，联合行业组织制定校园足球教师培训计划和骨干足球师资专项培训。2018 年 8 月《教育部办公厅关于印发〈全国青少年校园足球改革试验区基本要求（试行）〉和〈全国青少年校园足球试点县（区）基本要求（试行）〉通知》下发，提出加大足球师资队伍建设，鼓励支持社会力量参与校园足球“满天星”训练营的组织运营 [1]。

2. 武术专项师资培养的政策发布

2016 年，国家体育总局武术中心发布《中国武术发展五年规划（2016—2020 年）》以下简称《武术五年规划》，为校园武术发展指明方向，加强与

[1] 李梦慧 . 改革开放以来我国体育教师教育政策研究——基于政策文本的分析 [D]. 天津：天津体育学院，2020.

教育部相关部门合作，推进武术进校园活动深入发展，既加强了武术段位制和武术健身操的校园推广与普及，又支持了武术项目纳入各级、各类学校体育课程。《武术五年规划》还提出，完善武术师资培训机制，鼓励武术专业毕业生进入中、小学学校任教，定期举办武术教师教学技能大赛等。与中央文明办、教育部合作，实施“中华武术走进乡村学校少年宫”课外德育教育工程，设立“段位制师资培训基地”“少年宫武术师资培训基地”。2021 年 4 月 29 日，中华人民共和国教育部经研究，决定成立教育部中国武术教育指导委员会，通过规范校园武术教学、竞赛、训练等教育环节，丰富拓展校园武术文化与氛围。

3. 冰雪专项师资培养的政策发布

2015 年我国成功申办第 24 届冬奥会推动我国冰雪运动普及，为办好此次冬奥会，习近平总书记做出“带动三亿人参与冰雪运动”的指示。2016 年国家体育总局颁布《体育发展“十三五”规划》，指出要抓住冬奥会机遇积极开展冰雪进校园活动。同年《冰雪运动发展规划（2016—2025 年）》颁布，强调冰雪运动进校园的重要价值，计划编制冰雪运动校园教学指南，力争 2020 年全国青少年冰雪运动特色学校达到 2 000 所，2025 年达到 5 000 所，鼓励职业学校、高等院校开设冰雪相关专业，参与培养中小学冰雪运动教师，截至 2020 年完成对 5 000 名专职或兼职教师的培训。2019 年《教育部等四部门关于加快推进全国青少年冰雪运动进校园的指导意见》，要求各地教育行政部门建立冰雪专家人才库、成立省级专家讲师团、举办示范性体育教师冰雪运动培训班，鼓励各地依托高校、科研机构培养、培训、引进冰雪师资人才，扶持有条件的高等学校、职业院校设置冰雪相关专业，支持冰雪退役运动员从事教培活动等。

（三）体育教师教育改革发展的基本成绩与经验成果

1. 职前学历教育“课程体系”持续优化

根据《振兴计划》，体育教师群体的职前学历教育是体育教师教育事业的重要构成，师范本科、硕士两个学历教育阶段的科学化课程体系设计与实施决定着能否为社会培养出高质量、复合型的体育教师人才。其中，体育师资培养的本科层次课程体系关系培养教师的知识基础与能力，是教师能否高质量实现终身成长的基石，因此设计逻辑更加严谨、系统，更有助于学生打下扎实的专业基本功；而硕士层次乃至博士层次的课程体系构建，则会在本科课程体系框架下延伸，但课堂教学自由空间则会更大，更有助于培养学生的创新意识与能力。为此，体育师资培养本科层次课程体系设计至关重要，尤其受到《国标》《普通高等学校师范类专业认证工作指南（试行）》（以下简称《师范专业认证》）等政策的管控。对于基层各体育相关专业的办学单位而言，本科、硕士层次课程的设计不仅要在国家相关标准框架下执行，也需要根据自身办学定位以及服务区域体育教师特殊需求倾向，酌情制订适合的体育教师人才培养方案，定期优化课程结构、调整课程内容，根据用人单位诉求调整人才培养目标权重和学分配置。

2. 职前学历教育的“实习实践”环节建设

教学实践平台（基地）对于提高体育教育专业办学质量、体育教师人才素养具有重要意义。按照国家规定，体育教育师范专业培养人才过程中，不仅需要通过课程体系实现体育“专业知识”灌输，更需要学生学会知识的实践应用与有效输出。因此，培养体育师范生实际的教学能力是职前学历教育的又一重任，健全师范生体育教学实践能力培养制度迫在眉睫。具体来说，体育师资培养的相关专业（体育教育为体育师资培养的核心专业），会通过见习、实习、研习三个人才培养环节发展体育师范生的教学实践能力。其中，“见习”是基础培养环节，应要求师范生旁听中小学一线体育教师的现实课堂教学，通过实践情境引导师范生反思课堂所学的专业知识与技能理论；“实习”是由学校统一安排，将师范生派送至实习基地，在实践导师指导下自主探索、从事体育教学活动，让体育师范生通过切身的体育教学实践将所学知识、能力融会贯通。但是，在我国体育本科专业发展的较长时期内，以体育教育为代表的相关体育专业，在实习、实践课时与学分配置方面略显不足，大部分师范生更多是被动地接受知识灌输，因缺少锻炼机会与实践平台，导致所学知识和技能无法融入具体的教学实践情境、无法转化为稳定的教学能力。为此，根据《专业认证办法》，我国师范类学生每年需在签约基地开展不低于 18 周的实习、实践活动，且国家相关政策提倡推动地方政府、高校、中小学协同育人，建设试点学校和教育基地等，为学生搭建更加健全的实习、实践环境与平台，有利于全面提升我国体育教师能力。

3. 职后培训制度标准的完善

体育教育师范生毕业之后，通过教师资格（以下简称教资）考试获取教师资格证，并通过筛选到用人单位完成入职，这标志着全面进入职业发展领域。入职后，体育教师依然面临着发展与成长需要，不断根据行业要求持续进行职后培训，以提升业务素养与能力。我国各地开展的体育教师职后培训相对不够系统。但是，在现阶段学校体育工作改革导向下，大课间、校队训练、体质测试等工作将纳入体育教师日常工作量，意味着体育教师的工作量核定标准较以往明显提高，且工作评价方式也发生了深刻改变。但是，当前我国体育教师“存量”的整体素质水平相对较低，短期内无法适应学校体育工作改革要求，需要国家各级教育行政部门大力投入，努力建设体育教师职后培训制度，以便对当前在岗体育教师群体进行高效培训，提高其职业素养，从而使其承担学校体育工作相关任务。职后培训制度建设内在逻辑需要符合内、外部相关行业标准（图 1–5），包括两个方面：①需要符合国家相关政策、法规。各体育教育专业制定的制度标准需要符合《振兴计划》《中小学教师培训课程指导标准（师德修养）》《中小学教师培训课程指导标准（班级管理）》及《中小学教师培训课程指导标准（专业发展）》。②与教师群体的职业发展诉求相契合，符合教师职业发展的内在规律，能够有效实现既定的教学目标，达到学生学习的最佳效果。通过磨合建立起的制度标准能够更好地帮助在职教师补充前沿理论知识、持续提升体育教学能力。

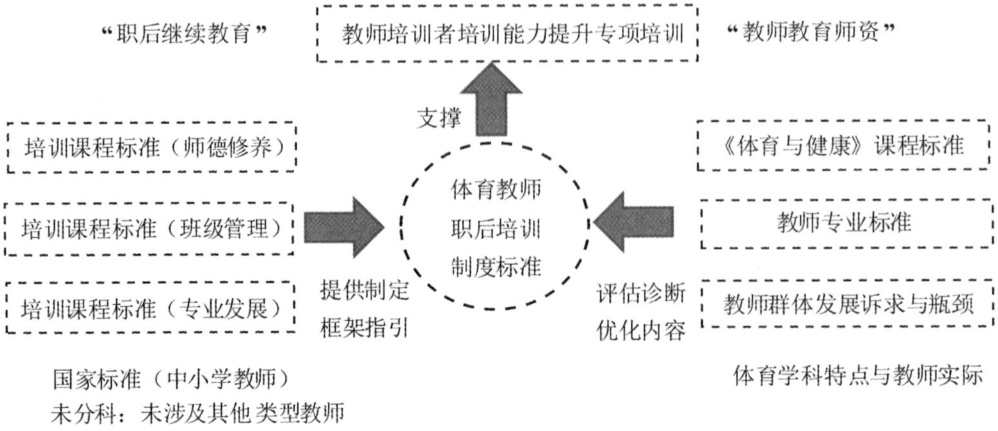

图1-5　体育教师职后培训制度标准设计的外部政策依据

4. “师德教育”贯穿体育教师成长全过程

师德教育是体育教师教育的重要组成部分，表现在两个方面：①职前学历教育的思政融入。长期以来，结合《振兴计划》，“师德教育”贯穿体育教师培养培训全过程。在实际人才培养过程中，我国各地体育教育专业会在人才培养方案设计、课程体系建设、课程大纲优化、教案内容补充、考试试卷编制等系列环节，融入课程思政的要素。②职后学历教育的德育培养。根据《振兴计划》要求，我国很多地方院校的体育教育专业，充分利用课余时间开展思政教育活动，每年开展“师德活动周”“树立优秀‘师德’典型”等师德培育任务。通过持续建设，我国“师德教育”融入教师成长全过程，结合不同类型体育教师群体特点，循序渐进展开师德培育与灌输。

二、我国体育教师教育改革的发展趋势

（一）“体教融合”背景下校园教练员岗位的职后培训

2020年国家体育总局与教育部印发《关于深化体教融合 促进青少年健康发展的意见》，提出大力培养体育教师队伍，畅通优秀退役运动员、教练员进入学校兼任、担任体育教师的渠道等要求。竞技体育系统培养出的运动员对于竞技训练理论与方法非常熟悉，但是对于体育教育教学的基本理论、方法、教学手段等的认知，很大程度上无法适应体育教学工作需要，需通过

一系列教师培训项目加以完善。2023年《体育总局 中央编办 教育部 人力资源社会保障部关于在学校设置教练员岗位的实施意见》颁布，提出体育部门负责做好退役运动员转型学校教练员培训工作，教育部门在学校教练员入职后加强思想政治、职业道德和教学培训，提高教育教学能力水平；学校教练员在取得教师资格证后可按规定转任体育教师。对于退役后进入校园从事教学工作的优秀退役运动员而言，通过职后培训提高体育教学业务能力显得格外重要。因此，未来国家针对有意向退役后进入校园从事体育教学工作的优秀运动员，应加强适合的职后培训，尤其是加强教师资格证考试的相关专项培训，帮助这些运动员能够更快、更好地适应体育教师的新角色。

（二）“双减”政策背景下校外体育培训机构的师资培训

2021年，中共中央办公厅、国务院办公厅印发《关于进一步减轻义务教育阶段学生作业负担和校外培训负担的意见》（以下简称“双减”政策），着眼学生身心健康成长、保障学生休息权利，整体提升教育教学质量。“双减”政策对于校外体育培训机构入校承担体育教学、训练的机构资质、管理规范作出规定，并对校外培训机构的体育师资资质提出要求，指出“可聘请退休教师、具备资质的社会专业人员或志愿者”“依法依规坚决查处超范围培训、培训质量良莠不齐、内容低俗违法、盗版侵权等突出问题”“教育部门要指导学校健全教学管理规程，优化教学方式，强化教学管理，提升学生在校学习效率”。虽然，“双减”政策并没有专门阐述校外培训机构的教师发展问题，但是，结合实践情况来看，如何有效控制校外培训机构聘用教师的质量以及提高校外培训机构体育教师的素质与教学行为规范，已成为下一阶段我国教育行政部门重点关注环节。

（三）乡村振兴背景下乡村体育教师的职后培训

根据相关政策，乡村体育教师职业发展已成为高度关注的社会问题，具体任务包括“兼职农村体育教师成长与专业素养提升”“农村体育教师培训”“完善农村体育教师特岗计划”“体育教育专业大学生支教计划”。如何切实扩大农村体育教师规模、提升农村体育教师素养是乡村体育教师职业发展的关键。鉴于此，《振兴计划》提出具体行动任务，包括：①培养乡村学校全科教师。农村教师规模不足，导致很高比例的教师同时承担两个或两个以上的学科课程。因此，国家面对农村教师师资短缺的客观局面，提出通过职后培训方式培养全科教师的策略。其中，将非体育学科背景的教师培养成为兼职体育教师，也是乡村学校全科教师培养的重要方面。②“国培计划”支持乡村教师校长培训。“国培计划”经过多轮升级优化，积累了丰富的乡村教师培训成果与经验，为乡村教师、校长持续提供专门性的职后培训方案。为此，国家更是明确未来需要进一步巩固成果，加强培训诊断与内容优化，进一步运用“国培计划”的培训平台整合适合乡村体育教学的培训内容，针对乡村体育教师展开更加深入的培训工作。③公费定向、到岗退费培养乡村教师。我国师范院校毕业生在毕业择业过程中，会倾向于选择经济收入较高的城市岗位，很少有毕业生会愿意从事乡村教师的工作。为此，国家出台系列政策希望能够激励体育教育专业毕业生支援农村学校体育工作，其中包括“公费定向”和“到岗退费”两类基本激励方式。④引导师范生到乡镇教育实践。引导师范生到乡镇教育实践是高校与中小学联合共建师范生教育实践基地的一种特殊方式，通过基地共建每年将优秀师范大学生推送至乡村学校开展“支教活动”。

（四）“综合改革”领域“互联网＋体育教师教育”的融合发展

结合《振兴计划》，本书认为加强“体育教师教育”的数字素养建设，充分推进“互联网＋体育教师教育”深度融合，是未来重要的发展趋势之一，具体表现在两个方面。

1.“互联网＋体育教师职前学历教育”融合发展

根据《振兴计划》，体育教师职前学历教育是“互联网＋”重要环节。结合《教育信息化十年发展规划（2011—2020年）》，“互联网＋体育教师职前学历教育”集中于以下几个方面：①线上课程开发。我国体育教育专业充分运用“互联网＋”手段推动专业课程开发，鼓励研发出能够线上开放、共享的精品课程。②学习模式变革。运用“互联网＋”实现教学组织改革，引导体育教育师范生学会利用“网络平台”培养探索性学习意识，根据自身学习需要打破传统体育教育课程之间的“学科知识障碍”，打通与体育教学高度相关的生理、生化、心理、社会、管理等学科专业课程的“知识通道”，形成学生的“探索式学习”思路，学生能够在更加广阔的知识体系内迅速有效地整合知识解决问题，增强“学研一体”效果。③评价方式改变。2020年中共中央、国务院颁布《深化新时代教育评价改革总体方案》，提出充分利用信息技术，提高教育评价的科学性、专业性和客观性。不断将人工智能、大数据科技应用于体育教师教育环节，能够在全过程周期，更加细致、全面地对体育师范生体育学习状态进行评价，并实现评价结果的及时反馈。

2.“互联网+体育教师职后培训”融合发展

根据《振兴计划》，未来体育教师职后培训有望进一步对接信息技术，实行线上、线下相结合的混合培训模式。其中，重视全国教师管理信息系统的升级，加强在职教师培训的信息化管理，建设教师专业发展“学分银行”，为实现体育教师职后培训工作“精细化”“动态化”评价与建设，利用大数据平台监控职后培训效果，督促参训教师能够清晰认识培训效果和所存局限，“以评促建”保质、保量完成培训课程，提高体育教育教学能力。

（五）职前学历教育领域“学前教育”“特殊教育”人才培养方案优化

《振兴计划》多处提及加强学前教育、特殊教育的教师培训力度以及相关师范专业的招生规模。但是，近年来我国学校体育工作政策很少提及学前教育领域和特殊教育领域的体育教师培养培训，说明这两个领域还未得到过多关注。实际上，学前教育和特殊教育两大领域均承担培养体育教师的任务。①学前教育的体育教师培养。2001年教育部颁布《幼儿园教育指导纲要（试行）》，其中对学前阶段的体育教学任务作出规定，有助于促进幼儿身体正常发育和机能的协调发展。随着幼小衔接政策的颁布，幼儿园体育教学能力培养的相关课程将更加系统化，师资的人才培养方案也发生相应调整，一些包含体育元素的课程被纳入人才培养方案，如幼儿体育游戏、幼儿武术、幼儿体操等。但是，实践层面如何选择合适的运动项目或活动内容，学分配置该如何处理都值得深入研究。②特殊教育的体育教师培养。现行学历教育体系之中，一批高等、中等职业院校设置“特殊体育教育”方向，在“融合教育”的理念作用下，师资的人才培养体系中也融入了大量具有体育（游戏）元素的课程。未来，由于特殊儿童青少年的情况各不相同，需要更加细致地设计、论证特殊教育领域体育教师人才培养方案及其合理性。

第二章

体育教师教育工作理论基础

1966 年联合国教科文组织通过了《关于教师地位的建议》，提出教师教育应当是一个教师终身学习的持续过程，需要覆盖职前教育、职后培养全过程，进而延伸发展到终身学习目标的达成。全球范围内，现代意义的教师教育工作大致起源于 17 世纪末。此前，教师教育更多是以经验传授为主的“学徒”模式。17 世纪末，伴随现代化工业启蒙，经验化“学徒模式”逐步退化，以知识技能传授为主的“专业化”教师教育模式开始兴起。第二次世界大战结束后，全球教育学领域逐渐意识到基于“学科知识”的教师教育模式符合教育规律，并开始鼓励和发展“教学理论与教学方法”。直至 20 世纪六七十年代，教师教育更是发展成独立的学科单元，教师教育内涵逐步由“知识观”开始向“能力观”转化，如何将学科知识通过有效的教学实践方法传输给学生，帮助学生学会知识、掌握能力，成为当时教育变革的重要话题。1980 年前后，教师教育进一步强化了对教师的“教学实践能力”培养，强调教师要同时掌握“学科知识”与“教学能力”，因此两者也是教师教育工作的两大落脚点，且两者可以相互转化。学科知识是教学能力提升的基础，而教学能力发展不能脱离学科知识独立开展。因此，本章试图从“教师知识”和“教学能力”两个方面系统论证我国体育教师教育的核心目标——体育教师的能力提升是我国体育教师教育改革的理论基础。

第一节　教师教育的“知识观”“行为观”与“能力观”

教师教育需要从教师发展的“知识观”“行为观”和“能力观”说起。帮助教师积累教学工作所需的基础知识、系统优化教学行为、全面提升教师教学基础能力，是教师教育工作的根本初衷，也是师范教育课程设计、教师职后培训乃至教师终身学习的逻辑起点。为此，本书想要全面、细致地阐述体育教师教育工作，就要首先回答：教师教育工作的初衷与本质是什么？我们到底想培养什么样的体育教师？我们培养的体育教师应当掌握怎样的知识、具备怎样的行为能力？这些问题的回答都应从教师应当积累哪些知识，具备哪些能力开始谈起。鉴于此，教师教育工作目的可划分为 3 个层次（图 2–1），即知识观、行为观、能力观。“知识观”是教师培养的基础层次，“行为观”是教师培养的中间层次，而“能力观”则是教师培养的最高层次。教师培养始终以学习各类教师所需知识为基础，逐步引导教师达到培养目标指向的“行为规范”和“行为标准”，鼓励教师通过实践不断磨炼教学行为、积累经验并持续发展教学能力。

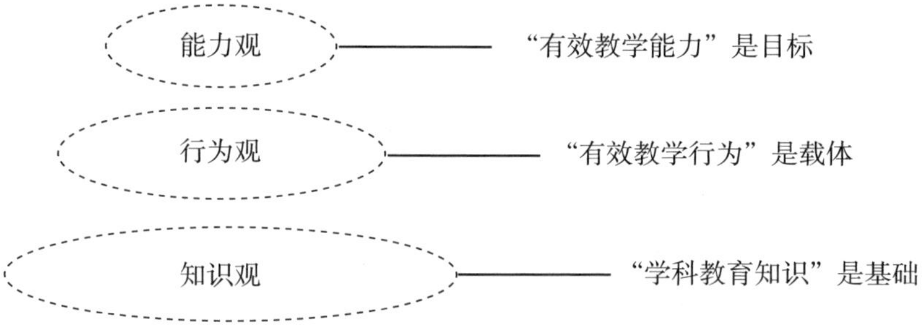

图2–1　教师教育工作理论基础——知识观、行为观和能力观

一、教师教育“知识观”的概念

教师教育工作的核心目的在于帮助教师不断丰富岗位所需的知识基础。那么，教师职业发展到底需要哪些类型的知识储备呢？舒尔曼（Shulman）在 20 世纪 80 年代曾对教育教学知识进行深刻研究，提出“教学环境衍生出的‘知识’”（Knowledge Growth in Teaching），同时在此理念基础上首次提出“学科教学知识”（Pedagogical Content Knowledge，PCK）[1]。后来，不同学者从不同视角对 PCK 进行概念解读，较为经典的界定如：舒尔曼认为 PCK 应当属于教师如何帮助学生理解特定学科内容知识的知识范畴。首先，需要教师对特定学科的内容知识非常熟悉，并且能够根据不同教学情境与学生需要，有效组织学科知识形成有效的教学内容和教学方式[2]。格罗斯曼（Grossman）认为 PCK 应当包含教师推广特定的学科内容知识，进而以特定教学目标为导向蕴含必要的教师责任与职业信念，并涵盖相应学科的相关课程与教材内容，帮助教师能够站在学生立场清晰判别学生易理解的、易犯错的学科知识内容与教学表达方式，让教师拥有充足敏感性，能够根据学生不同反应和具体教学情境灵活采取相应的教学策略和表征知识[3]。卡特（Carter）提出 PCK 是教师对特定学科知识与技能的理解，并且教师基于自身理解将各类知识有效融合转化为各种课程教学活动[4]。格迪斯（Geddis）认为 PCK 是学科知识与一般教学知识高度融合、相互交互的综合性知识产物[5]。科克伦（Cochran）等认为 PCK 是教师对特定学科领域中特定教学主题的一种综合性理解与创造性运用，可进一步划分为教学方法知识、学生知识、学科知识与教学情境知识[6]。后期随着 PCK 理论不断发展，其间蕴含的知识结构逐步化繁为简，知识维度划分结构也变得相对简单，包括波尔（Ball）提出的 PCK（学生知识、学科知识、教学知识）[7]，尼尔森（Nilssens）提出的一般教学知识（General Pedagogical Knowledge，GPK）、学科内容知识（Content Knowledge，CK）、学生内容知识（Knowledge of Content and Student，KCS）和学习情境知识（Subject Matter Knowledge，KCT）等[8]。

---

[1] SHULMAN L S. Those who understand：knowledge growth in teaching[J]. Educational researcher，1986，15（2）：4–14.
[2] 贺昆 . 国内外 PCK 概念在体育教育领域中的演绎 [J]. 体育科学研究，2020，24（6）：82–92.
[3] GROSSMAN P L，RICHERT A E. Unacknowledged knowledge growth：a re–examination of the effects of teacher education[J]. Teaching and teacher education，1988，4（1）：53–62.
[4] CARTER K. Teachers' knowledge and learning to teach[M]// HOUSTON W R，SIKULA M H J. Handbook of research on teacher education. New York：Macmillan，1990.
[5] GEDDIS A N. Transforming subject - matter knowledge：the role of pedagogical content knowledge in learning to reflect on teaching[J]. International journal of science education，1993，15（6）：673–683.
[6] COCHRAN K F，DERUITER J A，KING R A. Pedagogical content knowing：an integrative model for teacher preparation[J]. Journal of teacher education，1993，44（4）：263–272.
[7] BALL D L，THAMES M H，PHELPS G. Content knowledge for teaching：what makes it special?[J]. Journal of teacher education，2008，59（5）：389–407.
[8] NILSSEN V L. Guided Planning in First–year student teachers' teaching[J]. Scandinavian journal of educational research，2010，54（5）：431–449.

综合相关文献，本章认为教师教育工作根本导向应当遵循“学科教学知识”相关理论，以助力教师群体掌握职业发展必要知识为根本目的。结合上述文献，本书认为“学科内容知识”“一般教学知识”“学生学科知识”以及“教学情境知识”是教师教育工作“知识基础观”基本组成（图 2–2）。当然不同文献会从不同视角对上述四类教师教育的核心知识加以界定与分类，很多概念内涵存在一定的重叠性。例如，很多研究将“学生学科知识”加以调整或细化融入“教学情境知识”范畴。本书为了更加清晰地阐述各类型教师教育知识的基本内涵，便综合以往研究对 4 个细分知识类型进行概念界定。总体来看，不论是体育学科、音乐学科，还是其他任何学科的专任教师培养，都应当以增强四类知识储备为教师教育的核心目的。

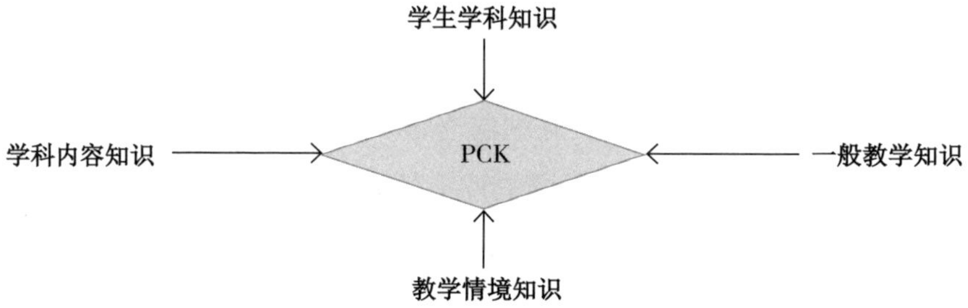

图2–2 PCK模型理论视域下体育教师教育的基本知识架构

（一）学科内容知识

学科内容知识又称“内容知识（Content Knowledge，CK）”，是指特定学科领域内被公认的学科基本概念、基本知识与基本思想。不同学科的学科内容知识会对具体的教学方法选择、应用产生影响，或者说不同学科内容知识决定了不同学科领域的教学方法属性与类型[1]。此前，诸多学者对 CK 进行分类，较为经典的分类方式有肯尼迪（Kennedy）提出的 CK 属性，可概括为学科知识、内容的组织和结构、研究方法等。其中，“学科知识”是指人类在本学科经过长期的探索与沉淀，逐步形成的事实、概念、规则和原理；“内

[1] 林倩．职前数学教师学科内容知识与学科教学知识的调查研究——以点到直线的距离为切入点 [D]. 上海：华东师范大学，2017.

容的组织和结构”是指该学科领域内事实、概念所构成的知识网络或者知识体系，学科知识并非相互割裂的散点，而是存在特定逻辑联系的知识集体；而“研究方法”则是以假设、证明等方式，对特定学科内容知识进行验证以及探索其发展的特定研究方法[1]。

（二）一般教学知识

舒尔曼[2]认为，一般教学知识（General Pedagogical Knowledge，GPK）是超越特定学科的课堂管理原则与策略知识；格罗斯曼指出 GPK 包括学习理论、一般教学理论、教师关于教育哲学的理解以及课堂管理原则和教学技巧；柯尼希（König）等将 GPK 界定为教师关于教学工作的综合胜任力，体现在课堂准备、教学组织、教学效果评价、学生动机与课堂管理等多方面，并且提出 GPK 框架模型，包括教学模式的“结构性建构”（Structure）、“课堂管理 / 动机”（Motivation/Classroom Management）、“调节适应性”（Adaptivity）和“评估”（Assessment）。索恩马克（Sonmark）等将一般教学知识定义为教师为所有学生创造的有助于促进有效教学、营造良好学习环境的专业知识，是超越学科并与学科知识毫无关联的一类知识，可进一步划分：教学过程（教学方法 / 计划 / 课堂管理）、学习过程（学生发展 / 学生情感动机调节）及评估（评估诊断 / 数据使用 / 学情分析）。

（三）学生内容知识

PCK 模型框架中，学生内容知识（Knowledge of Content and Student，KCS）是决定教师教学行为、教学策略的重要知识类型，是指教师对学生学习特定学科内容时的思维方式和典型错误等的认知判断或经验认识，体现出教师对学情的基本把握[3]。具体来说，KCS 是从教学行动的知识中抽离而出的，要求教师不仅对学科知识以及各知识点内在联系有着深刻把握和认知，更需要准确了解学生已经具备哪些知识，还需要学习哪些知识，站在

[1] 刘梦行 . 化学师范生学科内容知识理解性学习设计研究 [D]. 桂林：广西师范大学，2016.
[2] GROSSMAN P L， RICHERT A E. Unacknowledged knowledge growth： a re-examination of the effects of teacher education[J]. Teaching and teacher education， 1988， 4（1）： 53-62.
[3] 何声清，张云 . 职前教师“内容与学生知识”水平的实证研究——以“数学归纳法”为例 [J]. 内蒙古师范大学学报（教育科学版），2022，35（2）：66-72.

学生立场掌握不同年龄段学生易于理解哪些特定学科知识，或者容易在什么环节与国标要求发生偏离。很多研究指出，KCS 是新手教师与成熟教师、成熟教师与经验丰富教师的核心差别。不论是新手教师、成熟教师，还是经验丰富教师，关于学科内容知识的储备差异并不显著，关键在于教师对学情的敏感性。大量研究证明新手教师缺乏相关经验[1]，无法准确、敏锐地根据学生学习情况灵活有效地调整教学策略，解决学生学习问题、提高学生学习效率；专家型教师的优势在于拥有良好的 KCS。朱亚丽对 KCS 进行划分，从“对学生已有学科知识的了解”（相似性、匹配率、难易度）、“对学生接收能力的了解”（语义复杂性、结构复杂性）及“对学生学科思维的了解”（深刻性、灵活性、独创性）[2] 3 个方面来评价中国中小学基础教育师资的能力经验水平。

（四）教学情境知识

当前，学界关于“教学情境知识”（Knowledge of Context，KC）概念并未统一。为此，本书介绍几位学者的经典理论观点，展示其中内涵。徐碧美认为，教学情境知识是教师通过不断适应具体教学环境的特殊性而逐渐发展起来的，是教师为适应不同的教学情境而持续调整自身教学模式与方法，改变自身与学生教学互动关系，通过契合教学情境需要达到特定教学目的[3]；埃尔巴兹（Elbaz）认为，教学情境知识是教师所在学校的相关信息知识[4]；莱夫（Lave）从人类学视角分析教学情境知识形成动机，认为教学情境是教师个体与其外部特定社会情境的互动产物，特定社会情境中每个利益相关者（如教育局行政管理者、校长、家长、社会舆论等）都会向教师主体释放不同方向、不同强度、不同类型的影响信号，在不同社会力量作用下教师的教学策略与教学行为也会发生相应的改变与差异[5]；杨翠蓉等认为，教

[1] 马静亚 . 高中数学新手教师与专家教师 KCS 差异比较研究——以洛阳地区为例 [D]. 洛阳：洛阳师范学院，2018.
[2] 朱亚丽 . 职前教师和在职教师 KCS 的比较研究——基于问题提出的视角 [J]. 河南教育学院学报（自然科学版），2022，31（1）：35–42.
[3] 徐碧美 . 追求卓越：教师专业发展案例研究 [M]. 北京：人民教育出版社，2003.
[4] ELBAZ F. Teacher thinking： a study of practical knowledge[M]. London： Croomhelm， 1983.
[5] LAVE J. Cognition in practice： mind， mathematics and culture in everyday life[M]. Cambridge:Cambridge University Press，1988.

学情境知识会影响教师教学行为，教师根据不同的教学情境而重构学科内容知识、一般教学知识及学生学科知识[1]；林曼红认为，教学情境知识是教学创新能力的基础知识，面临不同教学情境（如教学设施设备的配置、不同学生群体的特殊反应、学校教育理念的更迭等）都需要教师快速作出响应，将外部情境变化信号转化为教学情境知识，运用教学情境知识调整教学内容和教学方法，达成既定教学目标[2]。

二、教师教育“行为观”的概念

“行为观”是教师教育工作的第二个层次内容，是在“知识观”基础上发展起来的，重点考查教师具体的教学方式与手段。“行为”是讨论“教师行为”的前置概念，不同学科理论对于“行为”的解释各不相同。例如，心理学认为“行为”是在人类内在动机诱发下，或为满足内在特定需求而产生的系列行动；社会学认为人类行为是在特定物质条件中，在社会文化制度和价值观念影响下，形成的一种行为倾向或者方式[3]。不论哪类学科解释，“行为”都可被划为两个部分，即内隐性行为（知识、思维、态度、意识等）和外显性行为（基于语言表达、肢体动作组成的可观察的结构化手段行动等）。

“教学行为”是以教学规律为载体发展而成的一系列“教师行为”，核心目标在于将“学科教学知识”传授给教师，帮助教师塑造符合教育规律、帮助学生提高学习效率及达成既定教学目标的各类教师教学方式与行为策略。缺乏有效的教学行为，教师只积累知识未必能够有效将学科知识传授给学生，还需要通过合理的教学行为将知识传授给学生。施良方等认为教师行为是教师引起、维持和促进学生学习的固定行为，包括主要教学行为和辅助教学行为[4]。唐松林提出，教师行为是教师对自己能否有效实现教育目标、完成教学任务的基本信念，是教师为适应自身发展需要而不断发展、完善自身教育思维、人格秉性、认知水平，并统一加以践行的教学行动方式的总和[5]。张

[1] 杨翠蓉，胡谊，吴庆麟．教师知识的研究综述 [J]. 心理科学，2005（5）：1167–1169.
[2] 林曼红，何齐宗．教师的课堂情境知识及其建构 [J]. 教育理论与实践，2011，31（11）：30–31.
[3] 刘佳．中学教师影响教学有效性的能力素质与关键行为研究 [D]. 上海：华东师范大学，2018.
[4] 施良方，崔允漷．教学理论：课堂教学的原理、策略与研究 [M]. 上海：华东师范大学出版社，1999.
[5] 唐松林．教师心育能力目标与高师心理学课程体系重建 [J]. 集美大学学报（教育科学版），2002（3）：70–74.

建琼提出，教师行为要素结构可划分为施行者、施行过程、施行结果等[1]；其中，施行效果又可分为“内隐”和“外显”两大行为类别。罗生全提出，教师行为是教师为实现特定教学目标而实施的一系列能够有效解决教学问题、提升教学效率的行为[2]。

（一）“教师行为”的基本特征

1. 教师行为是由“职业知识—内隐知识—外显知识”三个层次构成

“教师行为”可分为3个基本层次（图2–3）。根据图2–3，“教师行为”的最低层次是“专业知识”（Professional Knowledge），中间层次是“内隐行为”（Implicit Behavior），最高层次是“外显行为”（Explicit Behavior）。其中，“教师行为”基础层次是“专业知识”，直接与“知识观”中的“学科教学知识”（PCK）相关，教师行为培养与发展都需以“知识”积累与沉淀为基础；当教师积累必要知识后，会在教学实践过程中不断组合知识开展教学活动，不论知识实践运用是否得当，最终会在学生表现、教学单位考核等外部力量的影响下，改变对自身从事教师工作的认知和态度，并引发对自身教学行为的反思，形成符合自身特质的“教学思维”。不少学者通过“主观理论”（Subjective Theory）分析教师成长过程中如何将外部吸收的“专业知识”转化为自身教学的“内隐行为”[3]，即教师自身特有的对教师教学的观念态度与教学思维。教师前期形成的“教育观念”或者“教学思维”直接影响教师的“外显行为”。“外显行为”更像一张“滤网”，会根据自身特定的职业态度与教学观念，将自己有限的学习精力或资源配置到自己认知中更加高效的教学技能上，而将自己觉得的无用知识、技能过滤在外，或采用低效方式进行消极学习[4]。教师行为最高层次是“外显行为”，“外显行为”是基于“专业知识”，在教师“内隐行为”与教学情境高度互动融合后产生的可被直接观察的“教学行为”。

[1] 张建琼．教学行为研究的教学论意义[J]. 教育理论与实践，2004（17）：50–53.
[2] 罗生全．中小学教师有效教学行为调查研究[J]. 教育研究，2014，35（4）：129–137.
[3] RICHARDS K A R，TEMPLIN T J，GRABER K. The socialization of teachers in physical education：review and recommendations for future works[J]. Kinesiology review，2014，3（2）：113–134.
[4] CURTNER-SMITH M D，HASTIE P A，KINCHIN G D. Influence of occupational socialization on beginning teachers' interpretation and delivery of sport education[J]. Sport，education and society，2008，13（1）：97–117.

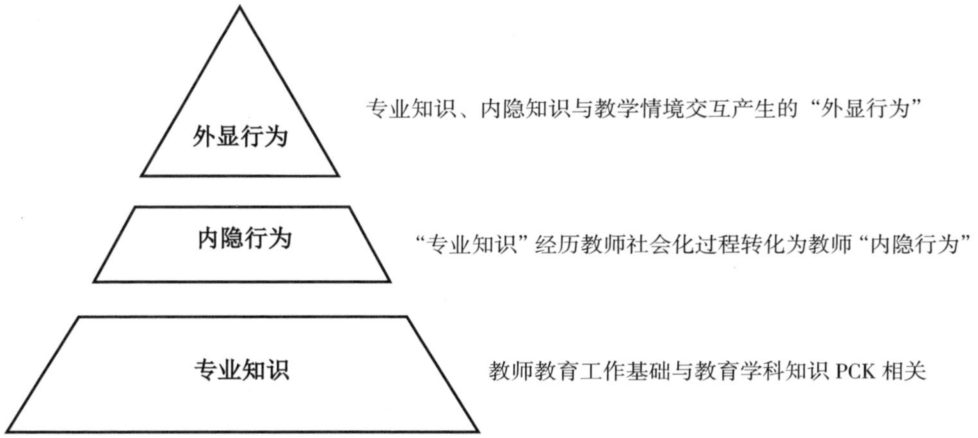

图2-3　“教师行为”的三个基本层次结构

2.“教师行为”是由教师、学生两大基本主体共同塑造

“教师行为”塑造是由教师、学生共同完成的。博里奇（Borich）论述十大教师行为，发现每一种教师行为都与学生的绩效息息相关[1]。由此可推论，教师行为是在教师与学生两大主体的互动过程中逐步发展起来的。一方面，教师要不断通过诊断学生表现来优化改善自身的教学行为或策略；另一方面，学生也要不断根据教师所授的知识内容和教学模式，调整自身的学习策略。从实际的教学过程中可以发现，包括问答技术、指导技术、部分辅助教学技术等外显教学行为，均是由教师和学生共同完成，交叉互动后进一步沉淀、积累，形成教师的“学生内容知识”（KCS）。

3.“教师行为”评价与学生学习绩效直接挂钩

部分学者又将教师行为划分为“有效行为”和“无效行为”。当学生接受教学后成绩明显提升，则教学实施教师的教学行为是“有效行为”；反之，当学生接受教学后学业表现毫无起色或不升反降，则教学实施教师的教学行为是“无效行为”。由此可推论，“有效行为”始终与学生受众的学情特点（学生学业基础、学生对于特定学科知识的理解与易错环节等）相契合，同时需要高度契合教学实际情境。因此，有学者对“有效行为”进行特征界定，包

[1]　段丽英 . 基于课堂的教师有效教学行为研究 [D]. 长春：东北师范大学，2009.

括“即时性”和“延时性”两大特征。即时性是指教师实施“教学行为”后学生学业成绩发生立竿见影的效果，得到有效提升；延时性是指教师实施“教学行为”后学生学业成绩并没有得到即时提高，改善效应会在一定延时后才显现。当然，无论“即时”还是“延时”，有效行为总归是实现有效教学（Effective Teaching）的关键条件[1]。

（二）教师外显行为的主要类别及其内涵

为深刻剖析“教师行为”，本书着重讨论“教师外显行为”。“教师外显行为”是综合学科教学知识（PCK）后，在教师自身教学内隐行为（教学思维、教育观念）影响下产生的易于观察的教师教学行为。根据文献，教师外显行为大致可以划分为以下类别（图 2–4）。

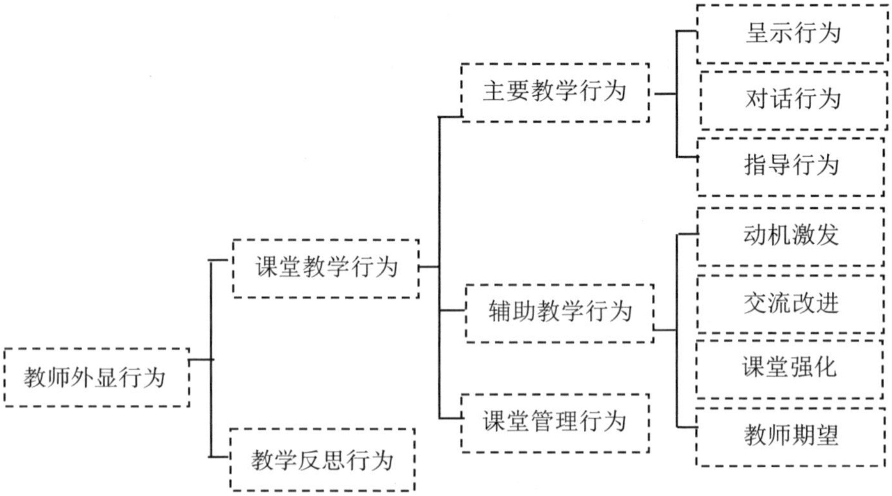

图2–4　教师外显行为主要构成

1.“课堂教学行为”的种类和内涵

“课堂教学行为”是教师外显行为的最为主要的行为类型，是以特定教学目标为导向，由师生共同采取各种教学或学习的手段策略的集合，又可划分为“主要教学行为”“辅助教学行为”以及“课堂管理行为”。

[1]　孙亚玲．课堂教学有效性标准研究 [D]. 上海：华东师范大学，2004.

（1）主要教学行为。主要教学行为是指教师在课堂情境中，由教师充分运用专业知识和专业技能开展的，以达成特定教学目标，并完成特定教学内容传授的教学任务的核心教学活动。施良方等认为，主要教学行为是支撑课堂教学的核心与关键，是教师关于知识能力输出效率的重要渠道，大致包括呈示行为、对话行为和指导行为。

第一，呈示行为。呈示行为是教师将专业知识、专业技能通过各种方式、采用各种手段传授给学生的主要教学行为类型。其中，呈示行为是一种"单向"知识信息传输的教学方式，学生仅是被动接收教学信息，但不用作相应的学情反馈。因此，呈示行为更多涉及"学科内容知识"。另外，行为方式视角下呈示行为又可进一步区分，包括语言呈示、文字呈示、声像呈示和动作呈示。①语言呈示。语言呈示是指运用语言表达将知识技能讲述给学生，重点在于向学生说明重要概念、观念、程序、规则，以及内在机理与规则。专业用语恰当性、语速语流节奏感等都是语言呈示的技巧。②文字呈示。文字呈示是教师通过文字方式将知识、技能有效传达给学生的特殊方式。其中，板书是文字呈示的重要方式，与语言呈示相辅相成保证教学效果。③声像呈示。声像呈示是指教师利用多媒体等手段，将专业知识或技能转化为非文字、非语言类信息信号，让学生从更多视角领会课堂教学知识信息，激活学生视觉、听觉的全方位感官体验，有效激发学生的学习兴趣和学习动机。④动作示范。动作示范是针对非学科类课程的教学行为，如体育类课程、舞蹈类课程等，教师需要通过肢体表达的方式将身体运动的技能、技术及相关技巧、要求、标准等传授给学生。

第二，对话行为。对话行为是指教师在呈示行为基础上，为更好地与学生沟通，采用提问方式启发学生思考的一种教学方式。对话行为又包括问答行为和讨论行为。①问答行为。问答行为是教师通过问答方式调动课堂中学生积极性的一种教学手段，有利于引起学生主动探索知识的积极态度，涵盖发问、叫答、候答与理答 4 个环节[1]。发问是指教师针对特定知识点或者根据特殊的教学要求，提出的与课堂教学内容相关的问题；叫答是指教师按照

[1] 张芳芳，董新良．小学教师课堂问答行为分析 [J]. 教育理论与实践，2014，34（2）：36–38.

特定规律要求引导学生根据问题进行思考并作答，可以随机叫答、按顺序叫答或者举手应答；候答是指教师确定叫答对象后，根据问题难易程度、学生基础情况等给予学生思考时间，一般控制在5~15秒为宜；理答是指教师对学生回答问题答案的一种反应处理。②讨论行为。讨论行为是指教师在问答行为基础上，完全将课堂时间交由学生围绕特定问题展开讨论与交流，让学生通过互相的交流理解教学知识的深层内涵，同时培养学生问题意识和解决问题的批判能力。一般，讨论行为需要从一个具有相对开放性的“问题”开始，同时教师需要给出讨论方向，并最后给出开放性题目的“参考结果”。

第三，指导行为。指导行为是教师引导学生按照指引方向自主学习，并结合教师诊断情况给出咨询、辅导和帮助的系列行为，核心功能包括引导学生自主探索、自主学习以及为学生探索式学习提供咨询服务。指导教师要充分根据问题的难易程度给出启发性提示，并有效控制指导介入时机，避免学生过早被指导提示而失去思考时间，也要避免学生因为指导频率不足而失去自主探索学习的耐心与兴趣。

（2）辅助教学行为。辅助教学行为是指教师在课堂教学过程中，为了有效提高教学效率，更好地达成既定的教学目标，配合主教行为而采取的一系列“辅助教学行为”。具体包括动机激发、交流改进、课堂强化、教师期望等。

①动机激发。教师进行课堂教学过程中，需要有效提升学生学习这门课程的兴趣与动机，激励学生产生认真学习这门课的内在动力，一般会采用课程“外在诱因”的灵活设置来有效塑造学生学习预期，并通过达成预期的“即时反馈”与“恰当激励”进一步强化学生自我效能感，持续扩展学生内在学习需求。

②交流改进。课堂交流是教师与学生围绕课程内容展开高效的“信息互换”的教学过程，对教学效率有着明显的提升效果。交流改进又可细分为“语言交流改进”和“非语言交流改进”两类。其中，“语言交流改进”要求教师能够根据不同学龄儿童青少年的理解水平和表达喜好，将专业知识转化为能够让学生容易理解的或者能够激发学生兴趣的语言表达形式；“非语言交流改进”要求教师能够充分运用面部微表情、眼神会意、体态姿势、教学环境

调整，更好传达“肯定”“否定”“疑惑”“鼓励”“高兴”“失望”等情绪。

③课堂强化。课堂强化是指教师针对学生学习的“积极效果”进行有目的性回应，进一步增强学生学习积极性，包括“积极强化”和“消极强化”两种方式。积极强化是指教师利用增加“奖励”方式正向强化学生有效学习，消极强化是指教师利用减少“罚则”正向强化学生有效学习方式。采取课堂强化过程中，需要灵活运用“强化物”，如表扬、加分、减轻课程作业等。从强化过程来看，强化行为可划分为连续强化和间歇强化。

④教师期望。教师期望行为是指教师根据不同学生群体特质，给予不同学生群体不同的学习效果预期，并针对学生群体的不同预期采用相应的教学策略。结合教学周期，教师期望行为可分为：形成、传递、内化和调控。首先，期望形成。教师会根据学生课堂表现、考试成绩、家庭经济状况、性别年龄、性格情绪等进行综合诊断，给同一班级学生划分出学习效果的不同期望。其次，期望传递。教师会将自己初步给出的“学习期望”传递给学生，进而结合期望进行“学生分组”，具有相近期望的学生分在同一组。再次，期望内化。学生接收到教师评价后，会在自身实际情况的基础上对教师给出的期望（预期标准、学习目标等）形成自身的学习策略。最后，期望调控。学生按照相应的学习策略展开学习后，形成相应的学习目标，进而反馈给教师，教师会根据学生学习效果差异进一步调整期望，并相应改变教学策略。

（3）课堂管理行为。课堂管理行为是指教师在特定教学目标引导下，对课堂中人、物、时间、空间以及教学所涉及的知识、技能等进行统筹与协调。课堂管理行为的基础在于教师与学生达成共识的课堂纪律或者管理规则，一个拥有较高课堂管理能力的教师，往往能够科学制定并且有效贯彻执行课堂规则，保证课堂教学能够按照既定的进程、进度顺利开展，并且有效保障学生在可控范围内保持良好学习效率。总体来说，课堂管理规则的制定需要教师与学生达成共识并且有一个规则不断磨合的过程。

2.“教学反思行为”的概念

教学反思行为的本质在于“反思”。约翰·杜威（John Dewey）认为，“反思”是对任何信念或假定的知识形式，按其所有的依据基础和其趋于发展的目标进行相互对比，并对对比结果进行积极、持久而详细的思考[1]。唐纳德·舍恩是杜威“教育反思”理论提倡者，提出“反思性实践”概念，认为教学过程应做到“行动中反思”（Reflection-in-Action）和“行动后反思”（Reflection-on-Action）。总体上，教学反思对于提高教师教学能力、提升教学效率及达成教学目标有着重要作用。

（1）教学反思行为的内容。教师进行教学反思时应当思考哪些问题、关注哪些方面都是学者们较多关注的。克鲁克香克（Cruikshank）和基伦（Killen）认为教学技能、技巧、方法等是反思的主要构成；范·曼恩（Van Manne）认为教学反思应当包括学校教育和教学行为本身，尤其要对教学行为实施过程中蕴含的社会、道德、伦理等方面进行思考[2]；申继亮等认为教学反思应当包括“课堂教学指向”“学生发展指向”“教师发展指向”“教育改革指向”以及“人际交往指向”[3]。总体来看，教学反思与教师教学实践全过程高度契合，与各类学科内容知识关系密切，也与教师各类主要教学行为、辅助教学行为紧密相关。

（2）教学反思行为的过程。同样，不同学者就教学反思的过程提出了各自的观点。杜威认为：教学反思过程包括“暗示问题—假设—推演假设—检验—假设—预测”；麦克塔格特（McTaggert）认为教学反思有 5 个阶段，包括观察和收集资料—意义搜寻—质疑—评估—行动[4]。科瑟根（Korthagen）提出教学反思的 ALACT 模式，包括行动（Action）—回顾行动（Looking Back on the Action）—认识主要问题（Awareness of Essential Aspects）—创造行动方案（Creating Alternative Methods of Action）—尝试（Trail）[5]。郭俊杰等提出教学反思三步骤，包括产生疑惑，识别问题；分析问题，探究解法；实践检验，重构经验[6]；赵明仁等提出教学反思有识别问题—描述情境—诊断分析—行动[7]。

[1] 杜威．我们怎样思维：经验与教育 [M]. 姜文闵，译．北京：人民教育出版社，2004.
[2] 刘加霞，申继亮．国外教学反思内涵研究述评 [J]. 比较教育研究，2003（10）：30–34.
[3] 申继亮，刘加霞．论教师的教学反思 [J]. 华东师范大学学报（教育科学版），2004（3）：44–49.
[4] 王静．国内外教学反思综述 [J]. 海外英语，2014（20）：131–133.
[5] 高祥，赵静．促进教师专业发展的教学反思策略研究 [J]. 科教文汇（下旬刊），2011（6）：5.
[6] 郭俊杰，李芒，王佳莹．解析教学反思：成分、过程、策略、方法 [J]. 教师教育研究，2014，26（4）：29–34.
[7] 赵明仁．教学反思与教师专业发展：新课程改革中的案例研究 [M]. 北京：北京师范大学出版社，2009.

（3）教学反思的评价。教学反思是否能够有效促进教师能力发展与教师经验积累，还需对教学反思行为的效果展开评价。例如，范·曼恩基于认知兴趣理论提出教学反思效果，应当从“技术合理性”“实际行动性”和“批判反思性”3个方面从低至高水平依次评价[1]；斯巴克斯·兰格认为：教学反思评价应体现7个方面，包括：水平1（对教学事件不做描述性解释），水平2（对教学事件做简单描述），水平3（将教育学术语标准特定的教学事件），水平4（能够根据个人理解与经验解释教学事件），水平5（选择合理教育学理论解释教育事件），水平6（结合现实背景因素分析教学事件），水平7（纳入教学事件的反思过程）[2]。

三、教师教学“能力观”的概念

（一）“教学能力”的内涵与特征

“能力”在日常生活中经常提及，英文表达一般是“competence”或者“competency”。泰勒科学管理理论中，“能力”用来评价优秀工人与非优秀工人的工作效率差异，工作效率高的优秀工人往往更具“能力”[3]。伍德拉夫（Woodruff）认为能力素质无法脱离个体相关行为而独立存在[4]。尤其，用人单位对员工进行能力评价时，首先考核员工“外显行为”的绩效[5][6]。后来“能力”概念被引入教育学，成为评价教学行为绩效的重要指标。辛普森（Simpson）提出教学能力是指教师传授知识、组织教学和处理人际关系的经验与素养。[7]美国专业教学标准委员会认为教师能力高、低评价需要依赖学生学习效果优劣，教师能力高低决定了学生学习的效率，高能力教师往往积累充足学科知识，并能够有效将学科知识教授给学生。教师有责任管理和控制学生的学习状态与学习进度；教师应当系统性地进行教学反思并不断

[1] 王丽莉 . 幼儿教师教育活动反思的调查研究 [D]. 上海：华东师范大学，2007.
[2] 王春光，张贵新 . 反思的价值取向与反思型教师的培养 [J]. 比较教育研究，2006（5）：82-87.
[3] 陈晓瑞 . 有效教学理念与实践 [M]. 西安：陕西师范大学出版社，2007.
[4] WOODRUFFE C. Competent by any other name[J]. Personnel Management， 1991， 23（9）： 30-33.
[5] 威廉姆斯 . 组织绩效管理 [M]. 蓝天星翻译公司，译 . 北京：清华大学出版社，2002.
[6] 李明斐，卢小君 . 胜任力与胜任力模型构建方法研究 [J]. 大连理工大学学报（社会科学版），2004（1）：28-32.
[7] SIMPSON， RAY H. Tether self-evaluation[M]. New York： Macmillan（The Psychological Foundation of Education Series）， 1966.

改进自己的教学方式提升教学经验[1]。直到20世纪80年代，我国学界才正式关注教师“教学能力”，围绕“教学能力”发展展开广泛研讨。顾明远认为教师能力是指教师为达成教学目标，顺利从事教学活动所表现的一种心理特征，更多强调教师能够有效设计、组织和实施具体教学活动的教学专项能力[2]。唐锦堂在《教学能力结构及测评》中指出，教学能力是系统的教学知识和教学技能的结合，即教师必须有合理的知识和技能结构，才能有较高的教学能力[3]。

综上所述，教师能力应是以学科内容知识为基础，以教师行为为载体，需要经过长期系统的专业学习与积累，在特定教学情境中不断运用掌握的学科内容知识、综合采用不同的教学方法解决各类教学现实问题，通过“干中学”持续不断积累而成的一种“教学经验”或“综合素养”，能够有效提高教学效率、促进学生学业表现的综合素养。这种综合素养并非“专业知识”的简单拼凑，也并非对教学行为的刻意模仿，而是教师面对不同教学情境的现实问题，根据自身习惯，重组学科知识与教学方法形成特定教学策略的综合化过程。当教师针对不同教学困境，能够灵活有效地综合运用不同教学知识和教学行为，标志着教师教学经验的积累已经达到特定的深度水平和广度范围，意味着教师教学能力不断发展。

（二）“教学能力”的特征

1.“教学能力”是由“学科教学知识”发展而来

教学能力持续发展需不断整合各类专业基础知识，不论是职前学历教育还是职后继续教学，均需要不断根据时代特征或学科发展实际，向教师输送传授学科的相关知识基础，以及先进的教学方法与技术。例如，近年来我国大力推进教学信息技术普及工作，就是为了加强教师教育工作过程中各类专业基础知识的共享、传播效率，通过信息化手段帮助教师更好学习、吸收学科教学知识。因此，可以推论：“学科教学知识”是优化教学行为的基础，

[1] BORICH G D. Effective teaching methods[M]. 5th ed.New York：Prentice Hall， 2003.
[2] 顾明远 . 教育大辞典 [M]. 上海：上海教育出版社，1992.
[3] 康锦堂 . 教学能力结构及测评 [M]. 厦门：厦门大学出版社，1991.

也是教师创新教学情境、积累教学经验、提升教学能力的支撑。

2.“教学能力”最终需要通过“教学行为（外显）”表达出来

教师能否有效掌握教学知识，并采用不同的“教学行为”组合将所学知识传授给学生。某种程度上，外显教学行为是“学科教学知识”的外在表现，外显教学行为无法脱离知识输出而独立存在，且外显教学行为会不断根据所要输出的知识内容、结构进行灵活调整。某种意义上，一个高质量的“教学行为（外显）”与学科教学知识高度契合，对于学生而言则会产生更高的知识吸收转化效率。归纳来看，教学能力强、弱很大程度集中体现在教师熟练掌握“教学行为”的程度，以及教师能否针对不同教学情境的具体教学难题，灵活有效地选择、组合各种教学行为，或者顺畅地将各种教学行为进行切换、调整，将教学知识按照教学目标有条不紊地传授给学生，高质量达成教学目标。

3.“教学能力”需要植根于稳定的教学情境中逐步发展

教学能力并非具有固定的统一模式，往往会植根于一个具体的教学情境或者学校社会生态中逐步发展起来。例如，乡村教师与城市教师的教学情境存在明显差别，或者省属重点中学教师与区属重点中学的教学情境也存在定位差异，从而导致不同学校教学情境中教师能力发展也会产生相应差异。不同教学情境下，学生群体特征、教学设施设备的软硬件条件、学校教学管理的规章制度以及学校对教师成长与发展的支持等都会各不相同，进而对教师的教育理念以及相应的教学策略、教学行为产生影响。因此，教师在一套相对稳定的“教学情境”中逐步摸索发展的“能力体系”同样也应当相对稳定。教师调整工作岗位后，虽然前期积累的“能力体系”依然发挥功效，但是也可能与新的教学情境产生冲突，需要结合新的教学情境变化发展新的“能力”，推动自身“能力体系”的迭代发展。

4.“教学能力”是适合教师个人特质与知识结构的一种个性化经验积累

教师能力成长实际也是教师个人的社会化转变过程，教师个人的价值观念、知识基础、性格特征都会像一个重要的滤网，有目的性地筛选适合自己的教学方法或工具技术。久而久之，教师的“教学能力”一般而言均非常适合教师自身的性格特点和知识结构，带有着特殊的“个性标签”。

第二节　体育教师“知识基础”“教学行为”与“教学能力”

前文论述教师教育“知识观”“行为观”和“能力观”，意味：“知识基础”的积累、“教学行为”的塑造、“教学能力”的发展是教师教育的重要任务。因此，在体育学科领域，体育教师需要积累哪些“知识”？应当塑造哪些教学行为？如何发展教学能力呢？是体育教师教育工作开展所需关注的重要内容。为此，体育教师教育工作的根本任务在于帮助体育教师积累“知识基础”、塑造“教学行为”以及发展“教学能力”。在体育教师不同成长阶段中，针对职前师范生、新入职教师、入职后新手教师、老手教师的不同职业发展需求，设计出相对应的体育教师教育培训方案（图 2–5）。不同成长阶段体育教师的培训方案，“知识基础”的传授（知识传授）、“教学行为”的塑造（行为塑造）和“教学能力”的发展（能力发展）的权重比例进行相应的调整。其中，为方便表达不同阶段体育教师教育工作的侧重点，图中标注了不同阶段“知识传授”“行为塑造”和“能力发展”大概比例，体现不同阶段体育教师教育培训方案的变化趋势。

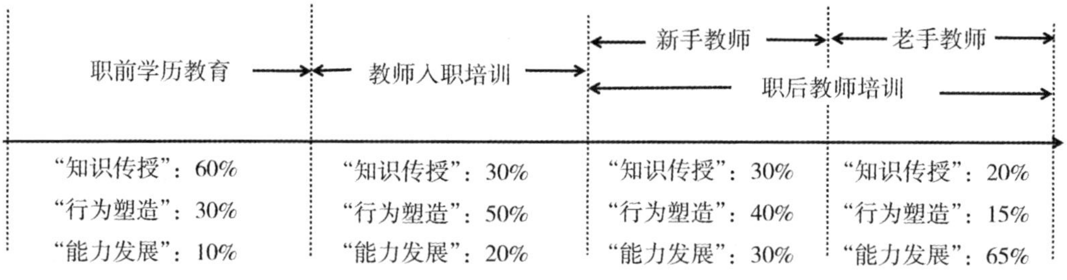

（注：本图中给出的比例并非确数，而是用来表达三者权重关系的概数，表达教师教育不同阶段的三者变化趋势）

图2–5　不同阶段教师教育培训方案“知识传授—行为塑造—能力发展”的变化趋势示意

图 2–5 在体育教师发展全过程视角下，分阶段讨论了不同阶段下“知识传授”“行为塑造”和“能力发展”的大致比例。

（1）职前学历教育。“体育教育本科生”或“体育教育训练学硕士”培养过程中，应当酌情依托专业课程体系强调专业知识基础的教授，通过教学实践课程加强教学行为塑造，借助“研习”等环节加强学生反思并推进教学能力发展。因此，职前学历教育阶段，师范学校应当充分注重体育教育等专业的“知识传授”（60%），并且兼顾体育教学常规“行为塑造”（30%），进而在一定程度上引导学生反思，实现教学“能力发展”（10%）。

（2）教师入职培训。体育师范生毕业并获得教师资格证，标志该生掌握充足的知识基础，能够按照教学规范合理运用一些基础的教学行为开展教学活动，并且一定程度初步具备一定方法、手段灵活应对简单问题的教学能力。为帮助这批新入职教师更好地适应岗位要求，按照岗位要求开展相关教学活动，

学校或教育行政部门专门组织的入职岗位培训，不要求过多灌输体育专业的“知识基础”（30%），逐渐加强教学“行为塑造”（50%），并结合新入职教师“教学能力”基础，介绍体育教学过程中的基本问题和可行解决办法，初步提高新入职教师解决体育教学基础问题、提高教学效率的教学“能力发展”（20%）。

（3）职后教师培训（新手教师）。相比新入职教师，新手教师已经在岗开展一定时间的教学活动，该阶段是新手教师养成良好教学习惯的关键时期，帮助新手教师塑造规范化“行为塑造”是该阶段体育教师教育工作的重要任务，但是会略有下降（40%）；同时，新手教师依然对教学实践的相关知识不够熟悉，需要反复强化“知识基础”，如结合《义务教育体育与健康课程标准（2022 年版）》不断加强相关知识的补充与强化。由于新手教师前期已经接触过大部分知识，故与新入职教师水平相当。另外，新手教师还需要更加适应教学岗位，加强教学过程的综合管理，进一步提高教学“能力发展”（30%）。

（4）职后教师培训（老手教师）。老手教师已积累充分的体育教学知识基础，并形成了稳定且成熟的教学行为模式。为此，老手教师培训往往仅需要补充一些前沿的体育教学知识，不必过多围绕“教学行为”开展培训活动。对于老手教师而言，教学目标的达成标准应当更具挑战也更加考验能力。为此，在培训过程中，应当围绕更高级别的教学目标，聚焦学生体育学习、健康成长等更多深层次难题、困境展开培训活动，全面帮扶老手教师提升教学能力。

由于体育学科的特殊性，导致体育教师知识基础、教学行为及教学能力与其他学科存在较大差别。为此，本书结合以往文献，分别通过“知识观”“行为观”“能力观”视角集中讨论：体育教师的知识基础包含哪些内容？体育教师常用的教学行为有哪些？以及体育教师的教学能力集中在哪些领域和环节？

一、“知识观”视域下体育教师的知识基础

前文已介绍教师教育“知识观”，教师教学需要积累充分学科知识作为基础。“学科教学知识”相关概念是知识观的核心概念，可划分为学科内容知识（CK）、一般教学知识（GPK）和学生内容知识（KCS）三类。PCK 理论基础之上，不同学科为突出学科特殊性，融入专业学科知识元素。其中，体育教育学领域很多学者在 PCK 框架下充实了体育学科知识，舒尔曼和科克伦提出的 PCK 理论框架最为经典（表 2–1）。

表 2–1 PCK 理论框架下国内外学者关于体育学科教师知识结构的研究观点 [1]

研究者	体育教师知识结构的核心观点
柳（You）[2]	体育学科知识、体育课程知识、体育教学方法知识、学生学习身体活动知识、体育评价知识、体育教学环境知识
沃德（Ward）[3]	内容知识、教学知识、学生知识、情境知识
林静萍 [4]	学科内容知识、课程知识、教学知识、学生知识、情境脉络知识
柴娇 [5]	一般教学法知识、学科知识、学生知识和教育情境知识
刘峥 [6]	学习者知识、体育专业知识、教育教学知识、教育场景知识
郭艳红 [7]	教学目的知识、体育内容知识、体育课堂内容组织知识、学生理解知识、效果反馈知识、教学策略知识

[1] 张晓玲 . 中小学体育教师 PCK 研究 [D]. 上海：上海体育学院，2018.
[2] YOU J A. Portraying physical education–pedagogical content knowledge for the professional learning of physical educators[J]. Physical educator，2011，68（2）：98.
[3] WARD P，AYVAZO S，LEHWALD H. Using knowledge packets in teacher education to develop pedagogical content knowledge[J]. Journal of physical education，recreation and dance，2014，85（6）：38–43.
[4] 林静萍 . 体育师资生 PCK 之研究 [D]. 台北：台湾师范大学，2002.
[5] 柴娇，郑风家，李林鹏，等 . 学科教学知识对培养体育教师专业化途径的研究 [J]. 西安体育学院学报，2011，28（3）：363–366.
[6] 刘峥，唐炎，崔康丽 . 基于体育教师知识结构的体育教育专业主干课程重构 [J]. 西南师范大学学报（自然科学版），2014，39（6）：171–175.
[7] 郭艳红 . 高中职初与经验体育教师 PCK 的比较研究 [D]. 长春：东北师范大学，2015.

续表

研究者	体育教师知识结构的核心观点
张磊[1]	体育学科内容知识、学生知识、体育教学策略知识、体育教学评价知识、安全教学环境知识、体育教学目标知识
牛孟君[2]	体育学科内容知识、教学目的的知识、学生理解的知识、内容组织的知识、效果反馈的知识、教学策略的知识

综合审视体育教师知识结构的相关观点，体育学科教师知识分类可以在PCK理论框架下做出进一步细分。具体学科内容上或者是体育教学知识领域内更加彰显体育特色。因此，基于舒尔曼等提出的PCK理论，本书根据体育学科特点进一步提出体育教师知识结构（图2–6），包括：① PCK框架的学科内容知识可划分出体育学科知识、体育教学知识两大细分领域；② PCK框架的一般教学知识也可以划分出体育教学知识、体育课程知识、教育基础理

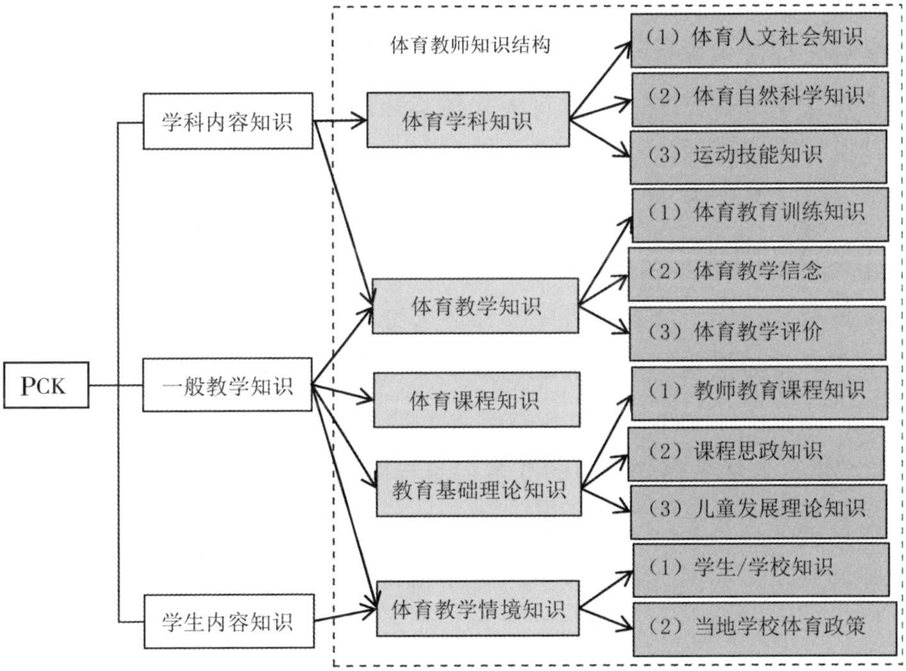

图2–6　PCK视域下体育教师知识基础的构成与架构

[1] 张磊．基于P–PE–PCK发展的术科教学改革研究：从理论到实践[D].上海：华东师范大学，2016.
[2] 牛孟君．北京市大兴区小学体育教师PCK（学科教学知识）的课堂案例研究[D].北京：首都体育学院，2017.

论知识、体育教学情境四大领域；③ PCK 框架的学生内容知识更多对应体育教学情境。需要说明，PCK 的 3 个维度与体育教师知识结构的 5 个领域不是一一对应的，相互间会有重叠。

（一）“体育学科知识”的分类与布局

职前学历教育的课程体系（尤其是本科层次）是培养师范生专业基础知识的重要基础。为此，“体育学科知识”某种程度上应当与体育教育专业本科课程的覆盖知识范畴高度契合。为此，结合我国体育教育专业的《国标》以及相关政策要求，本书在 PCK 理论框架下细分论证“体育学科知识”包括哪些内容?

1.“体育人文社会知识”的基本内涵与构成

“体育人文社会知识”是全面提升体育教师综合素养的知识类型，有助于体育教师形成正确职业价值观、拓宽体育教师知识面。根据我国体育教师教育实际，体育人文社会知识包括体育人文核心知识、体育人文相关知识和体育人文工具知识三类。①体育人文核心知识。体育人文核心知识是体育教师系统掌握体育教师职业属性、岗位规则、事业发展与任务要求的知识类型，对应体育教育专业《国标》中规定的体育概论、学校体育学等课程。②体育人文相关知识。体育人文相关知识是指体育与其他人文社会科学的交叉知识，可对标体育经济学、体育管理学、体育史等课程。③体育人文工具知识。体育人文工具知识是指一些体育发展或体育研究的工具性、应用性课程，如体育绘图、体育统计、体育信息化教学等。

2.“体育自然学科知识”的基本内涵与构成

体育教师在教学过程中还需要深刻理解人体运动的生理生化机制，且体育教师拥有充足知识、能力灵活调整课堂教学、课后训练的强度与量，以确保训练与教学在学生生理承受极限和耐受水平的范围内。这些知识我们统称为体育教师应当掌握的“体育自然学科知识”，对应《国标》规定的相关课程，大致包括运动生理、体育保健、运动解剖、运动康复、运动生物力学、运动生物化学等。

3.“运动技能知识”的基本内涵与构成

作为一名体育教师，掌握若干项体育运动技能是其胜任体育教师岗位的关键基础。其中，“运动技能知识”传授也是体育教师教育工作与其他学科最大的区别。我国体育教育专业人才培养的课程架构，主要包括篮球、排球、足球、田径、体操、网球、乒乓球、羽毛球、艺术体操、体育舞蹈等，不同运动项目的师范教育课程由不同运动项目的技术、战术、专项训练理论及损伤预防机制构成等。

（二）“体育教学知识”的分类与布局

根据图 2–6，体育教学知识既与“体育学科知识”契合，又和“一般教学知识”联系密切，包括体育教学训练知识、体育教学信念、体育教学评价。①体育教学训练知识。体育教学训练知识是指能够帮助学生提高体育锻炼方法、提升运动专项技能、提高竞赛运动成绩的一般性规律，对应运动训练学、运动选材学等课程。②体育教学信念。体育教学信念是指体育教师通过长期体育教学实践，逐步产生对体育教师职业的忠诚信念与情感眷恋，与体育教师教学内隐知识相契合。③体育教学评价。体育教学评价与一般教学知识存在明显联系，具有较高的学科特殊性。其中，体育教学评价需要与不同运动项目规则标准、身体活动技术表达、生理生化指标高度等相关。因此，体育教学评价是体育教学知识的重要组成部分，可以对应体育测量与评价课程。

（三）“体育课程知识”的分类与布局

“体育课程知识”是关于体育课程的教学计划与架构的整体把握，有助于了解不同学段体育课程的课程目标、教学目标、课程进度、教学内容以及教学重难点、教学方法、评价方法等。可以说，体育课程知识涉及课程大纲、教学方案的设计与调整，以及基于教学大纲的课程资源开发，是对体育课程教学内容进行系统性安排的知识类型。当然，体育课程知识并非千篇一律。同一门体育课程的具体教学情况（项目教学内容、教学软硬件设置、教师自身素质、学生学情）同样存在差别。因此，任课教师需要定期与学校、学院教学指导委员会专家以及行业专家等对课程实际情况实施协同研判，在《国标》整体框架下对体育课程知识进行优化与调整。另外，体育教师需要非常熟悉课程知识。

（四）“教育基础理论知识”的分类与布局

体育教师需要学习教育基础理论。不同于体育教学知识，教育基础理论不具备学科特征。因此，教育基础理论更多会通过通识教育课程或部分选修课程，传授给体育教育等专业学生，包括教育学基本理论、教学论、教育社会学、教育心理学、教育管理学、教育法等。教育基础理论有助于体育教师全面认识教师职业，并且形成对教育过程的全面了解。需要说明，教育基础知识的内涵更为宽泛，在教育基础知识的范畴内融合体育学科特点，形成体育教学知识。

根据图 2–6，教育基础知识从当前我国教育改革前沿来看，包括教师教育课程知识、课程思政知识、儿童发展理论知识等。①教师教育课程知识。教育学、心理学属于典型教师教育课程，是教师从事教育工作的基础知识，集中揭示学生等利益相关主体的心理变化规律。对于体育教师而言，只有掌握教育学和心理学理论基础，才能够更加深刻理解体育教学论、体育心理学等课程精髓。②课程思政知识。课程思政逐步成为各师范专业课程建设的重要组成部分，是解决“培养什么人？为谁培养人？怎样培养人？”的重要教育内容。让体育教师深刻理解“体育教育”思政精神，如爱国情结、集体主义、艰苦奋斗精神、刻苦训练毅力等，是回应体育如何育人的关键。③儿童发展理论知识。根据《国标》儿童发展理论知识，能够系统性指出儿童成长发育过程中思维、情绪、认知、情感、行为等方面的变化规律。教师只有对儿童成长内在机理有着深刻理解，才能真正意义上做到对学生的深刻理解，某种程度上也是“学生内容知识”的知识形成基础。

（五）“体育教学情境知识”的分类与布局

“情境知识”又被称为脉络知识，是教师对于学生学习所处的各类情境有所了解与认知的基础，具体知识类别涉及：教室情况、学校规范、教育背景、学生状况和教师自身状况。基于情境知识，体育教学情境知识的内涵则更容易理解，是体育教师在实施体育教学过程中，涉及的相关运动场域、文化环境、利益相关群体的总体状态。例如，体育教师在特定教学情境中，要系统了解这个教学情境中诸如体育场地空间是否充足、体育教学设施设备是否完备、学生体育学习态度是否端正、学校体育教学管理制度是否健全等情况，这些都属于体育教学情境知识范畴。

二、“行为观”视域下体育教师的教学行为与方法

基于行为观，体育教师教育行为具有特殊性。因此，本书在上部分“教学行为”分类的基础上，分别列举不同类别常见的体育教学方法（图 2–7）。不同类型的教学行为往往具有特定的功能价值，但是图 2–7 所示的各类体育教学法之间仍然在内涵上存在联系和重叠。其中，本章重点讨论课堂教学行为外显。

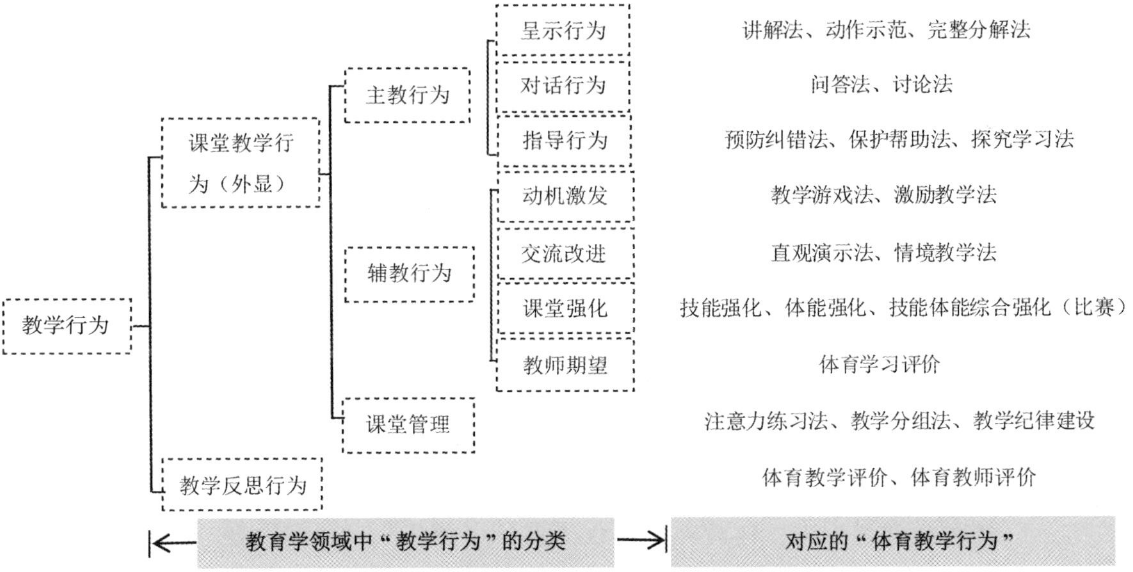

图2–7　体育教师主要的“教学行为”划分

（一）“主教行为”领域体育教师主要的教学方法概述

主教行为是教师开展教学活动的核心行为，那么体育教师的主教行为包

括体育教学的“呈示行为”“对话行为”和“指导行为”。

1. 体育教学的“呈示行为”

根据图 2–7，体育教学“呈示行为”包括讲解法、动作示范法和完整分解法 3 个大类。

（1）讲解法。体育教师对运动技术知识、体育健康知识或者相关的人文、自科知识等进行系统加工与提炼，通过简明、生动的语言，清晰、精练、有条理地表达给课堂学生的过程，保障学生能够在较短时间内通过教师的语言表述对体育教学的内容与知识有一个较为清晰的了解与把握。

（2）动作示范法。动作示范法是指教师作为动作示范的主体，通过自身完成标准的运动技术，向学生展示正确的技术动作。可以说，动作示范法是体育教学活动中最为常用的教学方法，优点在于能够更加直观地向学生展示完整的技术动作。其中，动作示范法包括“正面示范”“背面示范”“侧面示范”“镜面示范”4 种；教师在运用过程中需考虑的展示动作因素有速度、距离、视线等。

（3）完整分解法。完整分解法是“动作示范法”的延伸，又可划分为“完整法”和“分解法”。①完整法。完整法是指从动作开始到结束，完整、连续地进行体育教学和动作示范，让学生从整体上全面形象地了解、认识整套技术动作。②分解法。分解法是指体育教师根据教学实际，将完整动作划分若干部分或若干段落，并着重进行重点技术的讲述与示范，完整技术动作的分解原则包括按照技术实施顺序划分、按照运动技术结构反序划分、按照难易程度划分、按照身体局部动作划分、按照身体结构的技术动作划分。

2. 体育教学的“对话行为”

体育教学过程中，体育教师不仅需要“讲解法”，还需要在“讲解法”基础上结合“对话”方式，引导学生进入自主化的探究学习状态，以提高体育学习的效率与效果。根据图 2–7，体育教师“对话行为”也可包括问答法和讨论法。

（1）体育教学“问答法”。体育教师在教授体育技能过程中，通过口头方式将技术相关信息传递给学生，进而引导学生根据信息线索对体育技能的掌握进行探索与思考。

（2）体育教学“讨论法”。体育教师在实施教学活动过程中，会组织学生以全班或小组形式，围绕教师提出的体育学习问题展开同学间对话与讨论。“讨论法”相比“问答法”更易于塑造体育学习者的独立思维能力，但是很容易产生体育课堂教学的自由度过大问题，反而降低了体育教学知识学习效率。

3. 体育教学的“指导行为”

体育教师在实施体育教学活动过程中，需要根据学情状况开展指导。根据图 2–7，体育教学的指导行为包括预防纠错法、保护帮助法和探究学习法。

（1）预防纠错法。教师在教学过程中，需要不断诊断学生体育技能学习时的错误，结合错误原因选择恰当的教学策略进行干预。针对不同的学习易错问题，体育教学干预策略可以分为限制练习、诱导练习、自我暗示 3 种类型。①体育教学的限制练习。限制练习是指体育教师对学生习惯性的错误动作或技术进行限制甚至破坏，降低这些技术动作的发生频率并最终根除。②体育教学的诱导练习。诱导练习是指教师针对学生技术动作不到位问题，结合对应的诱导信号，给出学生改进技术动作的具体目标，让学生能够按照给出的诱导目标改进技术动作，将原本不到位的技术改进到位（例如，学生击打羽毛球的节奏偏晚，教师则需要给出击球正确节奏的声音信号，帮助学生提前击球）。③体育教学的自我暗示。自我暗示是教师要求学生自身内在给自己改善特定技术动作的心理暗示，要求学生练习技术动作时，不断强化自己，将训练的技术和动作充分、到位的完成。

（2）保护帮助法。保护帮助法是指针对学生体育学习过程中存在的风险隐患，为提高学生安全感，及时降低体育运动学习风险水平，体育教师围绕技术动作特点采取专门保护动作，帮助学生安全完成体育运动技术的方法。当学生技术逐步熟练，体育教师逐步降低“保护帮助法”频率与程度，进而过渡到学生自主的技术练习状态。体育教学的保护帮助法包括很多方法，包括他人保护、自我保护、直接帮助、间接帮助、利用器材的保护与帮助。

（3）探究学习法。探究学习法是指教师引导学生自设体育学习的研习主题，进而在特定研习主题范畴内，引导学生自主探索并进行信息搜集，自行组织实验、进行小组讨论，并找寻解决问题的可行方案。探究学习法是一个综合性的体育教学行为，需要在特定教学情境中灵活、综合地运用问答、讨论等不同方法。难点则是：体育教师找准问题时机，在学生求知欲、探索欲逐步形成发展之际，适时介入引导。探究学习法的应用过程，一方面要重视探究学习“主题设置”与“问题明确”，让学生在适合的体育学习主题下展开探究学习；另一方面，教师指导的介入时机和介入重点非常重要，介入既不可过于频繁也不可完全放任，一定要针对体育学习的明显“偏轨”问题实施介入。

（二）“辅教行为”领域体育教师主要的教学方法概述

1. 体育教学的“动机激发”

“动机激发”是一种重要的辅助教学法，对于提高体育学习效率起到重要作用。学生体育学习容易遭受挫折，如运动技能学习的枯燥性，体育锻炼的生理、心理压力等，都是降低学生体育学习兴趣的重要因素。因此，体育教学需要重视学生的“动机激发”，让学生保持“快乐而不排斥”的体育学习状态。常见的动机激发方法包括游戏教学法和激励教学法。

（1）教学游戏法。游戏法是在体育教学中，以游戏内容、方法、形式组织学生体育学习的一种辅助教学法。游戏的趣味性有利于释放学生体育学习动机，且游戏内容充分融合了体育技战术的各项内容，在规则许可范围内充分发挥个人主动性和创造性。其中，教师在设计教学游戏时需要将课程涉及的体育运动技术技能纳入“游戏内容”，在游戏的规则框架内让学生产生练习体育的兴趣。

（2）激励教学法。激励教学法是一种“课堂强化”方法，也是一种指导行为。在教学应用层面鼓励教师对学生的问题或需求进行及时反馈，提升学生运动兴趣。在具体操作“激励教学”时，当学生即将突破困难或者冲破极限时，教师应及时予以激励。例如，用“你真强！你真棒！”等语言进行激励。

2. 体育教学的“交流改进”

传统体育教学模式中，体育教师更加倾向体育教学的“单向输出”，学生更多处于知识、技能的被动接受状态，一定程度上限制了学生主动学习的积极性与创造性。让学生在特定教学情境中扭转自身被动地位，就需要应用体育教学的“交流改进”方法，让学生保持与教师的提问、表达渠道。实际上，体育教学“交流改进”方法本身是探究学习的内在机制，两者既有联系也有区别（图 2–8）。

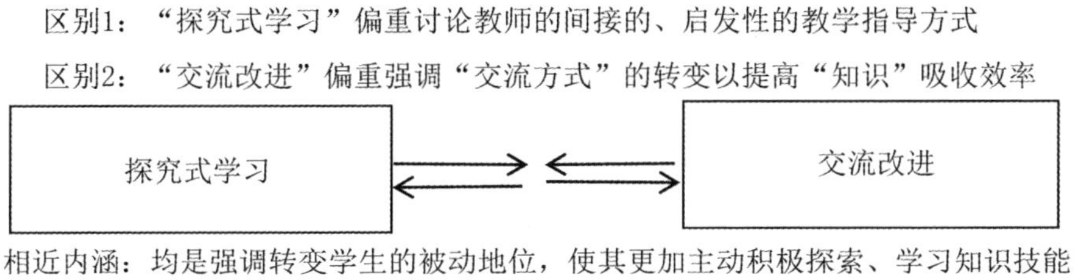

图2–8　体育教学“交流改进”方法与“探究式学习”的区别与相近内涵

另外，体育教学交流改进方式又可划分为直观演示法（含多媒体教学）、情境教学法。

（1）直观演示法。直观演示法是指体育教师在体育教学过程中，通过直观方式让学生更加鲜明生动地理解、掌握所授的体育知识与技术，如可以采用人体模型、动作挂图、多媒体播放器等来展示特定的体育技术动作。如果技术动作的结构相对复杂，则可利用多媒体教学放慢技术动作的播放速度，或者将播放画面聚焦到技术动作的关键局部，以便学生能够更好地理解技术动作相关知识。

（2）情境教学法。情境教学法是教育学领域的重要辅助教学方法，是指体育教师有目的地引入或创设具有一定情绪色彩的、以形象为主体的体育运动或体育学习场景，以引起学生对体育技战术学习的深刻理解与情感体验，有助于大大提升体育学习效率。例如，体育教师在篮球课上可以安排同学围坐球场扮演球迷观众，并指派或者通过轮流方式让每名同学上场展示运动技术或者开展教学比赛，以模拟篮球竞技场景，提高体育学习趣味性，并让学生能够投入更多情感进入体育学习过程。其中，体育情境教学法应用过程中，还有两个好办法，能够进一步渲染情境，包括：①音乐渲染情境。体育教学过程同步播放音乐刺激学生整体感官，提高体育学习的情感体验。②角色扮演情境。安排学生扮演体育竞赛各类角色（如解说员、教练员、裁判员、球员等），营造体育竞赛竞争氛围，强化学生对特定技术比赛对抗过程的情感体验。

3. 体育教学的“课堂强化”

课堂强化是指教师运用特殊教学方法对学生技术学习施加影响，促进学生的运动技能习得。课堂强化功能包括 3 个方面：首先，技术视角下课堂强化包括重复法、变换法和间歇法；其次，单从体能强化视角，课堂强化包括力量素质强化、速度素质强化、耐力素质强化和柔韧素质强化；最后，从“体术—技能”综合强化视角来看，“比赛强化法”是强化学生体育技能、体能习得的重要方法。

（1）技术视角下的课堂强化方法。技术视角下的课堂强化侧重于单个技术或若干个技术组合进行的教学强化，包括重复法、变换法、间歇法。①重复法。重复法是指在不改变动作结构和运动负荷前提下，限定特定教学训练条件不变，根据动作基本要求反复练习，还能分出“单一重复法”“连续重复法”“间歇重复法”。②变换法。变换法是指根据练习任务需要，灵活调整动作技术的练习条件或规格要求（如练习环境、动作结构微调、技术速度、技术幅度、技术速率等），是实现学生灵活应用技术于实战的强化办法。③间歇法。间歇法要求每组练习之间留出充分时间间隔用于学生休息，提高技能学习效率，降低运动损伤风险。

（2）体能视角下的课堂强化方法。体能是学生能否高质量完成技术动作、达成竞技目标的基础。《义务教育体育与健康课程标准（2022 年版）》（以下简称《课程标准》）规定，每节体育课均要求体育教师预留充足时间发展学生体能。体能包括力量素质、速度素质、耐力素质、柔韧素质等。在体育教学过程中，针对不同体能素质的课堂教学方法也不尽相同。

①力量素质课堂强化方法。力量素质课堂强化方法的主要目的在于帮助学生有效提高肌肉力量，体育教师可结合运动技术特点设计肌肉力量的专项强化方式，具体强化方法包括负重阻抗、对抗增力、力量器械、环境阻力、自身重力等教学练习方法。

②速度素质课堂强化方法。速度素质课堂强化方法是指全面提高学生运动技术速度、速率的教学练习方法，分为反应速度强化法、动作速度强化法、位移速度强化法。反应速度强化法是指通过强化手段让学生对各种运动启动信号（如声音、光、手势等）产生敏锐感知，适合在短跑类项目教学中使用；动作速度强化法是指通过特定强化办法提高学生技术动作的完成速率，包括加速动作法、减小阻力法、负重练习法等；位移速度强化法是通过特定的强化方法帮助学生提高位移速度。

③耐力素质课堂强化方法。耐力素质是学生能否长时间完成运动项目的综合能力，对于心肺功能具有较高要求，中长跑、游泳、滑冰、登山等运动项目对耐力素质均有较高要求。对于不同运动项目耐力素质强化，可通过“连续跑动”方式提升耐力素质，并通过调整运动轨迹、运动节奏（间歇）、运动时长等不断刺激强化运动强度。

（3）“技能—体能”综合强化的教学方法——比赛强化法。比赛强化法是通过竞赛对抗方式，综合强化学生运动技术的应用与专项体能储备。根据循序渐进原理，体育教学以技术学习为基础，并逐步扩展至技术组合、战术运用、竞赛应用。在具体的教学实践中，体育教师会针对班级学生不同水平的体育学习状况，将“分层教学”与“比赛强化法”进行教学。

4. 体育教学的“教师期望”——“学生体育学习评价”

体育教学过程中，教师会不断根据学生体育学习的评价来调整自己对不同学生的体育学习期望，进而持续优化教学策略，通过期望标签的设置，对班级同学进行体育学习的分组教学。“体育学习评价”是实现期望管理的关键手段，目的在于充分掌握班级同学学情，了解不同学生群体身体素质、运动悟性、学习态度是否存在差别？因此，体育学习评价的主要内容包括3个方面。

（1）体能评价。条件允许情况下，体育教师可以对学生的心肺耐力、柔韧性、肌肉力量、体成分等进行评价和甄别。

（2）运动技能评价。体育教师可以细致评价甄别不同学生对于运动技能的领悟力和学习掌握的水平程度。

（3）体育学习态度评价。体育学习过程中，态度是否端正对于体育教学效益有着极其重要的作用。因此，体育教师需对体育课堂中积极主动的学生和消极被动的学生进行分组，对于态度较好的同学则倾向使用启发性、鼓励性的教学方法，对于态度偏差的同学则倾向使用灌输性、罚则性的教学方法。

（三）“课堂管理”领域体育教师主要的教学方法概述

体育教学不同于其他学科教学，学生体育锻炼行为的特质导致课堂组织略显松散，很容易造成纪律涣散的问题，因此需要设置“课堂管理”教学方法，来加强体育课堂的组织与管理，包括以下 3 种方法。

（1）注意力练习法。体育课开始前，体育教师为集中学生们注意力，会采用队列队形方式集合队伍，便于改变松散的体育课堂纪律，吸引学生注意力，集中传授体育技能与相关知识。

（2）教学分组法。教学分组法是常见的课堂组织模式，强调将水平相近的同学分在一组，对不同组别展开不同的教学策略。

（3）教学纪律建设。教学纪律建设是体育教师开展课堂纪律管理的基本办法与原则，尤其在运用“教学纪律”开展课堂管理时，一定要慎用和巧用批评与罚则，更加合理地运用表扬激励的办法，通过制度性的方式强化学生遵守课堂教学纪律。

（四）“教学反思行为”领域体育教师的教学方法概述——体育教师教学评价

根据图 2–7，体育教师会通过主教行为、辅教行为、课堂管理等将各类已经掌握的、积累的体育学科知识融入体育教学过程。但是，具体的知识融合过程往往会发生意外或者偏差，这就需要体育教师实施“反思行为”以发现问题、分析问题和解决问题。体育教师在运用“教学反思行为”的过程中，需要对不同教学情境中的教学效果、教学举措进行评价。“教学反思行为”又可以划分为两大类，即体育教学评价和体育教师评价。

1. **体育教学评价**

体育教学评价首先需要对特定体育教学目标加以界定，运用有效的评价技术、手段和方法，定期对教师的教学活动过程进行测量、分析和比较，形成评价结果并引导教师反思。需要说明的是，在体育教学评价中，学生体育学习评价与体育教学评价之间既存在联系又存在差别（图 2–9）。

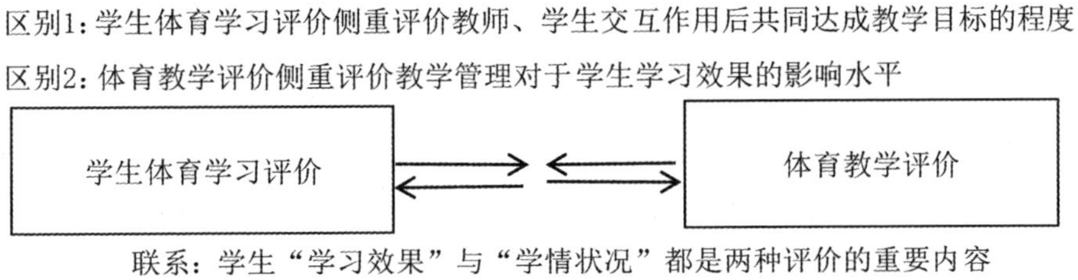

图2–9　学生体育学习评价与体育教学评价的区别与联系

（1）体育教学评价的方式。体育教学评价是一个高度复杂的判断过程，可以分别从类别、功能、时机 3 个方面进行界定。

①基于“类别”的评价划分。基于“类别”标准，可将教学评价分为绝对评价和相对评价。第一，绝对评价。绝对评价是指对体育教学活动的绝对化评价标准，如《课程标准》，不论在哪个地区、哪所学校都需按照绝对化标准执行。第二，相对评价。相对评价需要给出特定参照“立场”来考查教师体育教学活动是否科学合理，一般又可以分出“自身标准”和“他方标准”。体育教学的自身标准是指体育教师将期初学生参加体育教学的初始成绩作为基线，用来评价教师在特定周期的体育教学效果；体育教学的地方标准是指体育教师将授课班级的体育学习成绩与其他平行班级进行横向比较，观察平行班级之间的成绩差异，进而进行诊断后改进教学策略。

②基于“功能”的评价划分。基于“功能”标准，可将教学评价分为诊断性评价与形成性评价。第一，诊断性评价。诊断性评价是指对体育教学情境基本情况的摸底评估，以便根据基本情况（基础运动能力、体能、体质健康等）设计最初的体育教学方案。第二，形成性评价。形成性评价是对已实施的教学策略效果进行评价的相关手段。例如，体育教师在期中阶段对班级体育学习状况进行摸排诊断，判断初步设计的教学策略是否有效且存在哪些问题，

进而改进调整现有的教学策略。

③基于“时机”的评价划分。基于“时机”维度，可将体育教学评价分为过程性评价与总结性评价。第一，过程性评价。过程性评价是指在教学过程中对教学目标是否达成的动态评价，即关注不同时间节点学生体育学习效率和效果的变化。第二，总结性评价。总结性评价既属于“结果性评价”又属于“绝对评价”，强调在教学过程尾声一次性对教学目标是否达成进行评价。

（2）体育教学评价的组织实施。体育教学评价是体育教师结合具体教学情境展开自我反思的重要技能，具备如下特征：①体育教学评价应当充分结合自主评价与他人评价，自主评价强调教师的主观性自评，他人评价则强调对教学评估、教学指导委员会等的客观性评价；②体育教学评价应当充分结合绝对评价与形成性评价，绝对评价是教学效果的底线；形成性评价则是体育教师实现动态化反思与改进的过程；③体育教学评价过程应当充分结合定性评价与定量评价，定性评价涉及相对复杂的体育教学活动与学生学情状况，需要通过定性评价进行笼统化甄别，定量评价则更多涉及体育教学的单一性评价。

2.“体育教师能力”的评价与反思

体育教师在开展教学过程中，既要考虑体育教学策略的有效性，也要考虑自身是否有能力保证既定的教学策略能够按计划得以实施。既定教学策略无法达成时，很大原因是教学策略设计与教师自身能力无法匹配，教师自身能力无法承担过于复杂的教学策略。因此，体育教师面对无法有效实施的教学计划时，应当对自身的“体育教师能力”进行评价与反思，包括以下几方面：

（1）结合具体教学情境进行“体育教学设计能力”的反思。体育教师的教学能力往往与不同具体教学情境相匹配，更是与不同教学情境中不同学生群体身体发育情况、心智水平、运动兴趣、运动基础等要素相关联，与不同体育课程的教学目标、内容、方法及教学评价等相联系。因此，体育教师需要根据外部复杂的教学情境来设计教学计划。进而，教师首先要对自身能力进行评估，需要考虑自身能力在特定的教学计划框架下，是否能够应对不同学生群体的身心健康水平，以及能否很好地输出体育教学内容。

（2）根据动态发展原则进行“体育教学实施能力”的反思。体育教师能否按照既定的计划实施教学，有效输出体育学科知识，并保证不同学生群体掌握不同体育技能、提高体育素养，是由体育教师的教学实施能力决定的。因此，体育教师需要对自身具备的教师能力进行评估，包括：①体育学科知识的储备与应用；②教学期望与学生分层教学的能力；③各教学行为或方法的选择与灵活切换。

（3）体育教学评价能力。体育教学评价能力是教师改进体育教学策略的重要依据。狭义上，体育评价能力与前文所述的“学生体育学习评价”对应，是评价初步设计的教学计划是否有效提高学生体育学习效率、增强身心健康的关键工具。广义上，教师能力评价要将教师的教学管理、学生学情、体育教学知识难易程度纳入评价范畴，是一个个性化、综合性、弹性化的评价概念，核心目的在于“以评促建”改进教师教学，帮助教师自身加强学习、持续提升自身能力。

三、“能力观”视域下体育教师的基本素养与职业信念

（一）循环学习理论视域下体育教师“学科知识—教学行为—教学能力”转化

科尔布（Kolb）提出循环学习模型（Cyclic Model of Learning）[1]，是教师教育领域“知识—能力”转换的重要解释机制。根据图 2-10，体育教师通过“教学行为（外显）”将已经储备的“体育学科知识”及相关体育教学能力投入特定教学情境中，试图解决教学情境中不同的实践问题。①负向循环。当体育教学实践问题得不到解决（“不通过”），体育教师会依赖“反思行为”进行体育教学的重新评估，且重新返回原点（已有知识能力），重新补充新的体育教学知识能力，并重新调整教学行为（外显）应对特定教学情境的现实问题。经历几轮负向循环后，当教学实践问题始终无法得到解决时，体育教师可能产生“教师倦怠”问题，导致教师工作积极性下降甚至离职率提升。②正向循环。当教学实践问题得到解决（“通过”），意味着模型循环直至问题解决（“通过”），“通过”意味着教师通过循环学习的过程不断根据“反

[1] KOLB D A. Experiential learning[M]. Eglewood Cliffs：Pretce Hall，1984.

思行为”补充新的体育学科知识，教师自我效能感得到正向激励，补充的体育专业知识转化为解决教学实际问题的能力，进而积累为教学经验。

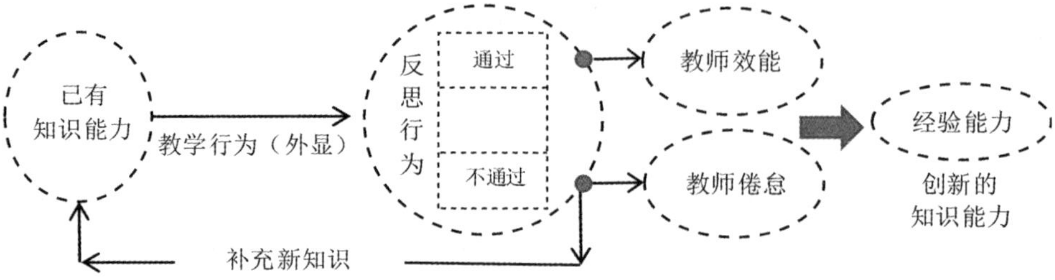

图2-10　体育教师“能力发展”的循环学习机制

（二）“能力发展”逻辑下体育教师的综合素养

基于图 2-10，经过反复多轮循环学习，体育教师将体育学科知识与特定教学情境高度融合，形成符合自身能力基础的、契合特定教学情境的教学行为，积累解决特定教学情境教学问题的教学经验，培养包括知识、行为、能力、经验与信念的融合产物——综合素养，意味着体育教师需要通过“干中学”来不断提升体育教师自身的“综合素养”。为此，研究在“能力发展”逻辑方向下，基于“教师素养”概念，探究体育教师综合素养结构，及其核心区域——体育教师职业信念的基本内涵。

1.“教师素养”的内涵释义

“教师素养”是一个内涵相对宽泛的概念，既要求专业知识的扎实储备，也需要教学行为的规范灵活，更强调教师能力的持续发展及教师职业信念的坚定。张行涛等认为，教师素养包括师德、教师教学及教师发展等多方面内容[1]；《中学教师专业标准（试行）》中指出教师素养包括专业理念与师德、专业知识以及专业能力。随着教师教育研究的发展，“教师素养”又可划分为教师专业素养、教师信息素养、教师人文素养。

（1）教师专业素养。黄友初认为，教师专业素养是教师职业的根基，需要通过教师教育长期培养才可实现，是教师从事教学活动所涉及专业知识、

[1]　张行涛，郭东岐．新世纪教师素养 [M]. 北京：首都师范大学出版社，2003.

能力、品格与信念的总和[1]。朱立明等认为，教师专业素养构成主要包括教师知识、教师能力、教师情感及教师信念[2]。

（2）教师信息素养。陈敏等认为，信息素养是教师自主搜集所需专业知识、信息的工具能力，还可以进一步细分为：教师对各类专业学科知识、媒介知识、技能知识等的敏感程度与认知水平。教师运用各种信息工具的信息收集管理手段及熟练性[3]。教师基于信息素养发展出更加深刻的反思能力[4]。

（3）教师人文素养。黄文武等认为，不论隶属哪门学科，人文素养是教师应当具备的文化学识与精神修养，可以进一步划分为人文知识、人文精神、人文行为[5]。王琳提出，人文素养还包括人格心理素养、法律道德素养、科学文化素养[6]。

2. 体育教师综合素养的构成结构

在“教师素养”理论基础之上，体育教师教育的根本目的在于培养体育教师的综合素养。结合相关理论，体育教师综合素养需满足3个基本结构（图2–11）。

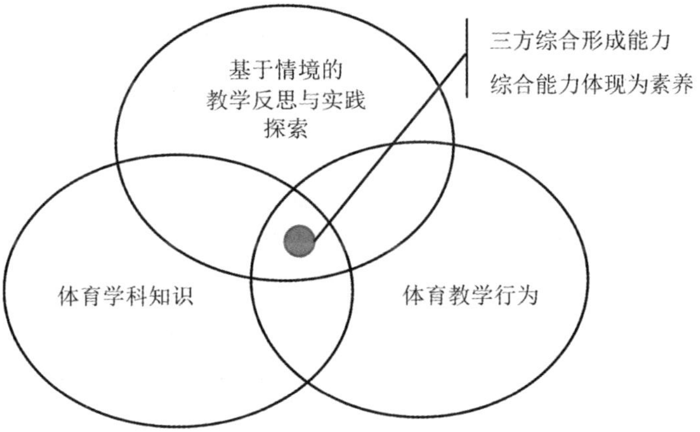

图2–11　体育教师综合素养基本结构示意图

[1]　黄友初．教师专业素养：内涵、构成要素与提升路径[J]. 教育科学，2019，35（3）：27–34.
[2]　朱立明，马振，冯用军．我国教师专业素养测评指标体系的构建[J]. 教育科学研究，2019（12）：80–87.
[3]　陈敏，周驰，吴砥．中小学教师信息素养评估指标体系研究[J]. 中国电化教育，2020（8）：78–85.
[4]　林聪．“互联网+”背景下的高校教师信息素养及构成[J]. 黑龙江高教研究，2016（8）：54–56.
[5]　黄文武，戴雨婷．专业发展视域下教师人文素养提升的路径[J]. 教学与管理，2019（18）：65–67.
[6]　王琳．中学教师人文素养及其优化[J]. 中学政治教学参考，2017（15）：93–96.

根据图 2–11，体育教师教学能力的本质是体育学科知识、体育教学行为、基于情境的教学反思与实践探索和教师不断向特定教学情境投入后不断对知识科学性、行为规范性进行反思与探索后形成的综合素养。可见，体育教师素养的构成是具有多样化、多层性的。鄢彬华等提出，体育教师素养反映着体育教师师资质量的高、低，是多层次知识与多样化能力的高度概括，也包含着国家、社会主流的教育观、价值观[1]。于新彦认为，体育教师素养首先需要拥有高尚的思想品德与人格特质，其次才应该掌握完善的体育专业知识体系，最后则需培养出稳定健全的综合教学能力[2]。结合文献，本书认为体育教师核心素养是教学能力的集中体现，同时具备充分的体育教学专业知识、经过多轮打磨锤炼的丰富教学行为、适应特定教学情境的丰富教学经验，及综合萌生的教师职业信仰与师德品质。

（三）综合素养的核心：体育教师的“职业信念”与“师德品质”

基于图 2–11，“体育学科知识”“体育教学行为”与探索反思形成的“体育教学经验”是构成体育教师能力发展的 3 个基础环节，或者是构成体育教师综合素养的 3 个构成面。三者相互叠加形成一个中间区域就是综合素养的核心区域，是体育教师的职业信念以及坚守的精神品格。为此，本书认为，知识补充、行为规范以及经验积累是教师能力发展的中间过程，而职业信念与师德品质才是教师能力发展的终极目标（图 2–12）。

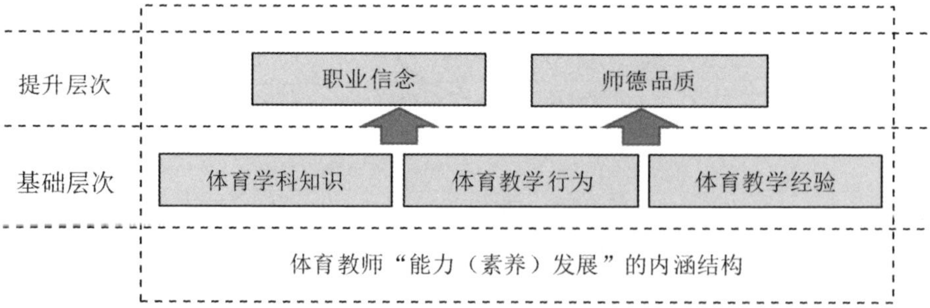

图2–12　体育教师向“职业信念”“师德品质”转化机制示意图

[1] 鄢彬华，胡建鸿，吴华，等．新时期体育教师专业素养的构成与培养 [J]. 江西教育科研，2006（6）：57–58.
[2] 于新彦．新时代高校体育教师个体素质结构探析 [J]. 教育与职业，2011（36）：80–81.

根据图 2-12，体育教师综合素养的最高层次是“职业信念”与“师德品质”。“职业信念”是教师对于体育教师职业的一种依赖感，是对体育教育工作的高度忠诚与职业信念；“师德品质”则是体育教师对学生的一种无私关爱和责任担当。两类职业精神并非能够先天养成，也无法单纯依靠说教习得，更多是依靠教师不断朝着“育人”的方向探索与追求，并持续将专业知识、教学行为、教学经验进行磨合，在特定教学情境中与学生、家长、学校管理者等利益相关主体不断互动，逐步沉淀打磨得到的，具体包括两条路径：

（1）体育教师“职业信念”养成是通过不断反思与持续学习积累而成。体育教师不断“循环学习”和持续“反思改进”，最终依靠能力不断提升，持续解决教学实践问题，最终实现对自身职业工作的情感关联（Affection Attachment）。不论是主观的情感依赖，还是能力发展的路径依赖，体育教师通过培训与学习不断提升能力，并持续提升体育教师的“职业信念”。

（2）体育教师“师德品质”需要通过主要利益相关主体的认可认同。体育教师“师德品质”首先需要充分的教师能力基础，帮助学生提高体育学习成绩是形成“师德品质”的先决条件。但是，体育教师的“师德品质”不是教师与生俱来的能力，需要通过体育教学过程中相关利益主体的认可激励才能逐步培养出来。其中，学生、家长、学校管理者不仅仅需要对教师业务能力的认可，更需要对其为人师表的认可与认同。目前，国家政策仅在底线上规定“师德品质”的最低要求。

第三章

我国体育教师职前学历教育的发展与改革

我国体育教师的职前学历教育是整个体育教师教育体系的基础性构成。从纵向结构来看，包括本科、硕士、博士 3 个层次；从横向结构来看，基于新版《国标》大致可划分 7 个体育本科专业。其中，本科专业人才培养是十分系统、严谨的，是硕士、博士体育师资培养的基础，因此本章重点介绍体育本科专业。在 7 个体育本科专业中，体育教育、运动训练、武术与民族传统体育是与体育教师职前学历培养最为贴近的 3 个本科专业。为此，本章首先介绍我国高等教育体育专业的建设背景，进而重点分析“体育教育”“运动训练”“武术与民族传统体育”以及“社会体育指导与管理”4 个本科专业的人才培养机制。两个方面构成了我国体育教师职前学历教育的主要内容。

第一节　我国高等教育体育专业的建设背景

一、我国高等教育体育专业建设的总体背景与历史阶段

（一）我国高等体育专业的初步建立（1949—1958 年）

1949 年至 1958 年间，我国处于教师教育体系曲折发展阶段，总体呈现出

模仿苏联教育体制的特点。其中，职前学历教育是该阶段我国教育体制建设的重中之重。1951 年《政务院关于改革学制的决定》颁布，强调在全国范围内对原本松散、杂乱的学校系统进行重新定位，统一归置学制、学年，设置并衔接幼儿教育、初等教育、中等教育、高等教育四大层次，初步构建我国学历教育基本架构。同年，教育部第一次全国师范教育会议召开，提出“正规师范教育与大量短期培训相结合”的教师教育体系建设方向。在此历史阶段下，一批体育专业院校建立起来，同时一批综合类（师范）院校相应增设体育系。

（1）体育专业院校的建立。1952 年华东体育学院首先建设，成为中国有史以来第一所体育院校[1]。直到 1954 年，包括中央体育学院（现北京体育大学）等多所专业体育院校相继建立（表 3–1），并且在地级市设立 3 年制体育专科班，重点培养小学体育教师。1953 年国家推广使用，为学校体育工作培养、输送了大量体育师资。

表 3–1　中华人民共和国成立初期我国新建的体育专业院校

体育学院名称	创建年份	备注
华东体育学院	1952	由南京大学、华东师大和金陵女子文理学院体育系、科合并而成
中央体育学院	1953	在北京师范大学体育系基础上重组，后为北京体育大学
中南体育学院	1953	由南昌大学、华中高等师范学院和武汉体育师范专科学校合并建设
西南体育学院	1954	四川生理体育专科学校在成都重新组建，后为成都体育学院
东北体育学院	1954	东北体训班在沈阳重新组建，后为沈阳体育学院

（2）综合性（师范）大学增设体育系。1951 年，国家有关部门颁布了高等院系的调整方针，对院系调整中的某些重点专业作出重新安排。同年 5 月 18 日，政务院第八十五次会议上提出《关于一九五〇年全国教育工作总结和一九五一年全国工作的方针和任务的报告》，确定新学制：适当地、有步骤地充实和调整原有高等学校的院系，首先调整工学院系或增加新系。在此

[1]　张志勇，魏丕勇，孟晓平 . 体育教师教育的历史审视与共同体构建的新时代选择 [J]. 北京体育大学学报，2019，42（12）：1–10.

之后，我国对一批综合性大学和师范院校的体育系、科进行了重新的合并与增设。本书选择其中几项重要的体育系调整案例纳入表 3–2。

表 3–2 中华人民共和国成立初期我国综合性、师范类大学新增体育系、科（部分）汇总列表

体育学院名称	创建年份	备注
中山大学体育系	1945	1951 年并入华南师范大学
西南师范大学体育系	1950	1953 年并入重庆体育学院
华中师范大学体育系	1950	1953 年并入中南体育学院
华南师范大学体育系	1951	新增体育系
山西大学体育系	1951	新增体育系
杭州大学体育系	1952	新增体育系
内蒙古师范大学体育系	1952	新增体育系
苏州大学体育系	1952	新增体育系

（二）我国高校体育专业建设进度遭受严重冲击（1959—1977 年）

这段时期，我国教师教育系统架构及运营受到严重破坏。学校体育工作目标与实际脱离，与学校教育规律相悖，对我国高等教育领域体育专业建设产生巨大不良影响。1959—1961 年三年困难时期，全国性粮食和副食品短缺，进一步加剧社会动荡，学校体育系统乃至体育教师教育工作严重倒退，其中一批高等体育专业停办。直至 1966 年开始，整个教育系统遭受颠覆性破坏，各级各类体育课程改为“军体课”[1]，并专门编制军体课教材，现有各层、各类体育专业的人才培养模式遭到严重破坏。当然，其间国家也尝试重新提振学校体育体系，重启体育教师教育工作。例如，1963 年教育部参照国外经验制定《体育专业教学计划（草案）》，确定国家体育教师教育的战略重心将从初等体育教师逐步转向中等体育教师，并将思想理论纳入必修课，将专项技术分为必修和选修两类[2]。但是总体上，我国高等教育领域体育专业建设仍受到严重影响。

[1] 刘芳．建国以后我国学校体育思想的发展轨迹及未来发展走向 [J]. 哈尔滨体育学院学报，2005（6）：14–16.
[2] 刘英杰．中国教育大事典（1949—1990）[M]. 杭州：浙江教育出版社，1993.

（三）我国高校体育专业建设得到逐步恢复（1978—1998年）

1978年，党的十一届三中全会召开，标志着我国社会经济、文化、政治制度逐步恢复，学校体育工作出现起色。1978年《关于加强和发展师范教育的意见》颁布，提出“认真办好现有师范学院（师范大学）”口号，是国家新规划建设师范教育的重要政策标志。同年，国家体委颁布《关于办好体育学院的意见》，提出肃清“四人帮”毒瘤，全面贯彻党的知识分子策略，根据实际需要培养专项体育教师和教练员。1986年《高师体育专业教学计划试点改革方案》颁布，代表着我国高等教育领域正式启动了体育专业建设步骤，并以“中师”为突破口重点推动高等教育领域学校体育专业函授教育的蓬勃发展[1]。

（四）我国高校体育专业建设向“规模发展”变轨（1999—2009年）

1999年教育部召开第三次全国教育工作会议，中共中央、国务院《关于深化教育改革全面推进素质教育的决定》颁布，新一轮课程改革启动，学校教育理念发生深刻变化。2001年《国务院关于基础教育改革与发展的决定》颁布，将“师范教育”替换为“教师教育”，整个体育师资培养的内涵理念发生转变，对于学校体育工作乃至体育教师教育系统产生深刻影响。2003年教育部印发《全国普通高等学校体育教育专业本科专业课程方案》，明确体育教育本科专业的人才培养目标是：能够胜任学校体育教育、教学、训练和竞赛工作，并能从事体育科学研究、学校体育管理及社会体育指导的复合型教育人才，同时规定必修课程、选修课程基本学时数、学分及实践性环节的组成和认定方式。以上文件颁布，奠定体育教育专业在整个高校体育专业中流砥柱的核心地位，标志着我国进入高等教育体育专业“规模化”建设的新征程。

（五）我国高校体育专业建设的结构性优化（2010年至今）

2011年教育部印发《全国教育人才发展中长期规划（2010—2020年）》，标志着我国教师教育体系建设基本完成“量”的积累，并逐步进入结构性优化的改革新阶段。2016年《国务院办公厅关于强化学校体育促进学生身心健

[1]　谢文庆．改革开放40年我国教师教育政策的历史审视[J]. 泰山学院学报，2019，41（2）：55-61.

康全面发展的意见》颁布，提出加强体育教师队伍建设，重点加强师德建设，办好高等学校体育专业。从后续颁布的相关文件来看，进入2010年之后我国关于体育专业建设的重点不再只是简单停留在数量扩展上，更多偏向体育师资综合素养的培养以及内涵化发展。例如，《教育部关于大力推进教师教育课程改革的意见》颁布，提出学历教育是体育教师扩展教学知识储备、提升教学能力发展的重要平台，高校体育专业在人才培养过程中就应当将体育教学的基本理念、前沿知识、丰富的体育教学教法，多方位、多层次地传授给体育师范生，为未来的体育教育打下持续发展的坚实基础。

二、我国体育研究生培养机制的演变路径

（一）中华人民共和国成立之初我国研究生培养制度的政策背景

1. 我国研究生管理制度的初步建立

1949年后，我国便高度重视高层次人才持续培养，当年便招收培养了242名研究生[1]。1950年教育部出台《关于高等学校1950年度暑期招考新生的规定》，指出研究生招生培养应与国家建设与发展的需要密切联系。1953年，教育部出台的《高等学校培养研究生暂行办法（草案）》规定：凡聘请苏联专家的高等院校应同时承担研究生培养任务。这是我国第一部关于研究生培养的法令。1954年，人事部、教育部颁布《高等师范学校培养研究生暂行办法（草案）的通知》，是我国师范类院校开展研究生培养重要政策，对研究生培养范式进行了明确规定。系列政策颁布拉开了我国师范专业研究生培养的历史序幕。1963年教育部组织1949年以后第一次全国性研究生教育工作会议，会议对1949年以来我国研究生招生、培养、评价等进行深入探讨，进而组织专家、学者共同拟定颁布了《高等学校培养研究生工作暂行条例（草案）》《关于高等学校培养研究生的经费、人员编制和研究生助学金及其他生活待遇问题的几点规定》等6项政策，进一步完善我国研究生培养制度，对招生质量、导师遴选、管理程序、考核评

[1] 苏渭昌. 中国教育制度通史：第八卷[M]. 济南：山东教育出版社，2000.

价等方面作出规定[1]，标志着我国研究生培养制度体系初步构建。

2. 我国研究生管理制度的不断完善

1977 年《关于高等学校招收研究生的意见》颁布生效，标志着继中断 12 年之后中国研究生教育工作得以恢复。1978 年，教育部召开了第一次研究生培养工作会议，明确了新历史时期下我国研究生培养总体任务，《高等学校研究生培养工作暂行条例（草案）》《关于高等学校研究生政治理论课的规定》等政策相继出台，根据侧重点不同启动多元化的研究生培养机制，二年、三年、四年制人才培养模式并存，并允许有条件学校试行学分制[2]，标志着我国研究生培养制度走向成熟。1980 年全国第五届人民代表大会常务委员会第十三次会议通过《中华人民共和国学位条例》和《国务院学位委员会〈关于审定学位授予单位的原则和办法〉》，并在次年颁布实施，是我国第一次参照国际惯例设置的研究生培养学分制度，对于各学科、各层次研究生招生培养规模不断提升。

（二）我国体育硕士研究生培养的发展过程

《中华人民共和国学位条例》颁布，极大推动我国体育硕士研究生的招生规模和培养数量，逐步在原有“非定向”研究生培养的基础上增加“定向”研究生培养比例，另外也开始设立体育硕士专业学位。

1. 体育学硕士研究生学位授予点不断增多、招生规模不断扩张

从 20 世纪 90 年代开始，国家教委直属的各个综合性（师范）大学体育院系陆续获得了招收体育硕士研究生的学位授予资质。1981 年至 1996 年，全国累计培养包括运动生理学、体育教学理论与方法、运动训练学、运动生物力学、运动解剖学等 12 个体育学硕士学位，授予专业硕士生 1 300 名[3]；进入 21 世纪，部分综合类大学依托公共体育教学部班底，挂靠本校的相关学科研究机构院所，申请获批并设置了体育硕士学位授予点。据统计，截至 2007 年 3 月，全国共有 116 所高等院校公布了招收体育学硕士，年度招生规

[1] 刘光 . 新中国高等教育大事记：1949—1987[M]. 长春：东北师范大学出版社，1990.
[2] 刘光 . 新中国高等教育大事记：1949—1987[M]. 长春：东北师范大学出版社，1990.
[3] 田麦久 . 体育学博士立足于国内培养之对策 [J]. 北京体育大学学报，1996（4）：1–7.

模达到 4 000 余人[1]。

2. 逐步增加体育学“定向”硕士研究生培养比例

为适应社会发展需要，提高研究生入学质量，教育部于 1988 年颁布《高等学校招收定向培养研究生暂行规定》，按照相关规定推行招收定向培养硕士研究生。值此历史节点，各体委直属体育院校和教委系统下各综合（师范）大学体育院系开始招收体育学“定向”研究生，招生面向具备一定体育工作经历、拥有科学研究精神的社会在职人员。1991 年国务院学位委员会发布《国务院学位委员会关于授予具有研究生毕业同等学力的在职人员硕士、博士学位暂行规定及其实施细则》,标志我国正式面向体育在职人员招收硕士研究生。

3. 体育学专业学位硕士的设置

1996 年，国务院学位委员会审议通过《专业学位设置审批暂行办法》，规定“专业学位”是带有职业背景的学位类型，为特定行业输送高层次专业型人才而设置。专业学位硕士区别于学术型学位，是对国家硕士学位制度的补充，倾向于为体育教师行业培养输送具有充分教学能力、经验及理论基础的教师专业研究生人才。直到 2005 年，我国才开始在符合条件的高校中设置体育硕士专业学位。2006 年首次获批的 11 所体育学院、6 所师范类院校、3 所综合性高校开始招生，总计 20 所招生单位，共计报名人数 4 051 人，录取人数 573 人。直到今日，相比学术型硕士，我国体育专业硕士学位人才就业情况越来越好，因此招生培养规模正处于不断扩张的发展态势。

（三）我国体育博士研究生培养的发展过程

从 20 世纪 80 年代中期开始，我国便启动体育学博士研究生培养。体育学博士研究生是我国高等教育领域体育教师职前学历教育的重要组成部分，也是人才培养的最高层次。1986 年 7 月，国务院学位委员会首次批准设立体育学博士学位授予单位，北京体育大学和上海体育学院成为我国第一批博士授予单位和授权点[2]；1993 年，华东师范大学运动生物化学专业获得国务院学位委员

[1] 刘燕，谢丹霞，吴贻刚，等 . 我国体育学博士与硕士授权点发展现状的调查研究 [J]. 成都体育学院学报，2008（4）：72–75.

[2] 杨贵仁，黄汉升，方千华 . 新时期我国体育学博士研究生教育审视 [J]. 体育科学，2005（6）：3–12.

会批准，成为我国第三个博士授予单位和授权点；进入 2000 年，我国体育学博士研究生招生规模加速发展，当年包括华南师范大学、苏州大学、福建师范大学设立博士点；2003 年国务院学位委员会又批准北京师范大学、浙江大学 2 个体育人文社会学博士点；截至 2004 年底我国累计招收体育学博士研究生 834 人，已毕业人数为 347 人，在校人数为 497 人[1]；2005 年，华南师范大学、华东师范大学获批体育学一级博士点，南京师范大学获批体育人文社会学博士点；2013 年我国体育学博士点再度扩张，新增天津体育学院和成都体育学院。在此阶段，我国体育博士招生规模及培养质量都得到大幅提升。

第二节　我国体育教师“职前学历”教育相关本科专业

2018 年 1 月 30 日，教育部以《普通高等学校本科专业目录（2012 年）》为依据颁布《国标》，涵盖目录中全部 92 个本科专业、587 个本科专业。其中，体育学共计 7 个细分专业，对于我国高质量培养体育教师等专业人才起到关键性的规范作用。而在教师教育领域，7 个体育学专业中有 4 个专业与体育教师的培养存在较为密切的关联，即体育教育、运动训练专业、武术与民族传统体育以及社会体育指导与管理。其中，体育教育是专门培养体育教师的体育学专业，而运动训练专业、武术与民族传统体育专业，以及社会体育指导与管理能够为体育教师培养与输送起到辅助作用（图 3–1）。

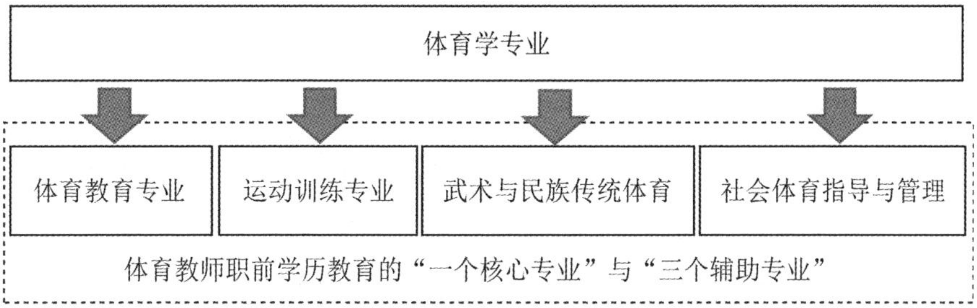

图3–1　职前学历教育范畴内4个体育学专业示意图

[1] 卢亮球，高鸿辉，麻雪田，等 . 我国体育学博士研究生培养现状、问题及对策 [J]. 广州体育学院学报，2005（5）：119–123.

一、《体育学类教学质量国家标准》制定的历史背景

1963年开始，我国先后五次颁布《普通高等学校本科专业目录》。1963年的《高等学校通用专业目录》将体育专业划分为体育、田径运动、体操、球类运动、游泳、冰上运动、武术7个专业和运动保健1个试办专业。1988年教育部经过论证颁布《普通高等学校本科专业目录》，对原有5个专业进行调整，重新设置为体育教育、运动训练、体育管理、体育生物科学、武术5个专业，并将体育新闻、体育保健康复、运动心理、警察体育列入4个试办专业。其后，教育部在1993年和1998年，分别对《普通高等学校本科专业目录》进行两轮调整，直至2012版《普通高等学校本科专业目录》，阶段性完成对体育专业的调整和变动。最终依据2018年版《国标》，体育学专业共计7项，包含：体育教育（040201）、运动训练（040202K）、社会体育指导与管理（040203）、武术与民族传统体育（040204K）、运动人体科学（040205）、运动康复（040206T）和休闲体育（040207T）。

二、体育教师职前学历教育的培养目标

根据图3–1，本书重点说明体育教师职前学历教育，因此仅重点说明《体育学类教学质量国家标准》规定中7个体育专业中的4个体育专业，其中体育教育专业是我国体育教师培养的核心专业，而运动训练、社会体育指导与管理以及武术与民族传统体育3个专业能够有侧重地为培养体育师资提供一定补充。从培养目标设置来看，上述4个体育学专业人才培养方向存在一定差异。

（一）体育教师职前学历教育的总体目标

根据《体育学类教学质量国家标准》，我国体育学本科专业人才培养目标是培养德、智、体、美、劳全面发展的综合型人才，培养具备较高社会责任感、积累优秀科学文化素养的师资。通过系统学习与实践，学生能够具备现代教育和健康管理的前沿理念，全面掌握体育学基本理论、基本技能和基本方法，培养创新精神与意识，在掌握必要的体育科学研究能力以及完成相应的体育科研任务的同时，掌握一定创新创业素质与能力，成为为群众体育、竞技体育、体育产业相关工作提供帮助的应用型人才。可见，在《体育学类

教学质量国家标准》影响下，我国体育教师职前学历教育的培养目的是培养学校体育领域体育教师、社区范畴社会体育指导员及体育消费市场领域的体育教练员等复合型、应用型人才。

（二）体育教师职前学历教育的专业目标

根据图 3–1，《体育学类教学质量国家标准》中共有 4 个细分专业，包括体育教育、运动训练、武术与民族传统体育及社会体育指导与管理，能够纳入体育教师职前学历教育范畴，在体育学专业总体目标下，共同承担体育师资人才培养任务，但是，结合不同培养目标差异，4 个专业也将各有侧重地培养出不同类型体育教师群体。

1. 体育教师人才培养：体育教育专业的培养目标与定位

体育教育专业是我国体育教师职前学历教育的基础，是专门负责培养各级各类体育教师的核心专业。根据《体育学类教学质量国家标准》，体育教育专业学生经过四年本科教育，必须掌握现代教育教学理论与方法，以及学校体育课程与教学、课外体育锻炼、训练水平和竞赛管理、组织的基本理论与方法，并且培养出有较强的体育教育教学能力、能够胜任学校体育工作的体育教师人才。

2. 学校体育训练型人才培养：运动训练专业的培养目标与定位

伴随体教融合政策持续发展，“学校体育”与“竞技体育”不断发生深度融合。其中，相关系列政策明确提出，学校体育范畴增设“教练员”岗位，意味着“竞赛训练”成为学校体育工作重要组成，要求体育教师不仅能上好体育课，也得带好学校的课后体育训练工作。为此，各类学校对于训练型体育教师的需求也将变得越来越大，相应的运动训练专业也将承担起向各级、各类学校培养输送训练型人才的历史责任。《体育学类教学质量国家标准》要求运动训练专业培养出的学生必须掌握专项运动教学、训练、竞赛的基本理论与方法，具备较强专项运动技能、运动训练指导及竞赛组织能力，能够胜任专项运动教学、训练及竞赛组织工作。

3. 武术教师人才培养：武术与民族传统体育的专业目标与定位

2014 年教育部颁布的《完善中华优秀传统文化教育指导纲要》提出，把中华优秀传统文化教育系统融入课程和教材体系。2016 年 10 月国务院颁布体育政策“把武术列入高考，成为升学绿色通道”。2017 年 1 月中共中央办公厅、国务院办公厅印发《关于实施中华优秀传统文化传承发展工程的意见》，提出将中国传统戏曲、书法、传统体育等引进校园。我国各级、各类学校对于武术教师的需求量不断提升。因此，武术与民族传统体育专业将承担更多武术教师的培养工作。聚焦《体育学类教学质量国家标准》关于武术与民族传统体育专业培养目标表述，专业学生必须掌握武术专项教学、训练、竞赛和管理的基本理论与方法，具备较强的武术、养生、民族民间体育基本技能和传播、推广、传承、创新中华民族传统体育文化能力，能够胜任民族传统体育方面相关的工作。

4. 社区体培机构师资培养：社会体育指导与管理专业的培养目标与定位

2021 年“双减”政策颁布后，校外体育培训市场持续扩大，各类体育培训机构蓬勃发展。需要说明，“双减”政策背景下体育培训机构更多是中小民营企业，体育师资既承担教学培训工作，还需要完成培训机构的管理工作，急需复合型体育教师人才。

为此，“双减”政策背景下，体育培训机构聘用的体育师资能否合格、达标受到国家与社会高度关注。根据《体育学类教学质量国家标准》，社会体育指导与管理专业相对比较符合人才培养的对口需求，其培养目标显示：专业学生必须掌握社会体育的基本理论与方法，具备较强的专项运动技能和运动训练指导及竞赛组织能力，能胜任专项教学、训练和竞赛组织工作。

二、体育教师职前学历教育的学制情况

根据《体育学类教学质量国家标准》规定，包括体育教育、运动训练、武术与民族传统体育及社会体育指导与管理在内的 4 个本科专业学制为 4 年。但是，同时提出，体育专业允许提前毕业或延迟毕业，学习年限原则上为 3~6 年。究其原因，我国当前仍然处于学分制建设转型阶段，一批学校的学

分设置机制给出学生提前毕业的空间，因此《体育学类教学质量国家标准》允许上述4个本科专业的最低修学年限为3年。但是，《体育学类教学质量国家标准》规定本科专业最高可修习6年，在实际办学过程中往往需要根据不同学生的实际情况灵活处理。[1] 例如，2014年11月颁布的《教育部关于做好2015年全国普通高等学校毕业生就业创业工作的通知》，强调“高校要建立弹性学制，允许在校学生休学创业”“进一步完善和落实学费补偿贷款、代偿学费减免、退役后复学升学、就业创业等政策，鼓励更多大学生投身军营、报效国家”，意味着不同学校、不同类型的学生在就读“体育教育”等体育专业期间，创新创业或征兵入伍情况各不相同，学生可能无法按照6年最长学制完成学业。为此，《体育学类教学质量国家标准》仅是在原则上要求限制6年学制，现实中各校会根据实际情况酌情灵活处理。

四、体育教师职前学历教育的学分范围

根据《体育学类教学质量国家标准》，前述4个体育学本科专业学分应当控制在140~170学分。学分浮动包括两方面原因：①不同专业基础知识存在差异。体育教育、运动训练、武术与民族传统体育及社会体育指导与管理更多偏向文科专业，学分控制在140分水平较为合适。但是考虑到《体育学类教学质量国家标准》中规定有运动人体科学等理科专业，涉及大量医学知识，因此将学分上限提升至170分的水平。②不同学校学分设置框架的结构差异较大。当前，越来越多高校启动申办体育专业，其中不乏大量综合类大学。不同综合类大学由于办学定位、优势学科结构等存在差别，导致学校总体的学分配置框架也差别较大。例如，师范类院校会将一批教师教育类课程纳入通识教育课程范畴，这样很多师范院校的体育教育专业不用在专业教育课程和实践课程中挤出更多学分来安排或整合教师教育课程；相反，对于综合类高校而言，一般不会为了占比较小的师范类专业，在通识教育课程中安排过多的教师教育课程学分。因此，综合类大学的体育教育等专业需要在专业教育课程和实践课程中挤出更多的学分来安排教师教育课程。

---

[1] 张瑞林 . 关于制订《体育学类本科专业类教学质量国家标准》的思考 [J]. 吉林体育学院学报，2014，30（6）：1-4.

五、体育教师职前学历教育的课程体系

体育教育、运动训练、武术与民族传统体育以及社会体育指导与管理4个涉及体育教师职前学历教育的本科专业，均面临课程体系建设关键问题，如何合理安排课程是决定体育人才培养质量的关键。根据《体育学类教学质量国家标准》，这4个专业的课程体系均可分为3大板块，包括通识教育课程、专业教育课程以及实践课程。

（一）通识教育课程

通识教育课程是要求同一学校不同专业均要修习的课程内容，不存在专业上的差别。一般分为“公共必修课”和“公共选修课”两大类。其中，《体育学类教学质量国家标准》规定公共必修课需包括思想政治理论课程、创新创业教育课程、军事理论与训练、大学外语、计算机应用等教育部相关政策文件明确规定的课程，以及部分高校根据自身办学特点开设的相关课程。另外，通识教育课程还开设了一部分选修课程，包括人文、自然等多个学科的相关课程，由各个高校根据自身办学特点自主开设，其中通识教育必修课程需要不少于3门，不低于6学分。

（二）专业教育课程

体育教育、运动训练、武术与民族传统体育及社会体育指导与管理4个专业的课程体系既有相互重叠部分，也有彼此相异内容，总体分为：专业类基础课程、专业类核心课程以及专业类拓展课程3大板块。

1. 专业类基础课程

上述4个体育学专业均要开设同样的“专业类基础课程”，包括体育概论、运动解剖学、运动生理学、体育心理学、体育社会学、健康教育学、体育科学研究方法。这7门课程综合考虑了《体育学类教学质量国家标准》中7个不同体育学专业，7门基础课程是通过在不同专业课程中取“最大公约数”最终确定下来。

2. 专业类核心课程

上述4个专业还需要安排相应学时的专业类核心课程，突出与体育专业

密切相关的理论知识与技术技能，属于专业必修课范畴，总学分不少于22学分。专业类核心课程按照“3+X”划分，不同体育细分专业开设“3”门核心课程，各个专业的核心课程都不相同，但是都必须设置人才培养方案；而“X”课程的对应学分、开设课程数量均未作出明确规定，可以在《体育学类教学质量国家标准》给出的3个模块（运动技能模块、理论课程模块一、理论课程模块二）选择合适课程，或者由专业自主设置。

其中，专业类核心课程的“3”项核心课程是区别不同专业的关键，具体来说：第一，体育教育专业必须开设学校体育学、体育课程与教学论、运动技能控制与学习；第二，运动训练专业必须开设运动训练学、运动技能控制与学习、体育竞赛学；第三，社会体育指导与管理专业必须开设社会体育导论、健身理论与指导、体育市场营销；第四，武术与民族传统体育专业必须开设民族传统体育概论、中国武术导论、中国传统养生理论。

3. 专业类拓展课程

专业类拓展课程属于选修范畴，必修课程以及《体育学类教学质量国家标准》给出的3个模块推荐课程之外的课程，均可纳入专业类拓展课程。另外，也可以自主开设相关课程，学分不少于40分。

（三）实践课程

实践课程是指培养学生特定体育实践技能的课程门类，包括社会实践（如军事训练、劳动教育、社会调查、毕业教育和就业指导等）、创新创业实践（专业见习、专业研习）、科研训练（体育科技创新、创意设计、创业计划、创业训练）等课程。

第三节　我国体育本科专业的招生政策与就业服务

生源质量与规模是决定体育专业办学质量高低的前提条件，体育教师行业对口就业水平是检验体育专业办学质量优劣的重要标准。“招生—培养—就业”三者环环相扣，是实现体育教师职前学历教育的基本架构。为此，本节重点介绍我国体育学本科专业招生政策与就业服务，并根据所存在的现实问题提出优化改进建议。

一、体育本科专业招生制度背景与改革策略

我国体育教育专业招生的生源规模、生源质量是体育教育专业培养高质量、高规格体育教师人才的重要前提。1977 年我国恢复高考之后，体育教育专业招生考试逐步发展起来，在我国高等教育招生统一考试体系中占据特殊地位，同时包含“文化课考试”与“运动技能考试”两个部分，对于选拔适合体育学科学习的人才具有重要的价值与意义。

（一）我国体育本科专业招生考试的历史沿革

1. 体育本科专业招生考试制度的探索阶段（1977—1985 年）

1977 年是我国教育制度重新搭建、捋顺关系的重要一年。邓小平同志在 1977 年主持召开科学和教育工作座谈会上，决定当年恢复高考[1][2]。随着我国高考制度逐渐恢复，各体育院校开始着手筹备体育教育等体育本科专业的招生工作。1978 年国家体委下发《关于大力提高教学质量，充分发挥体育学院在我国体育事业中的作用的通知》，明确强调体育院校应当承担起培养高水平体育教师的重要责任。因此，在全国高考制度总体框架下，各省依托体育专业院校开始探索各自体育教育专业招生考试的筹备安排工作。该阶段，各省以体育教育专业“一专多能”的人才培养为导向安排考试内容。应淑娟汇总分析了各省历年考试内容与评分标准，基本包括“身体素质”与“专项技能”两个方面，两方面分值按照权重的 50% 纳入总分。身体素质项目大致分为 3 类：第一类为 100 米跑，第二类为立定跳远、纵跳，第三类为引体向上、俯卧撑、50 米 ×2 蛇形跑。专项技能考试主要有：田径、足球、篮球、排球、乒乓球、体操、游泳、武术等[3]。

2. 体育本科专业招生考试制度的全国统一标准阶段（1986—1988 年）

1985 年，各省自主设计体育教育专业招生考试的考试内容、评分标准，

---

[1] 杨长久 . 普通高考体育教育专业招生考试历史沿革初探 [J]. 浙江体育科学，2019，41（2）：54-59.
[2] 苏渭昌 . 中国教育通史：中华人民共和国卷（上）[M]. 北京：北京师范大学出版社，2013.
[3] 应淑娟 . 普通高等学校体育专业招生考试模式研究 [D]. 南昌：江西师范大学，2006.

造成各省体育教育专业生源质量参差不齐，不利于体育教师人才跨省转移与评价。面对此种情况，国家试图将分散在各省的考试管理权力进行集中。1986 年国家体委颁发《普通高等学校体育专业招生体育考试评分标准与办法》，在考试内容、标准上进行统一化设计，并试图扩展相关考试内容，包括身体素质考试扩展到 4 类 7 小项，第一类仍然为 100 米，第二类改为立定跳远和立定三级跳，第三类改为原地推铅球和原地后抛铅球，第四类改为 800 米跑和“十”字障碍变向跑两项[1]。另外，“专项考试”内容与上一历史阶段相比并无太大变化，只是计分权重相对降低为 30%[2]，身体素质权重提升至 70%。

3. 体育本科专业招生考试制度的完善优化阶段（1989—1999 年）

1989 年国家体委与国家教委联合颁布的《普通高等学校体育专业招生工作暂行规定》，是由体育、教育两大行政部门牵头发布的体育本科专业招生纲领性文件。1993 年国家体委下发《关于深化直属体育院校教育改革扩大办学自主权的若干意见》，对原本集权于中央的高考招生工作进行改革，将管理权限下放到各省，让各省能够根据自身特殊的省情开展招生工作；1999 年《关于进一步深化普通高等学校招生制度改革的意见》颁布，高校招生考试的“中央集权”格局被打破，各地区被赋予更多权力选择科学组合和考试形式[3]。其中，部分省份为保证“技术考试”易操作性，便先后放弃“专项技术考试”，普遍采用身体素质的考试项目进行代替。另外，由于各个省份获得了自主设项的基本权利，项目设置变得越来越少，且各省出台不同的计分评价标准，身体素质成绩占比 60%~80% 不等。

（二）我国体育本科专业招生考试的现存问题

据统计调查，自 1993 年体育教育本科专业招生考试组织权限下放至各省，各省在国家规定的框架内对本省招生考试的内容、标准进行调整之后[4]，至

[1] 沈巧儿，李建设．我国高校体育专业招生考试项目设置与评价标准的综述 [J]. 北京体育大学学报，2001（4）：525-527.
[2] 刘如强．我国普通高校体育专业招生考试项目设置研究 [D]. 苏州：苏州大学，2010.
[3] 王树宏．我国高校体育专业招生考试制度研究进展 [J]. 成都体育学院学报，2009，35（10）：78-81.
[4] 苏小波，刘立柱．河南省体育教育专业人才选拔机制的改革研究 [J]. 周口师范学院学报，2020，37（5）：81-85.

今我国很多省份在很长一段时间考试内容并未发生根本性改变与优化，很多改革潜在问题也变得越来越突出。

1. 各省份评分标准的“赋分”差异显著，造成全国人才输送的相对“不公平”

1993 年之后，省级体育、教育行政部门拥有更多“考试安排”自主权力。但是，各省在考试项目内容、评分标准的设计上差异明显，造成了一些“教育公平性”缺失的问题。例如，两个省份即便运动表现和运动成绩达到同样成绩，但却因为两个省份的评分标准存在差别，而获得不同的体育高考成绩。不同的高考成绩尤其对于高考未达报考学校的“调剂生”往往会存在一定劣势。以铅球项目为例，甘肃、辽宁三地评分标准存在不小差别，甘肃均值总体较低，甘肃投 10 米、11 米和 12 米的成绩分别判分为 56.69 分、71.54 分、84.09 分；而辽宁考生铅球投出同样的成绩，分别判分为 64.84 分、81.48 分、100 分。当有同样素质和运动成绩的同学在调剂过程中相互竞争时，辽宁考生则相比甘肃考生能获得更多机会。

2. 部分省份缺乏“专项技能考试”，不利于“一专多能”人才的选拔

据调查，我国体育专业“运动技能”考试模式大致可以划分为四种类型（杨长久），包括：身体素质、身体素质 + 专项技能、身体素质 + 综合技能、身体素质 + 专项技能 + 辅项技能。其中，超过一半的省份选择只通过“身体素质”来衡量、评价体育考生的基本能力。这些省份包括湖北、河北、山西、福建、安徽、浙江、陕西、青海、贵州、广西、宁夏、西藏、吉林、内蒙古、新疆等。虽然，“身体素质”测试便利性、可操作性较好，但是相对而言会造成“未考查省份”考生不再重视“专项技能”训练，较长一段时间训练完全围绕“素质项目”进行训练，导致没有专项技能的培训与沉淀。大量研究表明，初中、高中阶段是青少年养成专项技能的重要阶段。而体育教育专业被考生因为考试设置原因，较大程度放弃“技能学习”，同样损害他们进入体育教育本科专业学习的可持续竞争力。

3. 体育本科专业招生考试的“文化考核”权重相对偏低

长期以来，我国体育本科专业招生考试一直以“运动技能”和“身体素质”的强弱为评价主导，在很大程度上降低了“文化考核”的权重，导致大部分体育生不重视初中、高中阶段文化课学习。目前，我国体育教师总体上呈现出“技能水平”相对较高，而体育教学的总结诊断、创新规划、思政教育、人文素养等却相对偏弱的局面。其中，体育考生“重武轻文”的基本功底是造成这种局面的原因之一。因此，逐步提升体育本科专业招生考试“文化课”比重，引导体育考生文化课学习、评价模式逐步完善，实现“运动技能”与“文化学习”平衡是未来的改革方向。

（三）我国体育本科专业招生考试改进策略

1. 国家层面局部回收考试安排权力、部分考试大项实施统一评分标准

目前，我国各个省级体育、教育行政部门全权负责各省体育专业招生考试。但是，各省之间项目设置、评分标准存在差别，不利于国家统一体育人才选拔。为此，建议国家应当针对考试的重要项目、重要环节进行统一考试设计与实施，并将其他项目、环节的考试方案交由省一级部门设计管理。例如，田径、三大球、游泳等可以进行统一标准设计。同时，国家需让各省保留一定权力空间，通过“选考”让各省考生参考相应省份重点布局项目、特色项目。具体哪些项目考试安排权限回收国家，各个省份按照什么原则自设考试项目，国家关于大项考试的评分标准如何设置，以及各个省份的自设考试项目评分标准如何安排，都需要进行系统而细致的论证和协调。

2. 建议逐步推行湖南省实行的“身体素质 + 专项考试 + 辅项考试”

目前，我国部分省份采用“身体素质”考核要求。但是，随着《课程标准》颁布，中小学体育教师教学工作任务发生显著变化，要求小学、初中学生系统学习掌握 1~2 项运动项目的任务要求，同时改变了体育教师能力素养的结构，体能训练不再是体育教学质量的决定性标准，学生对于运动技能的掌握情况也变得越发重要。因此，我国体育教师培养的导向与趋势必然会朝着“体能—技能”并重的方向发展。那么，进一步逆向推演，在体育高考的评价体系中，“运动技能”的权重也应当有理由逐步提高。其中，湖南省采用“身体素质 + 专项考试 + 辅项考试”方式，值得推广借鉴，也符合未来体育教师教育与培养的趋势。当然，湖南省体育高考的组织成本相对较高，但是也相对其他省份更能够全面地筛查学生，比较适合中小学体育教师岗位对“一专多能”的人才需求。

3. 建议逐步提高体育专业招生考试的“文化课”考核比重

根据《课程标准》要求，未来我国中小学体育教师的工作定位不再仅局限于“运动技术”教学训练者。体育教师还需要承担起更多“育人”责任，帮助更多的儿童青少年提高“健康体质”、塑造“健康价值”。可见，新时代学校体育工作改革对于教师整体素质的要求越来越高，尤其要求体育教师拥有扎实的文化功底，同时拥有思考与创新的意识与思路。因此，体育专业招生考试的分值配置导向下，应当充分考虑《课程标准》关于教师综合素养的要求，适度、逐步增加体育考生“文化课”的分值权重，引导备考体育教育专业的初中、高中学生投入足够精力与时间用于文化课学习。

二、改进体育本科专业就业水平的几点建议

根据师范专业认证规定，师范专业办学须满足获得教师资格证书的比例不低于 85%，且主要从事教育工作（指在各级各类学校、教育机构中从事与教育有关的教育教学、研究、管理工作，包括继续攻读研究生等学历深造）。结合“麦可思”报告，我国体育教育专业就业排行连续数年落后整体，“对口就业”（即在教育体系中从事工作的比例）水平相对偏低。曾剑斌调研发现：在 21 世纪第一个 10 年，华东地区体育教育专业本科毕业生就业水平才勉强合格，2007—2009 年华东地区体育教育专业毕业生“初次就业率”分别为 76.82%、70.16% 以及 60.75%，平均为 69.24%，属于基本正常范畴[1]（70% 以上认定为“正常”；50%~70% 认定为“正常范畴”）。统计虽距今已有 10 年有余，但是我国体育教育专业就业状况至今并未有实际好转。另外，从地域来看，华东地区体育教育毕业生就业水平刚刚抵近“正常”范畴，全国体育教育专业毕业生总体更是“困难户”，造成我国整体体育教育专业招生规模与质量受到不良影响，很大程度限制了体育教师职前教育的高质量发展。

[1] 曾剑斌. 我国体育教育专业毕业生就业现状与期望的调查研究——以华东地区 11 所高等师范院校为例 [J]. 北京体育大学学报，2011，34（2）：107-109.

（一）我国体育本科专业“就业质量”偏弱的主要表现

2020年《关于全面加强和改进新时代学校体育工作的意见》正式颁布，学校体育工作将迎来全面改革，提出“补齐、补强体育教师”，侧面说明虽然我国体育教师行业的缺口巨大，但是总体却严重缺乏编制。具体表现为以下几点。

1. 社会其他类型的工作降低“体育教师岗位”吸引力

我国正处于社会转型与经济高速发展的重要时期，商业社会与创业风潮对于高校学生产生巨大吸引力，也包括很多体育教育专业毕业生。尤其，当城市体育教师编制、岗位紧缺情况下，很多体育教育专业毕业生无法找到合适教师岗位，却又希望留在城市工作，会产生放弃教师职业的念头，转行至其他行业。

2. 体育教育本科毕业生存在“就业困难”的地域不平衡现象

我国体育教育专业毕业生“就业困难”存在地域不平衡的现象，原因还在于我国经济发展地域不平衡，具体表现为：①“东南部经济发达地区—西北部经济欠发达地区”就业水平差距大。我国东南部是我国经济最为发达的地区，广东、浙江、江苏等是国内生产总值的重要贡献省份，其体育教师的岗位薪酬水平以及编制规模数量较我国西北部经济欠发达地区而言，有着巨大优势。因此，东南部经济发达地区就业水平相对较高，而西北部经济欠发达地区就业水平相对较低，很多毕业生会选择毕业后到经济发达地区工作，导致欠发达地区就业困难。②“城镇—乡村”就业水平差距大。虹吸效应作用下，各类资源禀赋持续流向城市，导致我国乡村地区经济基础、社会文化建设相对偏弱，不利于乡镇、农村学校招聘师范毕业生。其中，乡村学校存在大量其他学科教师兼任体育教师现象，正是归因于体育师资的严重缺乏。

3. 中小学教师“正式编制”与“临聘编制”总体向语、数、外等主科倾斜

目前我国各地基础教育领域，语文、数学、外语等学科教师岗位的编制指标配置权重更高。相比音、体、美3科，语、数、外教师往往更容易在职务调整上占据优势，或者更容易被高薪聘请的公立学校、民办学校、培训机构挖走。一旦教师走上行政管理轨道，或者调离至其他单位，便又需配置指标招聘新人来承担教学任务。因此，中小学用人单位会将“编制指标”或者“临聘指标”向语、数、外学科倾斜。针对上述问题，国家已经出台相关政策对体育教师缺编学校进行明确规定，要求优先录用体育教师，补齐补强体育教师队伍。

（二）提高体育教育本科专业毕业生“就业水平”的几点意见

毕业生就业水平是考查体育教育等相关专业人才培养质量的重要指标，符合师范专业认证“产出导向”考查原则。针对我国体育教育专业“就业薄弱”诸多问题，本书分别提出以下建议。

1. 政府、高校、中小学共建“教育实习基地”，结合咨询服务提升就业水平

大部分体育教育专业将“教育实习”安排在第 7 个学期，与毕业生寻求就业机会的黄金阶段相重合。因此，将“教育实习”与“就业咨询”两项人才培养工作结合，既具有必要性又存在可行性。一方面，专业人才输送视角下，体育教育专业希望能够加强与用人单位深度合作，以提升体育教育专业毕业生的教师岗位对口就业率；另一方面，用人单位招募人才视角下，各地教育部门及广大中小学用人单位也想提前锁定优秀人才。因此，结合师范专业认证提出的“加强政府、高校、中小学深度合作”政策要求，本书认为，三方合作共建体育教育专业“实习基地”。平台启动教学实习过程中，教育行政部门及潜在用人单位可以提前评估、遴选优秀体育教师，帮助地方用人单位锁定优秀人才；同时，人才培养单位可以更多依据用人单位需求，指导学生更高质量地完成实习任务，提高教学实践能力。

2. 将“教师资格证”作为学生评先评优、推免乃至毕业的重要考查点

2015 年后，师范类专业不再统一给师范毕业学生发放教师资格证。教师资格证考试制度发生改变，师范生与非师范生如果希望进入教师行业都需要参加社会统一的教师资格证考试，这对于各个地方体育教育专业人才培养的影响甚大。具体来说，长期以来体育教育专业仅需通过认定方式便可直接给毕业生授予“教师资格证”。但是，从 2015 年全国教师资格证考试制度改革，

并未让各地人才培养单位意识到严重性。因此，从2015改革之后的几年中，很多高校并未在人才培养方案中强化教师资格证获取率的重要性，也未安排专门课程狠抓教资考试。为此，很多学校毕业生均未能在毕业前获得教师资格证，这也是导致一批师范生毕业后未选择教师职业的原因之一。久而久之，在巨大工作压力下师范专业学生距离教师岗位越来越远。2017年师范专业认证提出：师范专业应届毕业生获得教师资格证的比例要求达到85%，即大部分师范毕业生将从事教育教学工作，这对于各个体育教育专业强化人才培养的目的性有着重要的影响。建议体育教育专业在设计人才培养方案时，应当考虑将"教师资格证"获取纳入学生评先评优、推免乃至毕业的重要考查点，并且配套相关讲座、课程帮助学生系统性的展开复习。

第四节　我国"特殊体育教育"与"学前体育教育"建设现状与趋势

除体育教育等本科、硕士、博士层次专业属于体育教师职前学历教育范畴外，另外还有两个相对特殊的专业，在职前学历教育领域培养具有体育教学属性的教师人才，即"特殊体育教育"和"学前体育教育"。其中，"特殊体育教育"面向特殊学校的各类智力残障儿童青少年，属于特殊教育专业范畴；而"学前体育教育"更多聚焦幼儿园教育，以培养学前儿童为目的，属于学前教育范畴。"特殊体育教育""学前体育教育"整体人才培养方案以各自母专业为准，但是很多课程设置及实习、实践环节均融入了体育教育的基础知识、理论、方法。

一、我国"特殊体育教育"的专业建设与改进策略

2017年《中华人民共和国残疾人教育条例》颁布，提出加强特殊教育师资培养与教师队伍建设的任务；2017年教育部等七部门出台《第二期特殊教育提升计划（2017—2020年）》，支持师范类院校和其他高校扩大特殊教育专业招生规模。其中，体育教育领域增设"特殊教育"方向使体育教师职前

教育渠道拓宽。

（一）我国“特殊体育教育”建设背景与基本概念

1.“特殊教育”专业建设背景

目前，我国部分体育类专业院校的体育教育专业增设“特殊教育”方向，说明意识到体育教育的重要性不应仅仅局限在基础教育的普通学校。体育教育的手段和教育功能对于特殊儿童同样具有非常深刻的价值与意义，因此需要培养出具有体育教学能力的特殊教育教师。体育教育专业的“特殊教育”在欧美等经济发达国家甚至被直接命名为：“特殊体育”（Special Physical Education）或“适应体育”（Adapted Physical Education），包含3个方面：①一种多元化的体能活动；②内容不局限于日常体育活动与训练，还包括适应体育游戏、韵律活动等，满足残障儿童特殊体育锻炼、参与需求；③适应体育核心目的是帮助残障儿童青少年通过体育参与获得愉快体验和成功经验[1][2][3][4]。1981年，黑龙江肇东师范学院设置我国首家特殊教育机构[5]；1982年，南京特殊教育师范学校成立，是我国唯一一所培养特殊教育师资的普通本科高校。直到20世纪末，我国特殊教育师资培养更多偏向理论教育，以“特殊体育”或者“适应体育”为代表的实践类特殊教育师资培养还未出现。

2.“特殊教育”与“特殊体育教育专业”的概念界定

伴随社会发展，“特殊体育”或“特殊体育教育专业”概念逐步受到关注。其中，“特殊体育”是“特殊体育教育专业”内容基础，“特殊体育教育专业”则是“特殊体育”实施的人才保障。“特殊体育”在我国最早是由“残疾人体育”的概念演变而来。村裕认为：残疾人体育不仅是一种比赛，更重要的是残疾人体育能够把残疾人从病房或家庭中解放出来，走向社会享受与健全人同等待遇[6]；张加贝在狭义层面定义“特殊体育”，提出“特殊体育”

[1] 郭忠耀．澳门特殊体育教育现况调查研究 [J]. 广州体育学院学报，2014，34（6）：121-125.
[2] 张晓霞，吴雪萍，王丹丹，等．欧洲适应体育专业人才培养标准及其启示 [J]. 体育学刊，2015，22（6）：37-42.
[3] 李春晓，吴燕丹，吴丽芳．中美特殊体育师资培养的研究现状与比较 [J]. 武汉体育学院学报，2010，44（5）：96-100.
[4] 桑国强．国内、外特殊体育教师研究现状述评及展望 [J]. 中国体育科技，2015，51（6）：44-54.
[5] 同 [3].
[6] 郭卫，贾勇，谭涌．残疾人体育 [M]. 北京：北京体育大学出版社，2006.

是为运动能力偏低的在校残疾学生提供的体育服务[1]。“特殊体育”或者“特殊体育教育”概念逐步发展，社会对于具有“体育教育 + 特殊教育”综合素养的教师人才诉求越发强烈和迫切。因此，我国部分体育专业院校的体育教育专业增设“特殊教育方向”，在“特殊教育”国家标准之下设置人才培养方案，并给“体育教育”相关课程配置一定学分[2]。

（二）特殊体育专业现状：依托“体育教育”或“特殊教育”实施交叉建设

2001 年天津体育学院开设特殊体育教育专业，招生专业名称为“特殊教育专业”（残疾人体育教育与管理方向），是我国体育专业首次开设特殊教育方向。后来，我国部分综合师范院校、体育院校先后开设“特殊体育教育”专业。其中，南京特殊教育师范学院在 2019 年开始招收体育教育专业（特殊教育方向）学生。“体育教育”与“特殊教育”整体呈现相向交叉趋势：第一，体育院校中增设特殊教育专业（体育教育方向）；第二，高等师范院校增设体育教育专业（特教方向）。

表 3–3 我国“体育教育”与“特殊教育”交叉建设的专业现状 [3]

院校	所在院系	专业名称
天津体育学院	体育教育与教育科学学院	特殊教育（残疾人体育与管理）
山东体育学院	运动与健康学院	特殊教育（体育教育方向）
辽宁师范大学	体育学院	体育教育（特殊体育方向）
西安体育学院	体育教育学院	特殊教育（体育教育方向）
广州体育学院	运动与健康学院	特殊教育（体育教育方向）
泉州师范学院	体育学院	体育教育（特殊体育方向）
武汉体育学院	健康科学学院	特殊教育（体育教育方向）
南京特殊教育师范学院	体育学院	体育教育（特殊体育方向）

[1] 张加贝．试论特殊体育学的内涵与外延 [J]. 武汉体育学院学报，2003（6）：56–58.
[2] 同 [1]。
[3] 徐敏．我国特殊体育教育专业人才培养：现状、问题与措施 [J]. 泉州师范学院学报，2021，39（4）：44–48.

（三）我国“特殊体育教育”交叉建设的现实问题

我国特殊教育体育师资培养存在标准缺失问题，一批培养单位遵照“体育教育专业”国家标准，在自主空间内（专业核心课程的“X”或者专业拓展课程），融合特殊教育专业相关核心课程；另外一批高校申报“特殊教育”，遵照《特殊教育专业认证标准》相关要求，结合《教师专业标准》[1]和“体育教育”本科专业国家标准，在自主空间内融合体育教育专业相关核心课程。这也造成我国特殊教育领域体育教师的培养，存在两套职前学历教育体系，很容易引发一些问题。

1. 体育教育专业（特殊教育方向）的人才培养目标的定位不够清晰

我国部分高校开设体育教育专业（特殊教育方向），存在人才培养目标定位不够清晰的问题，并未紧扣体育教育本科专业国家标准导向要求——中小学体育教师，而是更多偏向“特殊教育”领域，一定程度会与毕业要求设计、整体课程安排存在脱节，无法很好地产生逻辑上的串联效应。例如，某高校依托体育教育专业开设“特殊教育”方向人才培养。在专业培养方向上，该高校首个任务是围绕面向中小学用人单位培养输送师资人才，而增设“特殊教育”方向应是在服务普通中小学学校的基础上，更好地服务那些普通学校里身体、心理存在一定程度缺陷的特殊儿童青少年，进而再拓展补充到特殊学校或者一些从事特殊教育的社会机构。但是，部分高校在描述人才培养目标时，并没有注意到这种逻辑递进的关系，直接将很多特殊教育（体育教育方向）的人才培养方案套用下来。

其中，南京特殊教育师范学院体育教育专业（特殊教育方向）的人才培养定位较为合理、清晰，值得学习推广，表述为“在融合教育思想下培养德、智、体、美全面发展，适应新时代社会主义现代化建设和残疾人体育事业发展需要，掌握普通和特殊体育教学、训练、竞赛等知识和方法，具备普通与特殊体育教育的基本知识与技能的高素质应用型专门人才”，既体现体育教育专业重点方向，又兼顾特殊体育教育师资的工作特殊性。

---

[1] 《教师专业标准》是《幼儿园教师专业标准（试行）》《小学教师专业标准（试行）》《中学教师专业标准（试行）》和《特殊教育教师专业标准（试行）》的统称。在提及其中某一标准时将使用具体文件的全称。

2. “特殊教育专业”课程安排存在标准不统一的问题

目前，我国关于“特殊体育专业”并未给出明确的课程设置标准。因此，我国各增设“特殊体育专业”培养单位倾向于根据各自办学特点，各自设置相关的特殊教育课程，也造成各培养单位间存在课程标准不统一的问题。具体来说，不同培养单位会结合自身办学特点、辐射当地用人单位需求，以及办学单位自身对特殊体育教育的理解，自主设置相关体育教育的课程。例如，辽宁师范大学依托“体育教育专业”开设的特殊教育类课程包括残疾儿童心理与教育、特殊教育概论、特殊儿童病理学、中国手语、盲文等，而泉州师范学院设置的课程包括中国手语、特殊教育导论、特殊儿童康复学、特殊心理学、残疾人体育赛事组织与管理、残奥运动与特奥运动。比较来看，除了几门课程保持一致以外，其他课程从名称上来说具有较大差别。课程设置区别过大，很容易造成培养师资的能力参差不齐，也会进一步导致特殊体育教育的质量良莠不齐。

（四）依托专业认证契机，推进“特殊体育教育”专业改进与建设

2017年师范专业认证工作启动，《体育教育专业认证标准》和《特殊教育专业认证标准》相继颁布，为我国推动特殊体育教育高质量发展提供参照标准。认证遵循“学生中心、产出导向、持续改进”理念，强调以社会需求为导向帮助各人才培养单位完善特殊体育教育人才培养方案，不断提高特殊教育体育教师人才的培养质量，能够有效改进上述问题与局限：

1. 依托《师范专业认证》《特殊教育专业认证标准》明确培养目标

我国一批师范院校体育学院、体育专业院校以“特殊教育”为母专业培养特殊体育教师；另外一批学校会以“体育教育”为母专业培养特殊体育教师。对于不同母专业培养的特殊体育教师，建议做好人才培养目标的分类定位，即以体育教育为母专业的培养目标应当更多集中于普通学校的残疾智力障碍儿童青少年，以特殊教育为母专业的培养目标应当更多集中于普通学校的残疾智力障碍儿童青少年。

2. 结合《特殊教育专业认证标准》，统一特殊体育教育专业的课程安排

前文曾述，我国各培养单位设置特殊教育课程时存在标准不一问题，师

资培养模式存在差异，很多课程由培养单位自主设置，缺乏对应评价标准，难以通过统一标准评估人才培养质量。《特殊教育专业认证标准》给出一套可以参考的课程目录，各培养单位根据自身专业基本情况、办学特色，酌情安排相关课程。根据《特殊教育专业认证标准》，“特殊教育课程”是指为培养师范生特殊教育专业理念、专业知识与专业能力所设置的课程，包括特殊教育专业基础课程、特殊儿童发展与教育课程、特殊教育其他相关课程三大类。①特殊教育专业基础课程包括特殊教育导论、融合教育、特殊教育政策法规、特殊教育史、特殊教育医学基础、特殊儿童康复基础等。②特殊儿童发展与教育课程包括特殊儿童发展与教育、特殊儿童评估、个别化教育计划制订与实施、特殊儿童早期干预、积极行为支持、特殊儿童家庭教育等。③特殊教育其他相关课程，如特殊学校班级管理、国家通用手语、国家通用盲文、定向行走、言语语言训练等。

二、我国“学前体育教育”的专业建设与改进策略

2018年《中共中央 国务院关于学前教育深化改革规范发展的若干意见》颁布，明确“学前教育”是国民教育体系的组成部分，是终身学习的起点。其中，体育教育专业应当是学前教育环节的重要学科，对于幼儿健康发展尤为重要。因此，学前教育领域开设体育方向，显得非常必要。2019年国务院办公厅印发《体育强国建设纲要》，指明建立幼儿体育课程和师资体系，推进幼儿体育项目和体育器材标准体系建设，同时完善政策和保障体系，推进幼儿体育可持续发展。如何针对幼儿身心发展特点，高质量推动我国学前体育教育的专业建设，培养更多优秀学前领域体育教师，对于推动我国学前幼儿的体质健康发展，帮助广大儿童青少年群体形成“终身体育”意识、习惯以及能力具有重要价值与意义。

（一）我国“学前体育教育”的建设背景与基本概念

我国目前还未有“学前体育”的权威界定，只能从相近概念探讨“学前体育教育”的内涵。根据对象属性角度看，“学前体育”与“幼儿体育”内涵联系相对紧密。《教育大辞典》将幼儿体育定义为：“以发展幼儿体能和

促进幼儿的生长发育，提高幼儿机体对外界环境的适应能力的基本手段，是提高幼儿教育的重要组成部分。”[1]但是，“幼儿体育”又不能简单等同于“学前体育”，结合国务院颁布的《关于当前发展学前教育的若干意见》，本书认为，“学前教育”是“幼儿教育”重要部分，更加集中在“3~6岁”学龄前儿童群体，以培养初步运动能力为主要内容，以释放天性为主要目标，开展有目的、有计划、有组织的运动启蒙教育[2]。

（二）我国“学前体育教育”的建设现状与基本模式

相比“特殊体育教育”专业，“学前体育教育”专业建设规模较为广泛。据不完全统计，目前同时开设有“学前教育”和“体育教育”专业的院校共有142所[3]；另外，我国还有44所幼儿师范高等专科学校（即幼专），其中21所设置有体育教育专业。例如，徐州幼儿师范高等院校设置体育教育专业，培养的幼儿体育教师能够从事学前体育教育等工作，向周边地区幼儿园输送具有较强体育教学能力的幼儿教师[4]。为此，本书不再一一描述具体的培养单位，仅阐述我国目前“学前体育教育”的主要模式。

1. 依托“学前教育专业”融合体育教学课程模式

院校依托“学前教育专业”，在课程体系中增加一定比例必修或选修体育专业课程,针对性提高学前教育专业学生的体育运动能力和体育教学技能，但是培养学制依然属于“学前教育专业”范畴。在学前教育整体框架影响下，此模式培养目标应当是:“向学前教育专业学生进行体育理论与方法的教育，培养学生热爱幼教事业的精神，并能够初步承担幼儿体育活动工作的创新精神和实践能力[5]。”

2. 依托“体育教育专业”融合学前教学课程模式

培养单位在“体育教育专业”课程体系的基础上，增加学前教育专业相

[1] 顾明远．教育大辞典：第2卷：师范教育　幼儿教育　特殊教育[M].上海：上海教育出版社，1990.
[2] 郭良如，田祖国，莫铭，等．体育强国背景下学前体育教育内涵、价值及实施路径[J].体育文化导刊，2022（6）：105–110.
[3] 姚建军．幼儿园体育教育人才培养模式研究[D].长沙：湖南师范大学，2012.
[4] 王利春，李生财，敖翔．高水平专业群建设背景下幼专体育教育专业人才培养体系构建[J].南宁职业技术学院学报，2022，30（5）：35–39.
[5] 杨俊．高职院校学前教育专业体育课程体系的构建[J].泸州职业技术学院学报，2011（3）：22–24.

关课程，一定范围和程度上提高体育教育专业学生的学前教育理论知识和实践能力。因此，此类模式的培养目标应当是：能够胜任学校体育教育、教学、训练和竞赛工作的同时胜任学前教育体育教学的复合型体育教育人才。这种模式既能够满足体育专业改革的需求，也可以在一定程度上缓解学前教育师资紧缺的问题[1]。

3. 依托“体育教育专业”衔接“幼儿园实习实践”的培养模式

体育教育专业学生完成体育教育专业课程学习后，教育见习、实习、研习环节与学前教育领域衔接，通过聘请幼儿园资深教师对见习、实习学生进行指导，或直接把18周教育实践放置在幼儿园，帮助学生深刻领会学前体育教育的理论与技能。因此，此模式培养目标与上述两类模式不同，更多侧重培养体育教育学生复合能力，帮助体育教育学生更好地适应幼儿园教育情境，将所学的体育教学理论、技能更好地应用于幼儿体育教学[2]。

（三）我国“学前体育教育”改革重点——幼小衔接视角下的专业课程优化

2018年国家颁布《3~6岁儿童学习与发展指南》，对3~6岁各年龄段儿童的基本动作技能学习与发展进行了系统规定，但是目前我国各地幼儿园并未统一3~6岁幼儿的体育教学标准。为此，学界提出“幼小衔接”概念，认为幼儿园教学活动是为小学开展的相关教学活动提供铺垫。对于体育教学既要遵守《3~6岁儿童学习与发展指南》的相关要求，也要能够在“大班”学段逐渐引入小学《体育与健康》课程的“水平一”相关教学要求与方式标准，并进行体育教学。为此，“学前体育教育”专业在培养师资过程中，尤其在课程设置方面，需要专门引入《3~6岁儿童学习与发展指南》的专项课程内容，也要培养教师执行《体育与健康》课程（水平一）的能力经验。

[1] 吴炼．高校开设学前体育教育专业的可行性研究[J]. 内江科技，2011，32（10）：56.
[2] 赵岩．学前教育专业体育教学模式的构建[J]. 大连教育学院学报，2011，27（2）：35-37.

第四章

我国体育教育专业建设现状与政策环境变化

第一节　我国体育教育专业建设现状与局限

前文曾述，我国教师职前学历教育大致包含 1 个核心专业和 3 个辅助专业。其中，体育教育专业是我国培养输送体育教师的核心专业，也是体育教师职前学历教育的基础。20 世纪 70 年代，正值全球性高等教育扩招和改革开放大潮，我国高等教育规模也持续增长，以满足国家高速发展的人才诉求。1999 年，我国高等教育全面推行扩招政策，我国开始从高等教育的精英模式转向大众模式[1]。2015 年，我国高等教育毛入学率达到 40% 左右，标志着我国高等教育大众化发展模式接近“饱和”，师范专业作为我国高等教育的重要组成部分也逐步接近“大众模式”的发展极限，师范生培养质量不断下降的趋势需要通过改革来扭转，引向“人才培养质量”赛道。

一、我国体育教育专业建设现状

（一）我国体育本科专业授予点快速扩张

根据表 4–1，发现体育教育专业是下述 5 个体育本科专业中规模最大的专

[1]　黄汉升，陈作松，王家宏，等 . 我国体育学类本科专业人才培养研究——《高等学校体育学类本科专业教学质量国家标准》研制与解读 [J]. 体育科学，2016，36（8）：3–33.

业门类。根据教育部官网数据，体育本科专业授予点自 1998 年调整之后便相对稳定，且保持着逐步增长的趋势，但是不同细分的专业门类授予点扩增速度却并不相同。据统计，截至 2009 年全国高校体育教育专业授予点数量扩展到 248 个，运动训练专业授予点扩展至 60 个，社会体育指导与管理专业授予点 143 个，武术与民族传统体育专业授予点 34 个，运动人体科学专业授予点 25 个。

表 4–1　1998—2009 年我国体育专业授予点规模数据的汇总 [1]

专业	1998 年	2000 年	2001 年	2002 年	2003 年	2005 年	2009 年
体育教育	85	112	139	168	180	222	248
社会体育指导与管理	2	20	31	48	68	121	143
运动训练	18	30	36	44	53	56	60
武术与民族传统体育	12	18	22	28	33	34	34
运动人体科学	7	12	14	16	19	23	25
总　计	124	192	242	304	353	456	510

注：根据董国永《我国普通高校体育本科专业设置现状及修订对策研究》文中的数据整理。

（二）我国体育教育专业授予点的地理空间区域、依托单位类型的分布

相比其他 4 个体育专业，体育教育专业授予点的规模增长速度最快，授予点数量最多。2009 年大部分体育教育专业授予点分布在华东地区为 71 个，西北地区最少仅有 21 个，另外东北地区 25 个、华北地区 32 个、西南地区 35 个以及中南地区 64 个。从体育教育专业授予点所在单位类型来看，2009 年师范类院校开办体育教育专业的数量最多，达到 102 家，另有综合类大学 54 家、体育专业院校 14 家、其他类型院校 78 家。

二、我国体育教育专业人才培养的主要瓶颈

1998 年，我国体育教育专业顺应国家高等教育整体扩招的政策 [2]，进入

[1]　董国永 . 我国普通高校体育本科专业设置现状及修订对策研究 [D]. 武汉：华中师范大学，2011.

[2]　黄汉升，陈作松，王家宏，等 . 我国体育学类本科专业人才培养研究——《高等学校体育学类本科专业教学质量国家标准》研制与解读 [J]. 体育科学，2016，36（8）：3–33.

规模拓展和高速发展阶段。据统计，2016 年我国高等教育的招生人数猛增至 2 695.84 万人，是 20 世纪末我国高等教育招生的 6 倍有余[1]。正是在我国高等教育整体扩招背景下，各高校在缺乏充分准备的情况下同样打开体育教育专业新建的闸门，以接收大批体育教育专业学生。相比表 3-3，2009 年我国体育教育授予点规模有 248 个，到 2015 年快速增长至 317 个[2]，较 1995 年规模增长 107.9%[3]。另外，王莹同样以教育部发布的数据进行研究，发现 2001—2010 年的 10 年期间我国体育类专业总体的扩展规模达到 1.75 倍[4]。虽然在体育教师输送的规模上有所提升，但是体育专业师资配备、软硬件基础条件改善等均未按照同样比例得到提升。因此，体育教育专业扩招的十余年间，体育人才培养质量下滑，培养人才与用人单位实际需求存在脱节，表现在以下 4 个方面。

（一）“学术型”培养导向弱化体育师范生运动技能

回首 20 世纪 80 年代，为提高我国高等教育的全球知名度，学科科研建设逐步发展成为我国高等教育发展主旋律，我国高等教育出现强化学科、淡化专业的发展局面。这一局面同样影响师范类专业建设与发展，其中体育教育专业人才培养思路也潜移默化地发生改变。2002 年，教育部学位与研究生教育发展中心按照《学位授予和人才培养学科目录》对具有研究生培养和学位授予的一级学科进行整体性水平评估、排名或划级（第四轮评估改为划级）。该项政策影响下，全国各地高校开始以“学科建设”为导向推动专业建设，一方面更加关注研究生（硕士、博士）教育，大量资源投入研究生学科建设，或者花费大量经费直接抢夺“学术人才”，或者树立科研型人才培养典型。另一方面，拥有体育教育训练学研究生培养资质的教学单位，应对学科评估时制定大量科研激励制度，导致教师群体将工作重心偏向科研，学院发展更加强调科研工作的“绝对产出”，不再重点考虑专业人才培养的“投入—产出”效率。

[1] 李欣，陈茂林，肖晓，等．新中国 70 年高校体育教育改革与发展 [J]. 教育与教学研究，2019，33（9）：11-18.
[2] 董国永．我国普通高校体育本科专业设置现状及修订对策研究 [D]. 武汉：华中师范大学，2011.
[3] 王莹．我国高等院校体育学本科专业培养规模现状分析 [J]. 成都体育学院学报，2011，37（8）：60-63.
[4] 熊耕．美国高等教育认证制度的起源及其形成动力分析 [J]. 外国教育研究，2004（6）：61-64.

（二）“学科排名”影响“专业评估”

大部分体育教育专业评估专家来自更高级别师范院校、综合院校或体育专科院校，他们所在单位“学科建设”导向意识强烈，且专家自身成长过程就属于典型的“科研型”专家，在审阅评估资料过程中对高层次科研型课题、论文成果非常敏感，无形之中会给科研优势更强的培养单位打出更高的评价分数。因此，学科建设优秀的体育教育专业更加有优势通过评估，进而深刻影响各高校单位的本科专业排名，获得更多的专业建设资源，如专项经费、招生指标等，又进一步反馈到学科的科研建设领域，进入“学科”主导“专业”的循环发展过程，进一步加剧了体育教育专业学生过度“学术化培养”特点。

（三）“教师科研绩效”的示范导向会影响学生成长取向

“学科”主导“专业”的总体发展格局影响下，体育教师群体自身的职业发展导向也相应发生偏离。体育教育师范生倾向于将发表论文、通过四/六级考试、推免或统考作为衡量自己是否优秀的唯一标准，或者通过是成为学术型研究生还是专业型研究生来划分优劣，这导致学生反而失去了专业学习的内在动力。因此，很多体育教育专业的学生在专业教师的间接影响下，不再投入更多精力努力掌握运动技能，导致无法胜任学校体育教学工作。

（四）“术科课程”教学存在竞技化倾向

术科课程存在竞技化倾向，容易造成学生只有“一专”而无“多能”，无法适应中小学体育教师的岗位需求。我国体育教育专业人才培养素来有“学科”与“术科”之分的传统。其中，术科教育是以运动训练、技能习得为特征的教育范畴，体现体育学科特殊特征。而“学科”则涉及体育教师教育一些基本的课程理论知识和教学常识。长期以来，受到竞技体育主导思想的影响，我国体育教育人才培养过程存在“专项竞技化”倾向，与中小学“一专多能”的教师需求存在偏差。体育教育专业人才培养的“竞技化”倾向可以追溯到 1972 年，当时国家体委提出“体育领域及时从过去的抓政治斗争转移到攀登体育高峰上来”的发展思路，自此竞技体育成为我国举国体制主导力量，使我国体育教育专业术科教育同样产生“竞技体育”倾向。甚至我国职业体育转型过程中，一部分市场基础薄弱的专业队运动员直接跨并至高校，成为体育教育专业学生，强化了体育教育术科教育“竞技体育”倾向，导致体育教育老师、学生均更多关注“专项”技战术训练，单纯以运动员等级来评定体育教育术科的成绩表现，以斩获大学生运动会成绩、名次。术科教育竞技体育倾向容易造成学生只掌握一项运动技能，无法满足中、小学体育教师“一专多能”岗位需求，学生教学分析、教学诊断、教学评价能力都遭到不同程度的削弱。

第二节　政策环境变化对我国体育教育专业改革的影响

一、基础教育领域《义务教育体育与健康课程标准》修订推动体育教育专业改革

《义务教育体育与健康课程标准》是指导我国学校体育工作的核心标准[1]，对于我国体育教育专业建设具有重要导向作用。2001 年至今，我国先后修订了 5 个版本，分别是 2003 年颁布的《普通高中体育与健康课程标准（实验）》、2011 年颁布的《全日制义务教育普通高级中学体育（1~6 年级）体育与健康（7~12 年级）课程标准（实验稿）》和《义务教育体育与健康课程标准》、2017 年颁布的《普通高中体育与健康课程标准》以及 2022 年颁布的《义务教育体育与健康课程标准》[2]。5 套文件从建立到成熟分别经历 3 个发展阶段。每轮修订都会反向驱动体育教育专业的人才培养方案的调整与改革。

（一）标准初建阶段体育教育专业培养目标聚焦“健康第一”

1999 年中共中央、国务院《关于深化教育改革全面推进素质教育的决定》颁布，提出为实施素质教育创造条件，建立新的基础教育课程体系。全国范围教学体系掀起“素质教育”改革之风。为此，2001 年《基础教育课程改革

[1] 季浏 . 我国《义务教育体育与健康课程标准（2022 年版）》解读 [J]. 体育科学，2022，42（5）：3–17.
[2] 尹志华，刘皓晖，孙铭珠 . 核心素养下《义务教育体育与健康课程标准》2022 与 2011 年版比较分析 [J]. 天津体育学院学报，2022，37（4）：395–402.

纲要（试行）》出台，相应提出具体的改革方向与举措。同年，《全日制义务教育普通高级中学体育（1~6 年级）体育与健康（7~12 年级）课程标准（实验稿）》在全国 38 个试验区启动实验，首先提出“健康第一”基本理念，课程目标、课程内容、教学方式和学习评价等方面相应进行调整[1]，我国体育教育专业培养目标也相应进行了调整。2003 年 4 月高中学段迎来首部课程标准——《普通高中体育与健康课程标准（实验）》，高中学段体育课程重要性更上一步，标志着全国基础教育体育与健康课程第 8 轮改革正式启动。改革目标指向“健康第一”的教育理念，相应地，全国体育教育学生同样要以“健康第一”基本原则实施培养。学生不仅需要掌握体育学科的技战术知识，还需要综合掌握更多的体育健康知识和充足的体育教学能力，以便更好适应新一轮体育课程改革需要。

（二）标准完善阶段——体育教育专业培养目标聚焦“学生体质下滑”的缓解

2004 年教育部对《全日制义务教育普通高级中学体育（1~6 年级）体育与健康（7~12 年级）课程标准（实验稿）》进行修订[2]，以 2005 年为起始，义务教育阶段全部年级启用新课程模式[3]。同期，普通高中体育课程改革实验也开始启动。2010 年，义务教育阶段、普通高中阶段体育与健康课程改革进入关键时期，新课标改革理念、基础理论逐步被广大中小学体育教师接受。2011 年教育部发布《义务教育体育与健康课程标准（2011 年版）》〔以下简称《课程标准》（2011）〕，试图深化体育与健康课程改革，以更好满足我国儿童青少年学生日益增长的健康需求，着力改善我国青少年学生体质健康水平持续下降问题[4]，具体举措包括：①课程理念融入更多“人本精神”，不再单纯追求体育技能习得或体育知识学习，学习评价标准变得更加追求因地制宜、因人制宜，保证每一位学生受益；② 2011 版课标更加关注中小学生

[1] 季浏.《体育与健康课程标准》实施过程中应注意的几个问题 [J]. 上海体育学院学报，2006（4）：76-79.
[2] 毕然 . 教育部全面修订义务教育课程标准 [J]. 课程・教材・教法，2004（2）：53.
[3] 乔建中，冯媛媛 . 我国第八次基础教育课程改革的发展路径与关键词 [J]. 江苏教育研究，2012（3）：18-21.
[4] 汪晓赞，杨燕国，孔琳，等 . 历史演进与政策嬗变：从“增强体质”到“体教融合”——中国儿童青少年体育健康促进政策演进的特征分析 [J]. 中国体育科技，2020，56（10）：3-10.

体质健康持续下滑趋势的缓解，课程总目标专门提出增强体能的要求，提升学生体能成为课程改革重要内容。《课程标准》（2011）的颁布具有划时代意义。

该文件同样推进了体育教育专业人才培养目标的改变，体育教师培养规格相应提高，尤其对体育教师教学实践能力提升提出更高要求，即要求培养的体育教师能够迅速、有效甄别不同学生的学习情况和所存问题，进而针对不同类型的问题灵活使用合适的体育教学方法传授体育技能、传播体育知识。为此，结合师范专业认证相关规定，我国体育教育专业人才培养过程更加重视体育教育师范生的教育实践环节，需要围绕学生实习、实践做好指导，帮助体育师范生深刻理解不同教学实践情境、灵活应用不同体育教学方法。

（三）标准发展阶段——体育教育专业培养目标指向“大体育课程观”方向

2014 年 3 月，教育部颁布的《关于全面深化课程改革落实立德树人根本任务的意见》提出“研究制订学生发展核心素养体系和学业质量标准”和“修订课程方案和课程标准”要求，如何提升广大学生“核心素养”成为新的历史阶段体育与健康课程改革的核心方向[1]，意味着体育与健康课程的培养目标逐步由知识本位向育人本位转型，逐步由学科本位向素养发展本位转化[2]。2017 年在教育部统筹部署下，制定颁布《普通高中体育与健康课程标准（2017 年版）》，首次提出“核心素养”包括“运动能力”“健康行为”和“体育品德”，突出“大体育课程观”理念，更加强调体育课程“德育为先”思想[3]。该文件深刻影响各地体育教育专业人才培养单位的培养导向，一方面，体育教育专业学生的“师德教育”成为人才培养重中之重；另一方面，体育教育专业学生培养不再局限于专业知识的积累与传承，大量人文健康知识得到广泛补充，以全面提升“核心素养”。

[1] 张华 . 核心素养与我国基础教育课程改革“再出发”[J]. 华东师范大学学报（教育科学版），2016，34（1）：7–9.
[2] 雷浩，李雪 . 素养本位的大单元教学设计与实施 [J]. 全球教育展望，2022，51（5）：49–59.
[3] 季浏 .《普通高中体育与健康课程标准》“2017 年版”对“实验版”的继承与发展 [J]. 首都体育学院学报，2018，30（3）：196–203.

二、《全国普通高等学校体育课程教学指导纲要》对高校公体教师学历的影响

（一）《全国普通高等学校体育课程教学指导纲要》制定背景与主要内容

1.《全国普通高等学校体育课程教学指导纲要》制定背景与基本内容

1949 年以来，我国教育行政部门对我国先后颁布 6 项高校体育课程政策，其中前 5 部为《全国普通高等学校体育课程教学指导纲要》（以下简称《指导纲要》）（2002 年）颁布奠定基础，分别包括《一般高等学校体育课教学大纲》（1956 年）、《高等学校普通体育课教材纲要》（1961 年）、《高等学校普通体育课教材纲要》（1979 年）和《全国普通高等学校体育课程教学指导纲要》（1992 年）。

2.《指导纲要》（2002 年）的主要内容

2002 年《指导纲要》颁布，在总结高等学校体育课程建设经验基础上，对大学公共体育课提出基本要求，包括以下几点。

（1）课程性质。高校体育课程要求大学生以身体练习为主要手段，通过合理的体育学习、体育锻炼过程，达到增强体质、增进健康和提高体育素养的目标。一方面，大学体育是学校课程体系的重要组成部分，是高等学校体育工作的中心环节；另一方面，大学体育是促进大学生身心和谐发展的重要手段，也是促进大学生思想品德发展、文化科学素养的重要路径，是高等教育实现素质教育、全面发展人才的重要手段。

（2）基本目标。大学公共体育课程的“基本目标”包括 5 个领域目标。第一，运动参与目标。积极参与各种体育活动并基本形成自觉锻炼的习惯，基本形成终身体育的意识，能够编制可行的个人锻炼计划，具有一定体育文化欣赏能力。第二，运动技能目标。熟练掌握两项以上健身运动的基本方法和技能，可以科学进行体育锻炼，提高运动能力，掌握常见的运动创伤处置方法。第三，身体健康目标。能够测试、评价体质健康状况，有效提高身体素质、全面发展体能，能合理选择人体需要的健康营养食品；养成良好行为习惯，形成健康生活方式；具有健康体魄。第四，心理健康目标。根据自身

能力设置适合的体育学习目标；自觉通过体育活动改善心理状态、克服心理障碍，养成积极乐观的生活态度；运用适宜方法调节自身情绪；在运动中体验运动乐趣和成功。第五，社会适应目标。表现良好的体育道德和合作精神、合理处理竞争与合作关系。

（3）发展目标。发展目标是针对部分学有所长、学有余力的学生而制定的相对标准更高的 5 个领域目标。第一，运动参与目标。形成良好体育锻炼习惯。独立制订适用于自身需要的健身运动处方。具有较高的体育文化素养和观赏水平。第二，运动技能目标。积极提高运动技能水平，发展自身运动才能，在某运动项目上达到国家等级运动员水平。第三，身体健康目标。能选择良好的运动环境，全面发展体能，提高自身科学锻炼的能力，练就强健的体魄。第四，心理健康目标。在具有挑战性的运动环境中表现出勇敢顽强的意志品质。第五，社会适应目标。形成良好的行为习惯，主动关心、积极参与社区体育事务。

（4）课程设置与结构。第一，课程设置。规定普通高等学校 1、2 年级必须开设体育课程（4 个学期共计 144 学分）。修满规定学分、达到基本要求是学生毕业、获得学位的必要条件之一。普通高等学校对 3 年级以上学生（含研究生）开设体育选修课。第二，课程结构。逐步形成课内外、校内外一体化的课程结构；开设多种类型体育课程，打破原有行政班建制；努力倡行开放式、探究式教学；学生拥有自主选择任课教师、上课时间的自由度；校队等有运动专长的学生群体纳入体育课程；照顾特殊学生群体，并开设以康复、保健为主的体育课程。

（二）《指导纲要》对我国高校公共体育课程任课教师培养的学历培养影响

《指导纲要》为我国科学、合理实施高校公共体育课程授课提供契机。大学生处于身心成长特殊阶段，个人主观意识更强，且对体育教学任务存在更高要求。因此，体育教学难度相对更高。为应对《指导纲要》给出的任务要求，我国高校公共体育课的师资配置相比中小学，不论在基础素养，还是在运动技能的掌握上，都要相对更高。为此，可以理解《指导纲要》不仅规范了高校公共体育课程，更重要的是反向驱动了更高层次体育教师职前学历教育的规范化发展。一般，只有拥有较高运动等级且获得硕士 / 博士学位层次的体育教育训练学毕业生才有资格报考。进而推论，未来硕士、博士学位层次的体育教育训练学培养，同样需要考虑《指导纲要》相关要求与标准，在理论研究的同时，重视这批高层次人才技术能力的掌握，帮助这批高学历体育学科人才入职高校后，能够顺利开展各项目的公共体育课程。

三、“体育传统特色学校”建设对体育教师职前学历教育的影响

（一）“体育传统特色学校”概念的提出与基本任务

1. 体育传统特色学校的概念提出

2020 年《关于深化体教融合 促进青少年健康发展的意见》颁布，专门对“体育传统特色学校”概念、组织形式等进行了规定。①“体育传统特色学校”的概念。“体育传统特色学校”是按照“一校一品”“一校多品”的学校体育模式，整合原体育传统项目学校和体育特色学校，由教育、体育部门联合评定。其中，教育、体育部门共同完善体育传统特色学校的竞赛、师资培训等工作。教育部门支持优秀体育传统特色学校建立高水平运动队，给予相应政策支持。②“体育传统特色学校”培训组织。“体育传统特色学校”需要积极组织冬、夏令营活动，以优秀学生运动员为培训对象，实施体育项目技能培训，并组织力量提供专业体育训练和指导。③“体育传统特色学校”监管评估。教育、体育部门每 2 年对体育传统特色学校发展情况进行评估，并结合评估结果制定相应的未来工作计划。

2. 体育传统特色学校的基本任务

2023 年国家体育总局颁布《深化体教融合 推动体育传统特色学校规范发展》，并提出体育传统特色学校的改革建设任务，包括以下几点。

（1）整合体育和教育系统资源，有序开展体育传统特色学校活动。第一，采用运动技能普及视角。体育部门深入体育传统特色学校开展青少年体育冬夏令营和运动选材，并允许体育传统特色学校单独组队参加省、市或区（县）

运动会。同时，教育部门充分利用青少年体育俱乐部等社会力量，开展专项体育课授课、课外体育活动或代表队训练等。第二，从后备人才培养视角，体育和教育部门将体育传统特色学校作为展现学校体育教育和体育后备人才培养的特色、亮点和业绩的重要载体，以学校与各级各类体校、青少年体育俱乐部等联合组队、共享资源的方式，在体育竞赛、体育特长生、体育人才输送、经费保障、专业指导等方面为学校争取更多资源。

（2）统一体育和教育系统理念，合理规划体育传统特色学校发展。体育传统特色学校是体育部门向普通学校注入专业体育资源的重要载体，应以体育实现立德树人和促进学生全面发展为理念，合理规划学校发展，深入挖掘体育教学培养学生爱国主义、集体主义、社会主义精神和奋发向上、顽强拼搏等意志品质功能，将课程思政内容融入体育项目文化、体育技能训练、体育研学等体系。同时，坚持将学生体育考核作为体育传统特色学校体育教师考核的重要标准，将体质测试、体能训练、专项技能教学、运动技能等级评定融入体育课教学和课外体育活动。

（3）强化体育和教育系统保障，灵活调配体育师资和招收特长生。一体化设计视角改变对体育教师和教练员的“条块式”行政管理方式，建立走班教学、共享师资等灵活的教师教学机制。地方层面应通过制定体教融合实施方案、体育传统特色学校管理办法等政策，将课外训练、体质测试、竞赛组织等教学以外任务纳入工作量并给予充分薪酬补贴，体育、教育系统共同组织体育师资和教练员实施继续教育培训；推动体育、教育双方建立体育竞赛成绩互相认定机制，将体育教师、教练员纳入体育和教育系统共同建立的体育师资培养体系。

（4）促进体育和教育系统协同，强化体育传统特色学校外部治理。体育传统特色学校需要加强体育、教育系统协同治理能力，共破体育专业、组织服务、体育师资和社会融合等多重壁垒。通过创建“一校一品”或“一校多品”、省（区、市）队校办模式及命名体育后备人才基地等方式，向其配置优质体育资源，从而树立体育特色强校理念。

（二）体育传统特色学校改革任务对于我国体育教师职前培养的影响

体教融合背景下，体育行政系统的专业体育资源逐步与教育系统学校体育体系融合，体育传统特色学校是体教融合程度最高的学校类型，更加青睐具有专项训练能力的体育教师人才。但是，体育传统特色学校中的体育教师同样需要掌握教育学的基本理念和方法，在体育竞赛训练过程中依然要在儿童青少年的生理、心理发育基础上，展开适合学生年龄段的竞赛训练任务，这与体校纯粹的竞技体育训练模式存在明显区别。为此，面临体育传统特色学校用人需求，在体育教育专业课程体系之中，应适当增加一定比重的运动训练学等课程，并在实习实践环境下将学生放置在学校运动队进行带队带训实习，帮助学生在体育传统特色学校中积累竞赛训练经验。

四、高校高水平运动队招生办法改革显著提升体育教育专业招生质量

（一）高水平运动队设置的政策起源

国家体委在 1986 年制定《关于体育体制改革的决定》，使备战世界大学生运动会成为重要政治任务，试图通过世界大学生运动会平台增加中国与世界交流、展示中国形象。为更好备战世界大学生运动会，提高大学生竞技运动水平，同年《关于开展课余体育训练，提高学校体育运动技术水平的规划（1986—2000 年）》提出，培养学生对体育运动的兴趣和爱好，养成科学锻炼的良好习惯，不断提高学生身体素质和健康水平，提高学校体育运动水平，培养有理想、有道德、有文化、有纪律和有较高体育运动技术水平的优秀人才，参加国内、外体育活动和体育竞赛，促进校际和国际学校体育的交流。

1987 年《国家教委办公厅关于试点高校培养高水平运动员的管理办法（试行）》，专门对高校培养高水平运动员提出明确规定，并对高水平运动员在校教学与学籍管理进行规定，帮助高水平运动员学生入校后选择适合的专业学习，并达成既定的培养目标；同时，提出要制定与高水平运动员相适应的教学计划和教学大纲。可试行累计学分制并将体育训练计入选修课学分，或者减免某些次要课程，适当延长学习年限。自此，高校高水平运动队制度在

我国高校体育环境中建立起来。

（二）我国高水平运动员招生政策的沿革与发展

高水平运动员招生政策的调整与优化是高水平运动队建设的核心，可以分为 5 个阶段。

1. 招生制度的初设阶段

1987 年《国家教委关于部分普通高等学校试行招收高水平运动员工作的通知》，批准清华、复旦等 51 所普通高等学校开始招收高水平运动员学生，并规定基本报考条件是：高中阶段获省级或省级以上体育竞赛前 6 名以及获二级运动员以上证书者，均可报考试办高水平运动队的普通高等学校。同时，报考运动员需参加试办高校组织的预备班，补习文化课 1 年时间，经学校考试合格者转入本（专）科学习；不合格者，作退学处理。且每所学校招生规模不能超过学校年度招生指标的 1%。

2. 招生制度的成长阶段

1995 年《国家教委办公厅关于部分普通高等院校试办高水平运动队的通知》颁布，政策改变集中在：①招生范围的分类调整。规定中央部委所属院校面向全国招生，地方所属院校面向本地招生。②报考条件的细致规定。要求以下几类人员拥有报考资格，分别是：第一，培养体育后备人才试点中学应届高中毕业生取得一级运动员证书者；第二，具有高中毕业或同等学力并取得运动健将证书者；第三，参加由国家体委或国家教委主办的全国运动会或单项比赛中获得个人项目前 6 名或集体项目前 6 名的主力运动员，并具有高中毕业或同等学力者；第四，参加世界、洲际运动会或单项比赛（含世界、洲际中学生运动会及单项比赛）中获得个人项目前 8 名或集体项目前 8 名的主力运动员并且具有高中毕业或同等学力者；第五，球类项目运动员年龄不超过 22 周岁、其他项目运动员年龄不超过 20 周岁者。③有资格招收高水平运动员的高校由 51 所调整为 53 所。

3. 招生制度的规范阶段

2004 年颁布《教育部办公厅关于做好 2005 年普通高等学校招收高水平运动员工作的通知》，进一步要求：第一，年龄不超过 22 周岁者方有报名资格；第二，高级中等教育学校毕业，获得国家二级运动员证书（含以上）且高中阶段在省级（含）以上比赛中获得集体项目前 6 名的主力队员或个人项目前 3 名者；第三，具有高级中等教育毕业同等学力，获得国家一级运动员证书（含以上）或者近 3 年内在全国或国际集体项目比赛中获得前 8 名的主力队员。2005 年起，原国家教委颁布的《关于部分普通高等学校试行招收高水平运动员工作的通知》和《关于部分普通高等院校试办高水平运动队的通知》不再执行。全国招收高水平运动员的高校数量提高到 102 所。2005 年后，招收高水平运动员的高校不再组织预备班，考生不需要提前进入高校试训，违规招生政策空间被压缩。

4. 招生制度的扩展阶段

2006 年《教育部办公厅关于做好 2006 年普通高等学校招收高水平运动员工作的通知》颁布。绝大多数高校按照“阳光工程”要求和有关规定组织专业测试和录取工作，取得较好成绩。为促进高校高水平运动队建设，运动项目布局更加合理，该政策增加院校单独招生计划，学校可以根据自身发展需要，在符合政策要求前提下自主开展招生工作。此时，拥有资格招收高水平运动员的学校达到 235 所。招生方式分为两类。

（1）统考招生办法。少数体育专项测试成绩比较优秀的考生，文化课成绩达到考生所在省（自治区、直辖市）本科第二批次录取控制线 60% 的，由招生学校提出申请，经生源所在省级高校招生办公室审核后方可录取，统考招生类的录取人数不得超过本校录取高水平运动员人数的 30%。

（2）单考招生办法。经本人申请并获得一级运动员、运动健将、国际健将及武术武英级（或以上）称号之一的考生可参加招生学校组织的文化课单独考试。招生学校组织单独考试的考试科目不得少于 3 门，语文、数学、外语为必考科目。考核标准不得低于高级中等教育毕业考试要求。高校通过单独考试招收的一级运动员人数不得超过本校招收高水平运动员总数的 20%。

5. 招生制度的局部微调

2006 年后，我国高校对高水平运动员的招生制度进行持续优化，包括：①规定各高校的高水平运动队项目，要依据世界大学生运动会设置的主流项目和高校高水平运动队管理规则进行调整，试点高校应与考生签订《反兴奋剂承诺书》。② 2017 年规定要求项目调整应突出重点、发挥优势，率先调整或停招相关项目，鼓励高校向足球等国家重点发展项目、校园普及性较强和增强学生体质效果较好的项目进行调整。③ 2020 年起，高校高水平运动队全面实施优胜劣汰的竞争机制，凡 2018—2019 年连续两年未招生的学校或项目一律停招，并对足球等国家重点发展项目、校园普及性较强和增强体质效果较好的项目进行调整。

（三）高水平运动队招生制度最新改革对体育教育专业生源质量提升的影响

1.《关于进一步完善和规范高校高水平运动队考试招生工作的指导意见》颁布

2021 年，教育部、国家体育总局联合颁布《关于进一步完善和规范高校高水平运动队考试招生工作的指导意见》指出，该项政策旨在落实《深化新时代教育评价改革总体方案》《关于全面加强和改进新时代学校体育工作的意见》《关于深化体教融合 促进青少年健康发展的意见》等要求，进一步深化高校高水平运动队（以下简称“高水平运动队”）考试招生改革，强化规范管理。截至 2024 年，我国对高水平运动队招生工作作出调整，包括 5 项改革任务。

（1）优化招生范围。在奥运会、世界大学生运动会项目（包括足球、篮球、排球项目）范围内，确定运动队招生项目和招生计划；对不具备相关师资、设备、场地等组队条件、学生入校后退队率超过 20% 的高校，以及非奥运会或世界大学生运动会项目、未设运动员技术等级标准、生源严重不足且连续两年录取数为零的相关项目，不再安排高水平运动队招生；建立完善招生高校和项目准入退出机制，原则上连续 3 届奥运会、世界大学生运动会没有学生参赛的项目，不再安排高水平运动队招生。

（2）严格报考条件和资格审核。2024 年起，符合生源省份高考报名条件，获得国家一级运动员（含）以上技术等级称号者可以报考高水平运动队。

从 2027 年起，符合生源省份高考报名条件，获得国家一级运动员（含）以上技术等级称号且近 3 年在国家体育总局、教育部规定的全国性比赛中获得前 8 名者方可以报考高水平运动队。

（3）改进考试评价方式。采取“文化考试 + 专业测试”相结合的考试评价方式。2024 年起，文化考试成绩全部使用全国统一高考文化课考试成绩，专业测试全部纳入全国统考并由国家体育总局牵头实施，高校不再组织相关测试。

（4）提高文化成绩要求。2024 年起，招收高水平运动队的“世界一流大学建设高校”，考生高考成绩应达到生源所在省份本科录取的最低控制分数线；“非一流”高校的考生高考成绩要求须达到生源省份本科录取最低控制分数线的 80%。对于体育专业成绩突出、具有特殊培养潜质的考生，允许高校探索建立文化课成绩破格录取机制。

（5）完善招生录取机制。2024 年起，高水平运动队录取学生中，高考文化课成绩不低于招生高校相关专业在生源省份录取分数线下 20 分的，可申请就读相应的普通专业；其余学生限定就读体育学类专业。

2. 高校高水平运动队考试招生工作的最新改革将大量优质生源推向体育教育专业

根据《关于进一步完善和规范高校高水平运动队考试招生工作的指导意见》，发现我国高校高水平运动队招生标准不断提升，绝大多数考生将全面流入体育学科就读体育教育等相关专业，说明我国体育教师教育的相关专业生源规模和生源质量将得到大幅度提升，助推我国培养出更多更好的体育教师人才。

五、“双减”政策对体育教师职前学历教育的影响

（一）“双减”政策背景与任务

2021 年，教育部出台“双减”政策。该政策颁布旨在减轻义务教育阶段学生作业负担和校外培训负担，重点对校外培训机构进行持续、动态和长期治理，给学生留出更多时间、空间进行课外活动。一时间，我国庞大学科类

课程校外培训市场陷入萎缩，为体育教培市场蓬勃发展提供空间。

（二）“双减”政策帮助体育教育、社会体育指导与管理专业扩大人才就业出口

“双减”政策颁布有效缓解广大中小学学生作业负担和课外培训压力。广大中小学学生群体拥有更多空间、时间走上操场与户外参与体育锻炼活动，体育教培市场的发展潜力巨大。依此逻辑，“双减”政策大大促进校内课外体育活动持续发展，也会大幅提振校外体育培训机构建设与发展。不论是校内课外体育活动发展，还是课外体育培训活动组织，均需要配置充足数量的体育教师。但是，根据统计，我国体育教师总体处于缺编状态，且专职体育教师的占比较低，尤其在广大农村地区情况更为严重[1][2]。为此“双减”政策出台，大量社会体育培训机构将在原本比较匮乏的教师人才队伍中再吸收、招聘一批教师人才，压力较大。为此，会进一步反向驱动体育教育专业人才培养规模提升。另外，现阶段我国社会体育培训机构更多属于民营自营，培训机构教师往往需要同时承担管理与教学双重任务，因此某种程度上对社会体育指导与管理专业培养人才的诉求变得越来越大。

六、校园教练员岗位设置对体育教师职前学历教育的影响

（一）校园教练员岗位设置的政策背景

运动员是国家体育事业的重要资源类型，如何有效安置优秀退役运动员出路，更好解决退役后就业问题，一方面有利于促进竞技体育的高质量发展，另一方面对于持续促进体育强国建设具有重要意义。为此，包括《关于深化体教融合 促进青少年健康发展的意见》和《关于全面加强和改进新时代学校体育工作的意见》均在优秀退役运动员进校园担任体育教师和教练员的岗位、聘用及职业发展等制度方面提出要求。2023 年，《体育总局 中央编办 教育部 人力资源社会保障部关于在学校设置教练员岗位的实施意见》分别从指导思想、适用范围、岗位设置、岗位职责、职称体系、任职条件、岗位聘用与组织实施等

[1]　《中国学校体育发展报告》编写组．中国学校体育发展报告（2017—2018）[M]. 北京：高等教育出版社，2020.
[2]　季浏，马德浩．新时代我国学校体育改革与发展 [J]. 体育科学，2019，39（3）：3–12.

8个方面对学校设置教练员岗位作出具体要求。这批优秀退役运动员入职校园后，会在很大程度上解决当前我国体育教师严重缺编的问题。

（二）校园教练员岗位设置的现实困境

体教融合历史背景下，大批优秀退役运动员如何安置成为深入推动体教融合发展的重要内容。然而，体育行政系统与教育行政系统长期割裂的现实背景下，校园教练员岗位设置存在诸多困难，包括：①优秀退役运动员界定标准缺乏统一认知。目前，各类文件并未对优秀退役运动员的项目范围、等级认证，以及是否拥有学历背景等进行明确规定，对于地方落实该项政策存在一定阻碍。②各地的“教师编制”配置制度存在脱钩问题。国家出台相关政策，要求设置教练员岗位，但是各地迟迟未将“编制”跟进配置到各基层中小学的教练员岗位，教练员更多是通过体育教师兼职方式实现，未来需要在整体的制度框架上设计优化并加以解决。

（三）校园教练员岗位设置对于体育教育专业的影响

体教融合背景下，国家体育总局牵头制定、推动校园教练员岗位改革。竞技体育系统内，大批运动员由于长期的高强度训练，缺乏必要的教育经历。退役后，由于相对缺乏校园教育经历，很难快速适应社会与非体育类的工作岗位。为此，学校体育工作改革将极大拓宽中小学及各类学校对体育教师的需求，为优秀退役运动员继续发挥自身优势、继续从事体育事业提供重要平台。但是，当前优秀退役运动员进入校园从事体育教学、教练员工作，可能只是体教融合历史转型期中的中间过渡环节。未来，伴随体教融合深入发展，竞技体育三级竞赛训练体系将可能融入教育体系的各个学段层次，传统完全依赖体育行政系统推动的“运动员”培养模式将逐渐弱化，大批优秀运动员会以体育教育、运动训练、武术与民族传统体育等专业学生的身份接受系统训练参加各类体育比赛，而指导训练的“教练员”则是融入当前设置在校园体系的“教练员”岗位教师。

第三节　师范专业认证与我国体育教育专业“以评促建”机制

2017 年，教育部印发《专业认证办法》，是一项专门针对师范类专业旨在提升师范类专业办学质量的重要政策文件，核心原理是：对现有所有师范类专业按照《专业认证办法》标准进行重新评估，所有师范类专业站在同一起跑线申请评估并组织建设，国家按照不同专业的等级配置“教育资源”；“教育资源”优先配置给高质量人才培养单位，不达底线（《国标》）的人才培养单位取消人才培养资格，每 6 年动态评估认证一次。换言之，2017 年之后，我国各地体育教育专业也将面临“师范专业认证”的评估，通过《专业认证办法》能够有效解决长期以来我国体育教育专业人才培养的现实问题，有效提升体育教师的学前学历教育水平。

前文曾论述我国体育教育专业人才培养存在着与既定培养目标“偏轨”的问题，大量体育教育师范生毕业之后难以胜任中、小学体育教师岗位，造成我国体育教师队伍加速流失的客观问题。2017 年 10 月，师范专业全面改革正式启动，并上升至国家教育改革的高度。本书对《专业认证办法》进行归纳，认为师范专业认证分别具有：教师行业“准入机制”属性、“本科专业教学质量国家标准”的底线属性、师范专业认证“逆向设计与正向实施”的产出导向属性、“学校举证、专家查证”相结合的“说—做—证”统一属性，能够切实保障我国各级各类体育教育专业落实“以评促建”“以评促改”的目标，理顺制度机制将当前阶段下我国体育教育专业人才培养的诸多问题加以解决和深层改造。

一、师范专业认证的“准入机制”属性

中国启动师范专业认证的参考模板是 19 世纪末至 20 世纪初的美国。彼时，美国为提升社会生产力持续扩大高等教育的招生规模，专业培养机构以及培养人才数量均不断增长，但是由于各个专业自身建设的速度远远比不了扩招人数的增长速度，因此导致人才培养质量持续下滑，培养人才几乎难以适应行业的实际需求。为此，美国一批民间教育组织以行业需求为导向设计、

推动高等教育对口专业的“专业认证”工作，反向驱动高等教育各个专业能够根据行业用人单位的实际情况进行人才培养，如美国医学协会、美国整骨协会等行业协会首先发起了专业认证[1]。这一点与当前我国启动师范专业认证的历史背景非常相似。不同之处在于，我国是由政府行政机构与社会权威教育评估机构共同推进“师范专业认证”的基本工作。根据《师范专业认证》规定，我国师范专业认证是指：由国家、省级教育行政机构统筹，专业化教育评估机构积极参与的一类针对所有师范专业（含本硕博）进行的综合、持续教学质量评价的创新举措。

二、师范专业认证关于“本科专业教学质量国家标准”的底线属性

2013 年 7 月，教育部启动 92 个本科专业类教学质量国家标准研制工作，以专业类为单位研制，明确了适用专业、培养目标、培养规格、课程体系、师资队伍、教学条件、质量保障等各方面要求，是各专业类所有专业应该达到的质量标准，同时是设置本科专业、指导专业建设、评价专业教学质量的基本依据。各专业国标同样与人才培养单位当地的社会发展、行业建设、产业促进紧密结合，并强调以社会需求为导向，依托《国标》指导高等学校制定专业人才培养标准，修订人才培养方案。因此，很大程度来看，本科专业《国标》是学历教育视野下的另外一种形式“行业标准”，用以保障本科专业能够为行业培养出对口的高质量专业人才。其中，《国标》包括 92 个专业的质量标准，而体育类本科专业则是 92 个专业质量标准的其中之一，总体上对体育教育（040201）、运动训练（040202K）、社会体育指导与管理（040203）、武术与民族传统体育（040204K）、运动人体科学（040205）、运动康复（040206T）、休闲体育（040207T）以及尚未被列入目录与体育高度相关的新专业。就此来看，《国标》对于这 7 个体育专业，分别在“培养目标与规格”“学制、学分与学位”“课程体系与说明”“专业师资”“教学条件”“质量管理”均提出底线性的办学要求，这些办学要求是 7 个体育本科专业无差异满足的基本标准。当然，《国标》也在部分特殊环节提出对

[1] 熊耕 . 美国高等教育认证制度的起源及其形成动力分析 [J]. 外国教育研究，2004（6）：61-64.

不同专业的差异化要求。

对于“师范专业认证”此套标准，更是在《国标》基础上进一步突出不同本科专业的学科特性，结合《中学教育专业认证标准》《小学教育专业认证标准》和《学前教育专业认证标准》等行业标准，融入不同学科的“师范本科专业”办学特殊要素，在培养目标、毕业要求、课程与教学、合作与实践、师资队伍、支持条件、质量保障和学生发展 8 个环节提出基本底线，能够对体育教育专业人才培养质量进行控制和保障（图 4–1）。

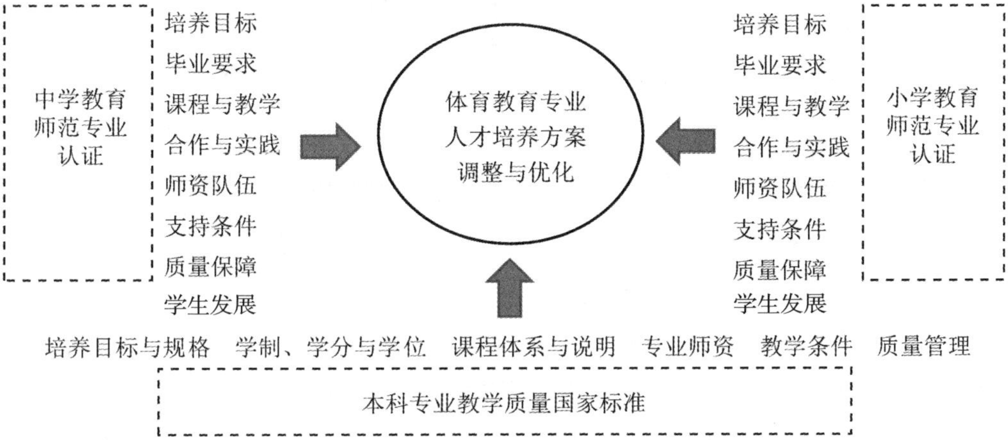

图4–1　师范专业认证关于《国标》的底线属性示意图

三、师范专业认证“逆向设计与正向实施”的产出导向属性

《师范专业认证》明确提出：“学生中心、产出导向、持续改进”是认证工作基本原则。其中产出导向教育（Outcome-based Education，OBE）强调立足社会需要和人的全面发展，以师范生发展成效为导向，聚焦师范生毕业后在用人单位实际应当具备的能力素养，反向设计课程体系与教学环节，保证人才培养始终与社会实际需求高度关联。那么紧密结合体育教育专业人才培养方案设计，“产出导向”可概括为：“逆向设计”与“正向实施”（图 4–2）。“逆向设计”是推动人才培养体系重构的根本动力，是将《教师专业标准》逆向贯穿于体育教师人才培养各个环节，集中体现在培养目标、毕业要求和课程目标。

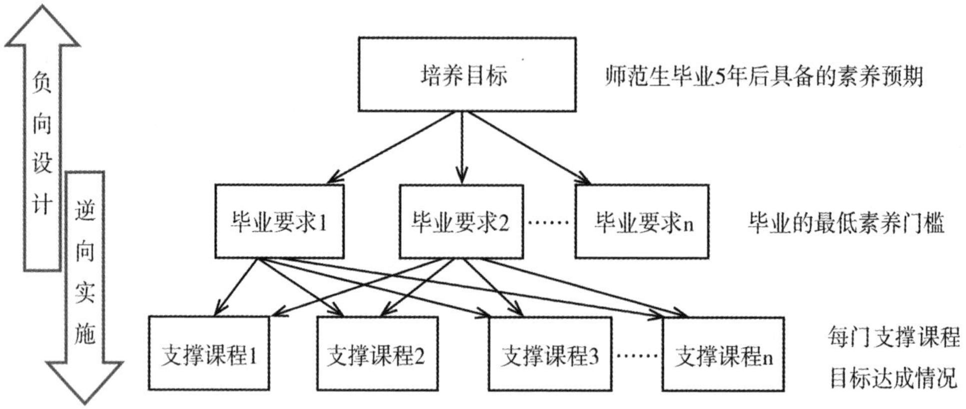

图4-2　师范专业认证关于“逆向设计、正向实施”的基本机理

四、“学校举证、专家查证”与“说—做—证”结合的认证逻辑

师范专业认证工作从申请开始直到专家入校，都需要严格遵守严谨的“证据链”的佐证原则。从“培养目标”逐步发散形成一套师范专业办学的课程体系、师资体系、支持条件体系的认证框架，并系统加强“佐证证据”后台支撑。每个论证点。例如，自评报告中涉及的“毕业要求满意度”定量评价涉及很多主干课程的成绩评价，学生日常作业、期末考试成绩单、成绩分析表、考试试卷等都需要做好整理，以备专家入校后论证“毕业要求满意度”时进行的数据复查工作。再如，师范专业课程体系优化时增设调整“教师教育课程”，尤其是论证如何在专业技能性课程中有机融入“教师教育”部分，同样需要一个系统而又细致的“佐证基础”，从教学大纲、教案设计，再到期末考试的试卷编制，都需要一条线索融入“教师教育”的内容，从教、学、评多个环节，一条线索做好认证工作。因此，师范专业认证并非简单的自评报告撰写，更重要的是以“佐证材料”筹集为基础做好认证后台的专业建设工程。

第五章

师范认证标准下我国体育教育本科专业人才培养方案的优化与实施

2017年，教育部印发《专业认证办法》，为我国体育教育专业改革提供重要契机。全国各地的体育教育专业面临师范专业认证，会对照师范专业认证的标准通过“以评促建”方式优化改进人才培养方案，进而围绕优化后的人才培养方案实施人才培养，落实人才培养质量保障工程，最终实现专业的动态化发展与持续化建设，表现为：学生就业水平不断攀升、招生质量不断提高。为此，我国各体育教育专业培养单位如何深刻理解《专业认证办法》评估规则标准，有效改进人才培养方案，形成人才培养方案持续推动专业建设和课程体系优化，进入动态评估、即时反馈、边评边建的良性循环发展路径。根据师范专业认证相关规定，认证结果为政策制定、资源配置、经费投入、用人单位招聘、高考志愿填报等提供服务和决策参考。更加具体来看，师范专业认证结果在很大程度上直接影响该学校特定师范专业的专业排名，从而在招生批次、招生指标、专业建设经费等方面予以调配，对于各个专业建设起到强有力的引导作用。为此，师范专业认证工作启动之后，各地体育教育专业对标认证标准，启动人才培养方案的修订，并基于人才培养方案修订后的实施，推动专业的改革与建设。

那么，从体育教育本科专业的师范认证视角来看，人才培养方案优化与实施包括 3 个基本部分。①人才培养方案的体系设计与系统控制。各校要在师范专业标准要求下,对整个专业人才培养方案进行设计,重点对“培养目标—毕业要求—课程体系”的内涵定位和逻辑关系进行梳理和优化。②专业课程体系建设与改进。“课程体系”是人才培养方案的优化与实施的基础，也是体育教师职前学历教育能否达到人才培养预期的关键，需要结合课程思政、教师教育等相关专业课程设置的标准。③体育教育专业招生与就业。师范专业认证强调将人才培养与体育教师行业相衔接，改进就业质量、提高招生质量既是完成认证工作的重要条件，也是人才培养质量切实提高的重要表现。

第一节　培养方案修订、自评报告撰写与师范专业认证的“以评促建”的动态机制

我国各体育教育专业开展认证工作,实际是专业动态化建设的动态过程。《专业认证办法》强调认证周期是 6 年一轮，各个专业要不断对标不同认证等级的相应标准，巩固自身优势、弥补自身不足。为结合具体“申报流程”来说明各专业如何根据认证要求实现“以评促建”根本目的，本书集中将专业申请认证的一个周期节选出来（图 5–1）。

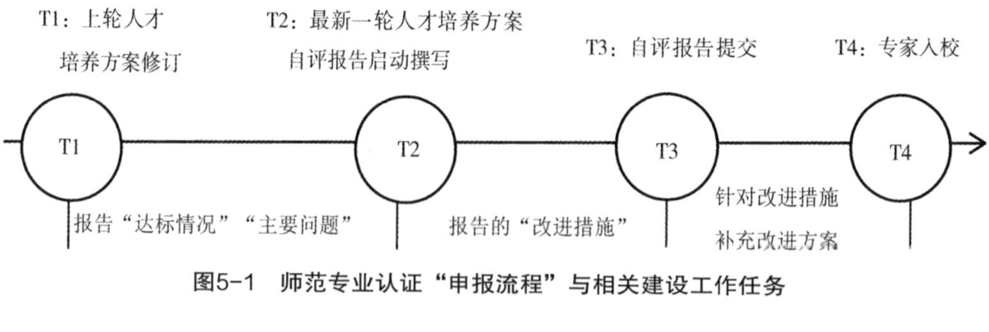

图5–1　师范专业认证“申报流程”与相关建设工作任务

师范专业认证工作需要专业向评估专家提供自身专业建设的基本情况，分为两次：“自评报告”审查和“专家入校”审查。结合图 5–1 来看，可以将“自评报告”提交时间节点定为“T3”，将“专家入校”时间定为“T4”。

那么，各个体育教育专业应该在什么时间阶段组织撰写“自评报告”呢？“自评报告”与“人才培养方案”有什么内在联系呢？“自评报告”提交后，体育教育专业还需要准备哪些材料以应对专家入校呢？

一、“自评报告”依据最近一个周期人才培养实施情况展开撰写

“自评报告”是体育教育专业根据自身的人才培养实际展开自主评价的过程，因此应当对上一轮周期的人才培养方案实施情况进行全面概述。结合图 4–1，我们把这一轮人才培养的实施过程定义为“T1—T2”。从“自评报告”规定格式来看，各体育教育培养单位需要对“T1—T2”阶段人才培养过程中培养单位的实际情况进行阐述，包括“培养目标”“毕业要求”“课程与教学”“合作与实践”“师资队伍”“支持条件”“质量保障”和“学生发展”八大部分，每个部分均说明上一轮人才培养方案实施的“达标情况”“主要问题”以及“改进措施”。其中“主要问题”和“改进措施”是最新一次人才培养方案修订（T2）重要依据。

（一）“自评报告”与“人才培养方案”的关系

“自评报告”是对上一轮“人才培养方案”实施基本情况的总体论证，同时也是当前新一轮“人才培养方案”的依据。其中，“人才培养方案”更多集中于“培养目标”“毕业要求”和“专业课程”，和“自评报告”中的“培养目标”“毕业要求”和“课程与教学”存在较高重叠性。而“自评报告”中“合作与实践”“师资队伍”“支持条件”“质量保障”和“学生发展”环节则涉及人才培养方案实施的相关资源保障、制度安排和成绩表现等，不在人才培养方案中体现。

（二）“自评报告”的撰写内容与相关要求

根据《专业认证办法》，自评报告要分别说明体育教育专业 8 个方面的建设基本内容。各专业要根据国家规定的总体方向，充分结合自身办学的实际情况，推动相关内容的介绍，具体内容包括以下几点。

1.“培养目标”的撰写内容

达标部分需阐明专业在党和国家大政方针的指引下，如何结合自身办学

特色，对培养目标作出哪些约定，培养毕业生在体育教师岗位未来 5 年达到什么样的发展预期？并需要提供佐证材料证明培养目标确实能够为学校、学院、学生以及用人单位所接受和认同。另外，还需要说明上一个人才培养周期“培养目标”的“主要问题”和“改进对策”。一方面要说明“培养目标”的设计是否存在问题，如培养目标的定位是否能够体现出学校的办学特色、是否与所在区域的体育教师需求相吻合、主要利益相关群体对于培养目标的设计是否存在修改意见等；另一方面，需要针对问题提出未来的改进举措。

2.“毕业要求”的撰写内容

毕业要求是指体育教育专业学生达到毕业时应当达到的要求和标准。一方面，毕业要求需要与培养目标相关联；另一方面，毕业要求也要和不同的专业课程相联系。根据师范专业认证标准，“毕业要求”又可以进一步划分出 4 个维度和 8 个要点。而自评报告的撰写，也是围绕以下的 4 个维度和 8 个要点，进行归纳达标部分、主要问题和改进举措。

毕业要求分出的 4 个维度和 8 个要点各有侧重，具体包括：①践行师德。又分出“师德规范”和“教育情怀”2 个要点，综合考查培养学生是否拥有社会主义核心价值观、是否拥有仁爱之心、是否对体育教师职业拥有认同与情怀，以及是否拥有教书育人的责任心等。②学会教学。分出“学科素养”和“教学能力”2 个要点，考查学生对于体育教育基础理论、基础知识及教学方式、评价方法的掌握情况。③学会育人。分出“班级指导”和“综合育人”2 个要点，考查学生是否掌握班级管理的综合能力与经验，以及是否了解熟悉儿童青少年学生身心发育和体育学习的基本原理和潜在规律。④学会发展。分出“学会反思”和“沟通合作”2 个要点，一方面考查学生能否经常开展学习的自我反思与总结，通过理论与实践的反复对照，不断总结并改进自身能力；另一方面考查学生是否具备合作意识，是否掌握与他人协同合作的必要能力。

3.“课程与教学”的撰写内容

认证标准对体育教育专业“课程与教学”的设置、结构、内容、实施和评价 5 个方面进行规定，包括：①课程设置。体育教育专业设置的相关专业课程需要与《中学教师专业标准（试行）》《教师教育课程标准（试行）》相吻合，能够有效支撑人才培养方案设计和毕业要求。②课程结构。课程结构体现通识教育、学科专业教育与教师教育有机结合，规定通识教育课程中人文社会与科学素养课程学分不低于总学分 10%，学科专业课程学分不低于总学分 50% 等。③课程内容。课程内容要积极融入社会主义核心价值观、师德教育观念，将前沿的学科知识引入教学，结合师范生学习状况及时更新、完善课程内容。④课程实施。基于毕业要求制定，引导课程负责人设计所承担课程的“教学大纲”，制定相应课程目标、教学方法、考核内容与方式，来实现课程目标。其中，教师应当掌握信息教学技能，能够通过小班教学实施技能训练课程，帮助体育教育专业学生更好地掌握体育教学基本功。⑤课程评价。培养单位定期对人才培养方案中的课程体系进行修订（一般四年 1 大修、两年 1 小修），评估上一周期课程设置合理性，及课程目标的达成度情况，并根据评估结果邀请相关利益主体，对人才培养方案进行修订。

4.“合作与实践”的撰写内容

培养单位应坚持在开放与科学的育人环境中实施专业教育，培养的体育教育专业人才需要与其他单位相互合作，共同推进专业育人，为此“认证”自评报告需要考查专业的“合作与实践”，包括协同育人、基地建设、实践教学、导师队伍、管理评价 5 个方面。①协同育人。考查专业是否与当地教育行政部门、中学建立起“三位一体”的协同培养机制相协调。②基地建设。考查培养单位是否建立起数量充足的教育实践基地。③实践教学。考查培养单位是否建立起完整的教学实践体系，实现专业实践与教育实践有机结合，教育见习、教育实习、教育研习相贯通，涵盖师德体验、教育实践、班级管理实践和教研实践等，实践时间累计不少于一个学期。④导师队伍。考查培养单位是否为学生的实习实践配备充足的实践导师，是否设计有完备科学的“双导师”遴选、培训、评价和支持教育实践指导教师的制度措施。⑤管理评价。考查培养单位是否设置完备的教育实践评价体系和改进制度。

5.“师资队伍”的撰写内容

考查专业“师资队伍”建设基本情况，包括 2 个方面：①数量结构。

要求专任教师数量结构能够适应本专业教学和发展需要，师生比不低于 18 : 1，硕士、博士学位教师占比一般不低于 60%，高级职称教师比例不低于学校平均水平，且学科课程与教学论教师原则上不少于 2 人。聘请一批基础教育教师承担课程，不低于教师教育课程数量的 20%。②素质能力。对专职、兼职教师能力进行规定，要求考查师范生对于专任教师的满意度。③实践经历。要求教师教育课程教师熟悉《中学教师专业标准（试行）》和《教师教育课程标准（试行）》，至少有一年中学教育服务经历，能够理论结合实际为师范生提供指导，提升学生解决实践问题能力。④持续发展。考查单位是否建立教师队伍建设规划，拥有教师培训与实践研修制度；是否实施分类管理制度，并与绩效分配、职称评审挂钩，是否与中学“协同教研”“双向互聘”“岗位互换”。

6.“支持条件”的撰写内容

重点考查培养单位对专业建设是否投入充分资源，包括经费保障、设施保障、资源保障三大方面。包括：①经费保障。经费保障主要包括：教学日常运行支出占生均拨款总额与学费收入之和、生均教学日常运行支出、生均教育实践经费支出、教学设施设备和图书资料等更新经费。②设施保障。考查“职业技能实训平台”“信息化教育设施”建设情况，是否拥有健全的教育教学设施管理、维护、更新和共享机制。③资源保障。考查专业的“数字化教学资源”、生均的“教育类纸质图书”、中学教材资源库、优秀中学教育教学案例库等的建设情况。

7.“质量保障”的撰写内容

重点考查专业质量保障体系建设，包括：①质量保障体系。考查专业是否对主要的专业教学环节拥有明确的质量要求，质量管理是否责任分明、目标清晰。②内部监管。专业是否建立起质量常态化监控机构和机制，能够定期对主要教学环境进行质量监管与评价。③外部评价。是否与基础教育机构、教育行政部门等利益相关方进行合作，共同建立专业建设与教学活动社会评价机制，并对毕业生实施跟踪反馈。④持续改进。专业根据内部监管、外部评价结果，落实相关教学管理政策的制定与改进。

8.“学生发展”的撰写内容

更多关注专业的招生生源与毕业生发展，考查专业建设过程中体育教育专业学生成长发展的相关支持方式与相关制度情况，从“生源质量”“学生需求”“成长指导”“学业监测”“就业质量”和“社会声誉”六方面考查。

（三）“说—做—证”原则：“自评报告”撰写与专业建设“佐证材料”配套

“自评报告”撰写过程也是专业建设动态过程，是基于“说—做—证”原则的“以评促建”动态过程，通过不断甄别、改进专业问题推动专业建设。

1.“自评报告”撰写是师范专业认证的“说”（T1—T3）

师范专业自评报告的撰写过程中就是“师范专业认证”说的过程，要围绕八大内容的各个考查点，包括：①“T1—T3”阶段的达标情况说明。本单位自上一轮人才培养周期至今，基本达到了什么样的水平和成绩，即达标情况。②“T1—T3”阶段的问题及局限情况说明。上一轮人才培养周期至今，体育教育专业建设过程中存在哪些主观、客观问题与局限。③“T1—T3”阶段的改进计划说明。说明针对上一周期人才培养问题，培养单位计划如何进行改进并持续提升人才培养质量。

2.“自评报告”撰写是师范专业认证的“做”（T1—T3）

“自评报告”是为通过评估专家“初审”而开展，初审通过后进入“专家入校”环节的筹备工作。因此，在自评报告撰写过程中，关于每一个环节要点的撰写过程，也需要进一步落实相关“做”的工作。例如，自评报告关于“课程与教学”的撰写，其中有一条是“定期对人才培养方案中的课程体系进行修订”。那么，在撰写自评报告时，就需要先在“做”上下足功夫，组织体育教育教学的相关行政主管部门、校院两级教学指导委员会专家、体育教师业内专家及用人单位、优秀毕业生等开展座谈会议，并通过座谈方式归纳上一阶段人才培养问题并给出修订意见，归纳形成会议纪要并着手新一轮人才培养方案的修订工作。因此，自评报告撰写的背后，一定是相关专业建设实践的推进。

3. 自评报告“主要问题”撰写聚焦于“做—证”之间的错位空间（T2—T3）

自评报告8个基本部分均需要阐述“主要问题”，撰写关键要点更多集中于“专业想做”但是“还没有做”的那一些具体任务。这部分专业建设任务因为还没有做，因此无法用相关素材进行佐证，可理解为：“主要问题”撰写内容更多集中于“做”与“证”无法对接的部分内容。这部分任务根据认证要求必须进行说明，集中放在自评报告的“主要问题”部分。

根据图5-1，“T2—T3”是人才培养方案最新一轮完成修订之后，直至自评报告提交之前的一段时间。最新一轮人才培养方案完成修订，意味着“T1—T2”这一个人才培养周期已经完成，上一周期的人才培养问题也进行了总结归纳，并且“做”出相关补救与改进，集中体现在新一轮人才培养方案的制定上，这些都属于“达标情况”内容。而“主要问题”则应当集中于“T2—T3”，重点说明两方面问题：①新一轮修订的人才培养方案在哪些方面仍然无法改变传统的专业建设问题？②新一轮修订的人才培养方案实施之后，会在哪些方面产生人才培养新问题？

（四）自评报告“改进举措”与“专家入校”环节的筹备（T3—T4）

自评报告提交后学校便需要展开“专家入校”筹备工作，包括2个方面：①进一步整理归档相关材料，佐证自评报告“达标部分”；②针对自评报告“主要问题”，开展相关整改工作，并落实相关整改工作“方案撰写”（说），以及践行相关整改工作（做），详细记录“整改方案”落实证明素材（证），积极组织利益相关方的评价与评估，对方案改进经验以及改进方案的不足持续进行总结。

二、自评报告“培养目标—毕业要求—支撑课程”的逆向设计机制

根据师范专业认证相关要求，人才培养方案需要以“行业需求”为导向实施逆向设计。其中，培养目标要对应体育教育师范生毕业后5年的能力素养发展预期，对接用人单位需求。进而，按照师范专业认证“逆向设计”要求，由“培养目标”倒推至“毕业要求”，再由“毕业要求”逆向倒推至“课程目标”。其中，“毕业要求”是人才培养方案系统性评价的核心概念，在人

才培养体系中承担“承上启下”重要作用。承上方面，毕业要求和“培养目标”点点衔接形成强、中、弱的支撑作用；启下方面，毕业要求与对应的各个支撑课程形成联系，影响各专业课程教学计划、课程大纲的设计与实施，关系整个课程体系的建构。为此，本部分结合专业认证的实践操作，重点论证自评报告如何论证“培养目标—毕业要求—课程目标”的逆向设计机制，是高质量修订专业人才培养方案的内在基础。同时，本书下文呈现的“培养目标”“毕业要求”及“课程目标”等内容均是为了说明问题而做的举例，各人才培养单位应按自己特殊情况进行组织撰写。

（一）“培养目标”与“毕业要求”的设计依据

1.“培养目标”设计依据

根据专业认证，体育教育专业人才“培养目标”指向：师范生毕业入职5年之后，应当积累哪些体育学科专业知识和教学能力，与《教师专业标准》高度相关。很多体育教育专业在认证工作的要求基础上，充分结合《教师专业标准》进行“培养目标”设计。本书总体以“中学教育（二级）”为例，参照《中学教师专业标准（试行）》，提出体育教育专业的“培养目标”，可在总体性描述基础上进一步划分出3个培养细分目标，包括“专业理念与师德”“专业知识”和“专业能力”。

2.“毕业要求”设计依据——“毕业要求‘维度’”与“毕业要求‘能力点’”的拆分

“毕业要求”则需要聚焦当下学生完成4年本科师范专业学业时应当达到的能力标准，是毕业生毕业后能否在未来5年达成培养目标预期的能力基础和入职门槛，某种程度上与通过教师资格证考试的基础水平相当。师范专业认证工作指南给出了毕业要求的具体维度和能力点，包括“践行师德”“学会教学”“学会育人”及“学会发展”4个维度。每个“毕业要求维度”可进一步划分，形成8个能力点。“能力点”是指：学生为达成特定的“毕业要求”而应当特别掌握的基本能力，包括：①将“践行师德”维度分为“师德规范”和“教育情怀”2个能力点；②将“学会教学”维度分为“学科素养”

和“教学能力”2 个能力点；③将“学会育人”维度分为“班级指导”和“综合育人”2 个能力点；④将“学会发展”维度分为“学会反思”和“沟通合作”2 个能力点。

（二）第一层逆向设计：“培养细分目标”与“毕业要求‘能力点’”强中弱关联

第一层逆向设计是要建立“培养目标‘能力点’”与“毕业要求‘维度’”的强、中、弱联系。为此，需要专业负责人组织学校教学指导委员会、学院教学指导委员会、用人单位、行业专家进行打分评价，建立“培养目标—毕业要求”支撑矩阵（表 5-1），证明毕业要求的设计能够支撑培养目标的实现，帮助学生毕业后 5 年达到成长预期。

表 5-1　毕业要求对培养目标的支撑矩阵

项目	培养目标		
毕业要求	1. 专业理念与师德	2. 专业知识	3. 专业能力
1. 师德规范	M	M	H
2. 教育情怀	H	H	L
3. 学科素养	H	M	L
4. 教学能力	H	H	M
5. 班级指导	H	M	L
6. 综合育人	M	M	H
7. 学会反思	H	M	L
8. 沟通合作	H	M	M

注：H为强支撑；M为中支撑；L为低支撑。

（三）第二层逆向设计：“毕业要求”与“课程目标”强中弱支撑关联

根据专业认证，第二层逆向设计是由，“毕业要求”向各专业课程“课程目标”进行倒推，从中找到强、中、弱支撑关联。第二层逆向设计需要由专业负责人与各专业课程教师协商完成，分为两方面工作。

1. 对“毕业要求”“能力点”进行拆解形成“指标点”

体育教学专业负责人需要深刻理解办学的基本特色与特点，充分考虑相关政策与本专业基本诉求，对“毕业要求‘能力点’”进行拆解，一般不同体育教育专业的办学理念不同，会将特定一个“能力点”拆解为不同的3~5个不等的“指标点”。根据规定，“能力点”拆解为“指标点”要遵循“可教”“可学”“可测”及“可达成”基本原则（图5–2）。

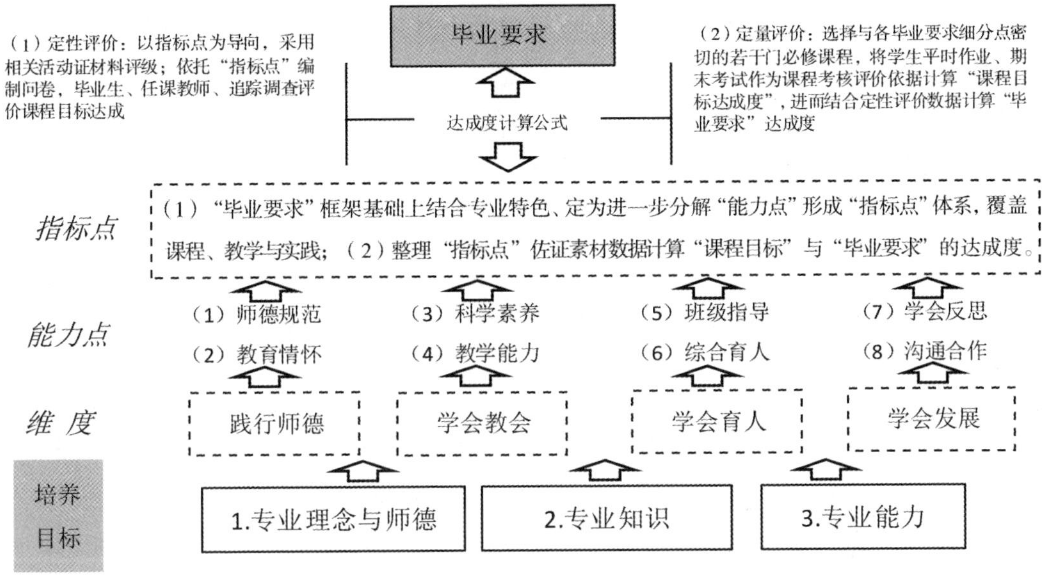

图5–2　“培养目标—毕业要求‘能力点’—毕业要求‘指标点’”的内在联系

2. 建立“毕业要求‘指标点’”与专业课程的强、中、弱支撑关联

“培养目标—毕业要求—支撑课程”逆向设计最后一步是建立起“毕业要求‘指标点’”与专业课程的强、中、弱支撑关联。要求组织学校教学指导委员会、专业教学指导委员会、校外专家共同论证方式，构建“毕业要求—主干必修课程”支撑关系矩阵（表5–2），为便于解释仅选择6门必修课程作为范例。

表 5-2 “‘毕业要求’—主干必修课程” 支撑关系矩阵

项目	必修课程					
指标点	必修课 1	必修课 2	必修课 3	必修课 4	必修课 5	必修课 n
1. 师德规范	H	M	M	M	M	L
2. 教育情怀	H	M	H	M	M	L
3. 学科素养	M	M	M	H	H	L
4. 教学能力	H	M	H	H	M	M
5. 班级指导	L	H	M	H	L	H
6. 综合育人	H	H	M	M	M	M
7. 学会反思	M	L	H	M	H	M
8. 沟通合作	L	M	H	L	M	H

注：H为强支撑；M为中支撑；L为低支撑。

三、正向实施效果：“课程目标—毕业要求”的“达成度”计算与评价

自评报告“达标部分”首先介绍“培养目标—毕业要求—支撑课程”设计思路和论证过程，这部分内容的时间起点定位在最近一轮人才培养方案的制定颁布（T1）。论述完成“逆向设计”基本情况后，则需进一步论证：最近一轮人才培养方案颁布后，人才培养工作是否如培养方案预期那般，完成一个周期（T1—T2）人才培养任务，就需要在自评报告“达标部分”系统论证“课程目标达成度—毕业要求达成度”，检验人才培养方案“正向实施”情况。为此，本部重点介绍“课程目标达成度”“毕业要求达成度”“培养目标达成度”的三者联系以及各自计算方式，以便更好地评估“T1—T2”期间人才培养方案实施情况。目前，我国各专业关于“毕业要求达成度”计算的方式并不统一。因此，本章分别对定性、定量评价进行介绍，列举常见的计算评价方式，为我国体育教育专业建设提供参考。

（一）“正向实施”效果评价的核心基础：“课程目标达成度”的计算

考查人才培养方案“正向实施”基本效果，根本在于考查课程体系的相关安排是否合理，是否能够按照预期，为学生提供专业知识输送、养成专门的体育教学技能和素养，逐步推动学生向着“毕业要求”关于相关能力点的标准靠近。因此，体育教育专业的“课程目标达成度”计算是评价正向实施效果的逻辑起点。

1. “课程目标达成度”是一个相对于综合的折中概念

体育教育专业的“课程目标达成度”计算是评价正向实施效果的逻辑起点。但是，“课程目标达成度”并非考查单个课程完成情况，该概念是在“逆向设计”过程中产生的一个折中的综合概念（图5-3），目的是考查“逆向设计”原则下专业课程体系结构是否合理，考查课程体系正向实施过程中，体系内各课程之间能否起到协同作用，帮助学生完成毕业要求的相关目标。为此，“课程目标达成度”计算，既要考虑不同课程在整个课程体系中贡献的差异，也要考查每门课程的实际教学效果。两者综合计算得出“课程目标达成度”。

具体来说，对于特定1门专业课程，“课程目标达成度”是该课程相对于一系列与其存在中、高支撑关系的“毕业要求‘指标点’”的一个“评价值”集合，并非单一的“达成度数值”。

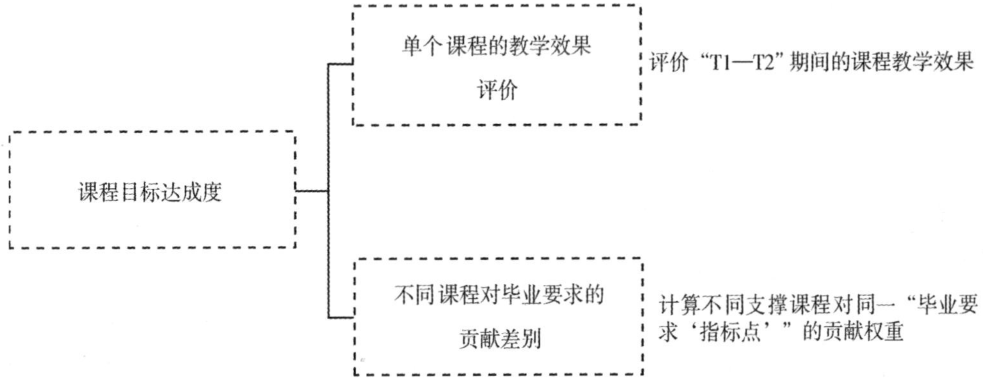

图5-3 “课程目标达成度”的基本内涵

2. 单个课程教学效果的评价

各门课程教学效果的差别均需要通过一种相对客观的方式来呈现，这是计算“课程目标达成度”的基础数据。不同专业往往通过主观、客观相结合的方式来评价单一课程的“教学效果”。但是，“客观评价”是单个课程教学效果评价的主流。因此，本书重点介绍“公式 1”，是基于“课程期末考试成绩”方式，给出的单个课程教学效果“客观评价”——期末成绩平均分。

公式 1：

期末成绩平均分 =Σ（平时成绩 × 权重占比 + 期末成绩 × 权重占比）/ 样本数

3. 不同课程对毕业要求的贡献差别

进而，各体育教育专业需要在整个专业课程体系之中考查“不同课程对毕业要求的贡献差别”，主要包括两个步骤。

（1）遴选与“毕业要求‘能力点’”存在中、高支撑关系的课程。首先，各专业要对每个“毕业要求‘指标点’”存在的中、高支撑关系的课程进行筛选。这一步在“逆向设计”环节已经完成（表 5–2）。前文对毕业要求从 4 个维度进行划分，形成 8 个“能力点”。通过比对表 5–2，可以筛查出 8 个能力点对应的所有“专业课程”。例如，与“师德情怀”存在中、高支撑关系的课程包括必修课 1、必修课 2、必修课 3、必修课 4 和必修课 5。

（2）计算不同支撑课程对同一“毕业要求‘指标点’”贡献权重（目标值）。上一步已明晰特定“毕业要求‘指标点’”与主要支撑课程的关系。不同课程对于“毕业要求‘指标点’”达成存在不同的贡献权重，即“权重系数”又称“目标值”。“毕业要求”达成度的定量评价需要测出每个“必要要求”不同指标点对应强支撑课程的权重系数，这个权重系数最终将是“毕业要求”达成度计算公式的重要参数——目标值。

计算：若干中、高支撑课程对“‘毕业要求’师德规范”的不同贡献系数，分 2 个步骤：①假设“‘毕业要求’师德规范”可分出若干指标点，包括 1–1 指标点、1–2 指标点、1–3 指标点；②选择与特定“毕业要求‘指标点’”存在中、高支撑关系的专业课程（一般 2~5 门课程不等）。例如，依然选择“‘毕业要求'师德规范"为例，结合表 5–3，包括必修课 1、必修课 2、必修课 3、必修课 4 和必修课 5 中的高支撑课程。

最后，专业负责人计算特定"毕业要求'指标点'"目标值时，可以召集中、高支撑课程负责教师共同进行打分，且要求同一指标点所有中、高支撑课程的权重系数之和为 1。例如，"毕业要求 1（师德规范）'1–3 指标点'"仅需召集必修课 3、必修课 4 的两门课程负责教师共同打分，填入"课程—指标点"权重系数，表 5–3 显示分别计为 0.5 和 0.5。那么，必修课 3 对于"毕业要求 1（师德规范）'1–3 指标点'"权重系数为 0.5。那么假设全部系数填入后形成表 5–3。

表 5–3 "毕业要求 1（师德规范）'指标点'—支撑课程"的权重系数赋值表

项目	必修课 1	必修课 2	必修课 3	必修课 4	必修课 5	必修课 n	Σ 目标值
1–1 指标点	0.5	0.25	0.25			L（–）	1.00
1–2 指标点			0.2	0.3	0.5	L（–）	1.00
1–3 指标点			0.5	0.5		L（–）	1.00
1–4 指标点	0.2		0.3	0.5		L（–）	1.00

4. 课程目标达成度：支撑课程对特定毕业要求指标点的"评价值"

通过上述赋值与计算，体育教育专业获得各个课程与特定"毕业要求'指标点'"的权重系数，即评价值。综合来看，我们已经完成计算课程目标达成度的两方面数据：①单个课程教学效果评价的相关数据。即各课程负责人计算得出的"期末成绩平均分"；②各门课程对不同"毕业要求'指标点'"的权重系数。为此，通过公式 2，可以计算出各门课程的"课程目标达成度"（评价值）。

公式 2：

课程对指标点评价值 = 目标值 ×（样本期末成绩平均分 / 期末成绩满分）

举例来说，我们将表 5–3 的"目标值"分别代入公式 2，便能够计算出：必修课 1、必修课 2、必修课 3、必修课 4 及必修课 5 分别对于"1–1 指标点""1–2 指标点""1–3 指标点""1–4 指标点"的评价值。例如，计算"必修课 3"

对“‘毕业要求’1–3 指标点”达成度，对应表 5–4 的“权重系数”是 0.5；同时，假设 T1—T2 期间，必修课 3 的“期末成绩平均分”为 90 分（满分 100），通过公式 2 计算得出：

课程目标达成度（评价值）= 0.50 ×（90/100）= 0.45

（二）“正向实施”效果评价的最终结果：“毕业要求达成度”的计算方法

将表 5–3“权重系数”及各门课程“期末成绩平均分”代入公式 2，可得出：“毕业要求 1（师德规范）‘指标点’—支撑课程”的评价值汇总表（表 5–4）。对于特定的指标点，横向各必修课程的“评价值”进行加和，最后进行总加和再除以指标点数量，计算出“毕业要求 1‘师德规范’”能力点总体达成度，表 5–4 显示 0.86，说明“毕业要求（师德规范）”能力点达到逆向设计预期要求。

表 5–4 “毕业要求 1（师德规范）‘指标点’—支撑课程”的目标值汇总

项目	必修课 1	必修课 2	必修课 3	必修课 4	必修课 5	必修课 n	Σ 评价值
1–1 指标点	0.36	0.29	0.25			L（–）	0.90
1–2 指标点			0.16	0.35	0.40	L（–）	0.91
1–3 指标点			0.45	0.48		L（–）	0.93
1–4 指标点	0.12		0.26	0.33		L（–）	0.71
毕业要求 1“师德规范”总的达成度：最后一列的平均值							0.86

第二节　师范专业认证逻辑下我国体教本科专业的课程设置

师范专业认证过程中，体育教育专业课程设置受到四方面影响，包括①《国标》或《中学教师职业标准（试行）》；②《教师教育课程标准（试行）》关于融入“教师教育课程”相关标准；③《高等学校课程思政建设指导纲要》关于加强“课程思政”建设相关要求；④培养单位当地体育中考的运动项目设置。本书第三章已经就《国标》对体育教育等专业建设的影响进行阐述。

因此，本节重点讨论②③④这 3 项因素对各地体育教育专业课程设置的显著影响。

一、师范专业认证与体育教育专业“实践课程”的完善

根据师范专业认证要求，我国体育教育专业的人才培养成效最终需要以输送人才的“质量”作为专业评价的重要指标。如何将专业知识转化为教学实践能力至关重要。加强我国体育教育专业的“实践类课程”建设意义重大。

（一）我国体育教育专业“实践课程”基本内涵与实施局限

1. 体育教育专业“实践课程”构成

体育教育专业的“实践课程”主要包括教育见习、教育实习、教育研习三部分。其中，教育见习是指师范生自身掌握一定水平专业基础知识之后，在指导教师带领下，对中小学体育教师的课堂进行现场体验、观察和了解[1]；教育实习是指在指导教师引导下体育师范生独自进行实践教学活动，是促进体育师范生全面发展的重要举措[2]。教育研习是指师范生在完成教学实践后，针对实践过程中发现的问题与不足，并进行反思与总结，以补缺补差的方式，不断提高和完善自身知识结构的过程。

2. 体育教育专业“实践课程”的时间安排

从人才培养方案设置来看，“教育见习”可以放置在第三学期、第四学期、第五学期、第六学期，采用“化整为零”方式分散开展，累计时间 2 周左右；而“教育实习”一般会放置在第七学期集中开展 18 周，“教育研习”会依托毕业论文在第 6 学期末启动。从“教育见习”“教育实习”和“教育研习”（毕业论文）关系来看，是逐步由“实践教学间接引导”向“实践教学直接体验”，再到“实践教学总结提炼”循序渐进过程。

[1] 张岩，雷婷婷 . 教育见习对师范生职业发展影响的实验研究——基于“4+1”跟岗教育见习模式 [J]. 教师教育研究，2020，32（6）：91–98.
[2] 高前通，赵胜国，周雪华 . 师范类专业认证下体育教育实习体系构建的向度、困境及进路 [J]. 吉林体育学院学报，2022，38（4）：76–83.

3. 体育教育专业“实践课程”实施的基本局限

（1）我国体育教育专业的教育见习、研习活动相对缺乏有效组织管理，开展效用相对偏低，甚至很多专业教育见习、研习活动流于表面。

（2）我国体育教育专业教育实践的内涵化建设相对缺乏，实习过程严重缺乏校内、校外“双导师”制的有效支撑，同时也没有做好相关实习材料档案建设工作。

（二）我国体育教育专业“实践课程”的优化与改进

1. 内涵化建设教育实习基地高质量制定“双导师制”

教学实践过程能否高质量达成人才培养目标，实习指导导师发挥重要作用，建议：从“教育见习”开始做好与“教育实践基地”的对接工作，每个学生形成稳定的“双导师”机制，从“见习”到“实习”再到“研习”均有两名导师（“校内”与“实习基地”导师）进行引导与指导，且“见习—实习—研习”的层层递进效应尽量保持逻辑的前后一致。

2. 做好“见习—实习—研习”的层次化、系统性学生档案建设工作

体育教育专业教育实习需重视“教育见习—教育实习—教育研习”相关文件档案整理，“教育见习”需要学生完成“见习报告”，而“见习报告”则是“教育研习”（毕业论文）选题的重要依据，同时“教育研习”选题的确定意味着学生需要带着“研究问题”进入实习基地开展实践体验。因此，实习过程的“报告材料”应当与“毕业论文”撰写内容存在关联性。可以说，“教育见习—教育实习—教育研习”材料整理必须做到环环相扣、逻辑递进，才能切实保证学生能够在体育教师职前学历教育的实习实践培养轨道上持续发展。

二、师范专业认证与体育教育专业“教师教育课程”的设置

2012年教育部颁布《教师教育课程标准（试行）》，高度重视教师教育课程与教学，分别在“创新教师教育课程理念”“优化教师教育课程结构”“改革课程教学内容”“开发优质课程资源”“改进教学方法和手段”等方面提出要求。2017年《专业认证办法》颁布，在“3.2 课程结构”提出：师范专业课程体系中的教师教育课程要达到《教师教育课程标准（试行）》规定学

分——14 学分。为此，我国各地体育教育专业在原有的课程体系架构中融入“教师教育课程”。

（一）“教师教育课程”基本内涵

根据《教师教育课程标准（试行）》，教师教育课程广义包括教师教育机构为培养和培训幼儿园、小学和中学教师所开设的公共基础课程、学科专业课程和教育类课程。本课程标准专指教育类课程。其中，体育教育等师范专业课程设置中，既可在狭义层面引入单纯教育类课程作为教师教育课程，也可在广义层面推动“学科专业课程 + 教育类课程”融合。

（二）体育教育专业融入“教师教育课程”的主要方式

目前，我国体育教育专业建设“教师教育课程”方式主要包括 2 类：直接引入教师教育课程、融合发展逻辑下的教师教育课程建设。

1. 通识教育、专业核心（X）、专业拓展课程从《教师教育课程标准（试行）》引入合适学分的教师教育课程

《教师教育课程标准（试行）》给出不同学段师范专业的“教师教育课程”模板。各高校体育教育专业的学分配置各不相同，可根据本校框架直接在《教师教育课程标准（试行）》的课程模板中选择适合课程，放入培养方案“通识教育”“专业核心课程 3+X”中的 X 以及专业拓展课程，通过必修课、选修课方式进行授课。

2. “体育专业 + 教师教育”的融合式建设方式

根据《教师教育课程标准（试行）》，广义层面可通过“学科专业课程 + 教育类课程”融合建设教师教育课程。其中，体育教育专业的“专业基础课程”和“专业核心课程”可以积极推进教师教育课程的融合式建设。

（三）优化改进我国体育教育专业“教师教育课程”的建议

1. 统筹建设体育教育专业教师教育的国家、地方精品课程

目前，大多数体育教育专业的教师对教师教育课程“融合式”建设缺乏了解。建议国家层面或省级层面的教育行政部门应当组织专家、整合资源，遴选重要的体育教育专业课程作为基础，系统性融合、开发教师教育课程资源，形成更加直观参考、借鉴、使用的教师教育课程资源，为各地体育教育专业优化教师教育课程建设提供示范性引导。

2. 省、校两级利用“金课”项目调动任课教师积极性

体育教育专业教师教育课程建设是一个巨大的系统工程，庞大的工作量会降低任课教师推进课程改革与课程资源建设的积极性。建议学校教务部门应当做好统筹规划，以“省”“校”两级的“教改”“金课”为引领激发专任教师积极性建设承担课程的融合性创新，有机补充相应的教师教育课程要素。

3. 重点推进“运动技能课程 + 教师教育课程 + 实践课程”的深度融合

体育教育专业是以培养体育教师为主要目的，体育教师如何利用户外运动空间切实、有效地将运动技能、知识、锻炼经验传授给学生，需要融入教师教育元素。建议依托“运动技能课程”或“体育实践课程”，进行多维度、多层次的教师教育元素融合。

三、师范专业认证与体育教育专业“课程思政”的建设

2020 年教育部印发《高等学校课程思政建设指导纲要》通知，试图以此纲要为纲领推进高校课程思政建设，将思想政治教育系统融入各个高校专业的人才培养体系和课程架构。其中，《高等学校课程思政建设指导纲要》提出：体育类课程要树立“健康第一”的教育理念，注重爱国主义教育和传统文化教育，培养学生顽强拼搏、奋斗有我的信念，激发学生提升全民族身体素质的责任感。

（一）体育教育课程思政建设的基本类别

与体育教育专业的“教师教育课程”相似，体育教育专业课程思政建设同样可以划分为“统一规格课程”和“非统一规格课程”两类。①“统一规格课程”基本纳入通识教育范畴，如《毛泽东思想和中国特色社会主义理论体系概论》《思想道德与法治》等都是专门性的思政课程，各高校各专业均需要开设。②“非统一规格课程”是指体育教育专业各类型专业

课程需要系统植入相关思政要素，从教学大纲、教学方案、试卷等多个方面融合思政内容。

（二）体育教育专业课程的思政要素类别

1.“人文社会类”课程对应的思政要素

“人文社会类”课程对应体育社会学、体育概论、学校体育学等，此类课程首先需要将习近平新时代中国特色社会主义思想，以及有关的马克思主义思想理念融入课程体系之中，结合体育史实概述培养学生爱党、爱国、爱社会主义、爱集体的先进意识，并通过剖析体育案例提升学生政治认同和道德修养，在课程合适章节融入中华优秀传统体育文化。

2.“自然生命类”课程对应的思政要素

“自然生命类”课程包括运动生理学、运动解剖学等课程，偏重融入“健康第一”“终身体育”观念，课程中有机融入运动健康的积极案例，如哪些名人通过科学运动延长寿命、改善生活、避免疾病等。

3.“运动技能类”课程对应的思政要素

“运动技能类”课程包括田径、篮球等技术主导型课程，应根据体育运动特殊属性，融入竞技体育中克服困难、拼搏奋进、吃苦耐劳、团结协作等体育精神的案例，将中国竞技体育在世界舞台上为国争光、为民族争光事件作为课程资源，灵活融入课程与教学，并在实践课程（三习）中融入“体育教师职业使命感”。

四、体育中考的影响与体育教育专业“运动技能课程”的优化

根据师范专业认证，体育教育人才培养需要与社会用人单位的需求相对接。当前中小学体育教师面临的“体育中考”压力巨大，用人单位需要体育教师能够更好地围绕体育中考开展训练。为此，各地体育教育专业需要根据当地体育中考项目的设置情况，推进“运动技能课程”项目优化设置。

（一）适度扩大“运动技能课程”的学分和课时比重

目前，国内不少专家认为：体育教育专业“理论课”比重相对较高，不适合体育类人才的培养。从《国标》硬性要求来看，通识教育课程硬性规定

54 学分；7 门专业基础课程学分不少于 16 学分；专业核心课程 3+X 中的学校体育学、体育课程与教学论、运动技能学习与控制 3 门专业核心课程同样为理论课，学分不少于 6 学分；以及《教师教育课程标准（试行）》规定不少于 14 学分，均属于“理论课”范畴，基础学分已经达到 90。对比《国标》规定体育专业的学分配置在“140~170”，再排除“专业实践类”课程强制要求的 14 学分，那么因此能够用于“运动技能课程”的学分配置空间便相对有限，仅剩下“36~66”学分空间可以用于“运动技能课程”。岳新坡对 16 个高校体育教育专业的学分配置进行统计，其中：北京师范大学、东北师范大学的“运动技能课程”学分配置达到 40 学分以上，而其他高校体育教育专业基本上学分均在 40 分以下[1]。这也印证了我国整体体育教育专业“运动技能课程”的学分配置相对偏低。因此，我们建议实施“教师教育类课程 + 运动技能课程”的模块化整合。例如，很多高校体育教育专业会将“专业实践课程”（包括专业见习、专业实习）纳入到教师教育课程体系之中；“见习课程”可以与其他年级的“运动技能课程”进行融合；“实习课程”可以充分利用“双导师制”在专业实习基地进行技术能力的相关练习与学习；又如，有高校会在《教师教育课程标准（试行）》（中学职前教师教育）给出的课程模块中进行选择，其中中学学科课程标准与教材研究是一门常选课程。很多体育教育专业将其调整为《体育与健康》课程标准与教材研究，因而在研读中小学课标时，可以针对不同年级教授的术科技术进行体育教育学生的技术专项训练和教法传授。

（二）以中考项目为导向调整“运动技能课程”的项目结构

基于调研的大部分中小学用人单位希望高校体育教育专业人才培养能够直接应对“体育中考”考试项目。目前，各地体育中考项目更多集中于田径，侧重考查学生基本运动能力（跑、跳、投）及三大球的基础专项技术，表 5–5 中分别将几座城市 2022 年体育中考项目进行了汇总。

[1] 岳新坡 . 师范类专业认证背景下我国体育教育专业课程体系构建的问题与对策 [J]. 北京体育大学学报，2022，45（8）：96–105.

表 5-5　我国部分城市 2022 年体育中考的项目汇总

城市	一类项目	二类项目	三类项目
北京	1 000 米 /800 米	实心球 / 引体向上；实心球 / 仰卧起坐	篮球 / 排球 / 足球
广州	1 000/800 米；游泳	立定跳远；三级蛙跳；1 分钟跳绳；实心球；铅球；篮球；排球；足球	体育课成绩；体测成绩；综合知识测试
深圳	200 米；1 000 米 /800 米；立定跳远；仰卧起坐（女）；引体向上（男生）；实心球；跳绳		100 米游泳（不限泳姿）；篮球运球上篮

根据表 5-5，是目前体育中考导向下中小学领域比较重视的运动项目。其中，很多体育专家提出，体育中考整体还是更加重视对中小学生身体综合素养的考查，以及三大球运动技能的掌握。因此，很多一线体育教师希望高校体育教育专业加大田径、体操项目的人才培养，课时、学分应该向三大球以及游泳项目倾斜。因此，若学分配置存在挤压现象，建议可以酌情整合项目，共同分配课时与学分。例如，开设小球专项选修课程（羽毛球 / 网球 / 乒乓球）共计 18 周课时 2 学分，每个小球项目平均分配 6 周课时，各承担 2/3 学分。

第三节　师范专业认证与我国体育教师资格证考试制度改革

2010 年《国家中长期教育改革和发展规划纲要（2010—2020 年）》颁布，要求严格执行义务教育国家课程标准、教师资格标准。2011 年国家教师资格证改革试点工作启动，试点安排在湖北、浙江两省。2013 年 8 月教育部颁布《中小学教师资格证考试暂行办法》和《中小学教师资格定期注册暂行办法》，奠定我国当前的教师资格证考试制度，改革影响深远，但同时存在一定局限。

一、国家教师资格证考试制度的改革初衷

（一）打破了师范生免试获取教师资格的“特权”

2015 年前，我国师范专业培养学生可以直接认定获取教师资格证书，虽

然在一定程度上提升了师范专业的办学积极性，但是也无形之中降低了广大师范生对于教师职业以及教师资格证的重视程度。只要通过高考考入师范院校且顺利完成学业便可直接获得教师资格证书。久而久之，教育学、心理学、普通话水平测试等考核可以直接认定，广大师范生不需要再参加社会教资考试的竞争，内心变得毫无压力，在学业上总体表现出松散、懈怠的状态，为此师范专业培养人才质量持续下滑。为此，2013 年 8 月教育部颁布《中小学教师资格证考试暂行办法》，规定：师范生与非师范生仅需要达到一定的学历要求，便可以申请参加教师资格证考试。自此，师范生“特权”被打破，与非师范生站到了同样的起跑线。

（二）反向驱动师范专业推动“教师教育课程”的建设

我国传统师范专业人才培养更加偏重知识的传播与传授。例如，在体育教育专业人才培养过程中，教师更多倾向于通过单向输出的方式教育学生掌握基础知识、习得运动技能，普遍不关注如何教、怎么教、学生学得好不好。为此，《中小学教师资格证考试暂行办法》规定：中小学教师资格证考试的笔试部分，不再仅仅局限于考查学生关于“专业知识”的掌握情况，还将教育理念、职业道德、法律法规知识等教师教育理论融入考核范畴。为此，各培养单位将重心更多放置于“专业知识”与“专业技能”培养，在课程体系中留出充足学分配置于“教师教育课程”。

二、改革后国家教师资格证考试制度的局限

（一）一定程度上弱化了体育教师培养的专业性

2015 国家教师资格考试制度改革，要求师范生与非师范生共同参加教师资格证的考试，同时允许不同学科背景的学生参加教师资格证的考试。这种情况下，大量非体育教育专业背景学生或者社会人士通过教师资格证考试进入到体育教师队伍。虽然，非体育专业背景教师掌握一定体育专业知识和素养，但是，总体上还是难以与系统培养的体育教育专业学生相比，造成体育教师队伍整体的专业性下降。

（二）一定程度上弱化了体育教师的教学实践能力

国家教师资格考试分为笔试和面试两大部分，面试更多通过“说课方式”来考查学生的教学实践能力。但是，“说课”毕竟不是体育教学实践情境下的体育教学过程，单独一次面试考查“说课”也难以全面展示备考者实际的教学能力。很多备考者，怀揣着应试者的态度去备考，大量时间用来练习说课，放弃去教学一线处理不同教学情境问题的机会，反而很大可能造成学生教学实践能力的弱化。据不完全统计，“面试”在教师资格证考试中的权重并不是很高，2011 年至 2013 年 5 次全国教师资格证考试情况进行了统计，其中笔试通过率仅为 33%~39%，面试通过率则为 68%~84%，说明教师资格证考试更加关注备考者的知识掌握情况，而面试的权重则相对偏弱，进一步降低考生提升自身教学实践能力的积极性。

三、师范专业认证是对国家教师资格证考试制度的补充

2017 年《专业认证办法》颁布，通过认证工作介入对教师资格证考试制度进行补充，巩固教师资格证考试制度改革价值的同时，采取必要方式降低改革带来的局限，表现为以下几点。

（一）二级认证单位获得教师资格考试“面试”组织权

根据认证规定，通过师范认证专业（二级）认证的专业可以自行组织中小学教师资格考试面试工作。二级专业认证通过的培养单位学生，在参加本校组织的教师资格证面试时，只需要提交“教育实习档案袋”（包括实习计划、实习教案、听课记录、实习总结与考核），培养单位直接认定面试合格。这种教师资格证“面试”的认定方式，是一种给符合资质单位“赋权”的过程，培养单位更加积极地为保持资质而不断投入专业建设；另外，这种面试方式也大大鼓励培养单位做好“教学实习”系统化建设，在见习、实习、研习全过程扎扎实实地做好人才培养工作。

（二）三级认证单位获得教师资格考试“笔试”“面试”组织权

师范专业认证规定：通过第三级认证专业的师范毕业生，可由高校自行组织中小学教师资格证笔试和面试工作。首先，对于笔试而言，所在高校按

照国家有关要求开设通识课程、学科专业课程和教师教育课程等，师范毕业生按照学校师范类专业人才培养方案修学规定课程并成绩合格、达到毕业要求，视同笔试合格。其次，对于面试而言，所在高校根据教育部关于加强师范生教育实践的意见要求，建立以实习计划、实习教案、听课评课记录、实习总结与考核为主要内容的师范生教育实习档案，通过严格程序组织认定师范毕业生的教育教学实践能力，视同面试合格。相比二级认证单位，三级认证单位实际因为其拥有较高的“赋权”，国家改革的初衷就在于让这批办学质量较高的培养单位回到 2015 年之前，考入这些学校的学生按照专业培养方案完成学业，便相当于直接认定获得了教师资格证。

第六章

我国体育教师继续教育工作的改革重点与基本模式

2020年《关于全面加强和改进新时代学校体育工作的意见》颁布，各级、各类体育教师面临学校体育工作的全面改革，大批在职在岗教师需要根据政策导向接受系统化职后培训与继续教育，补充所需体育学科前沿知识，结合课程改革积累新的教学经验与教学能力。为此，学校体育改革的广泛推动，首先需要以体育教师继续教育工作的系统性开展为契机，通过继续教育工作将改革新理念、新知识、新方法传授给广大在岗、在职体育教师。那么，我国当前的体育教师继续教育工作是否能够支撑改革的推广任务，值得深入探究。为此，本章重点探讨体育教师继续教育的基本概念与相关理论，系统梳理我国关于体育教师继续教育的相关政策，围绕体育教研员队伍建设、学前体育教师职后培训、乡村体育教师职后培训、体育教师高等学历继续教育展开论证。最后，本章结合“双减”政策讨论市场化背景下我国体育教师队伍职后培训基本模式与治理机制。

第一节　体育教师继续教育的相关概念与理论

到底什么是体育教师的继续教育工作？因此，需要对体育教师继续教育工作的相关重要概念及理论基础进行概括总结。继续教育包括两大理论基础，即“终身教育”和“职后培训”。“终身教育”是一个相对宽泛、宏观的概念范畴，概括了教师教育工作发展总体导向；“职后培训”则是一个相对聚焦的理论概念，是教师入职后通过非学历教育形式开展的持续专业学习状态。“继续教育”处于“终身教育”与“职后培训”概念之间，既是实现终身教育的重要路径，也是决定“职后培训”能否有效落地的现实载体。因此，我们首先需要梳理体育教师继续教育的相关文献，其次探讨相关政策制度、亟待改革的重点领域存在的问题与瓶颈，最后提出可行的改革策略和可靠路径。

一、我国体育教师继续教育的理论背景

体育教师继续教育在教师教育的整体理论体系中占据着属于自己的重要位置，本身蕴含终身教育、继续教育、职后教育 3 项理论背景（图 6–1）。

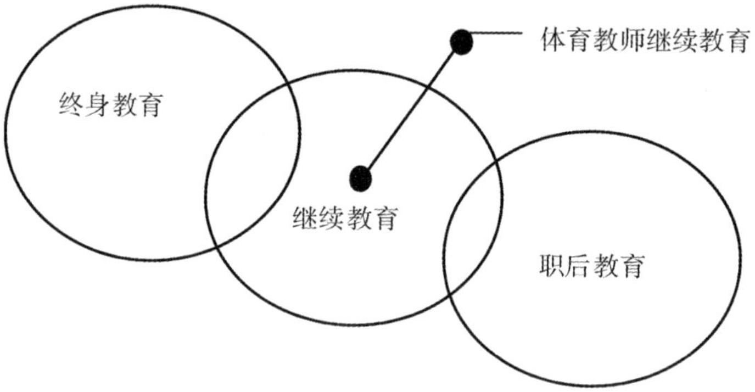

图6–1 体育教师继续教育的三大理论背景

（一）“继续教育”的理论背景介绍

继续教育概念最早出现在 20 世纪 40 年代，经历 20 年发展进而在世界各国兴起。英国颁布《1944 年教育法》，最早提出“继续教育”（Further Education）的概念，指出“继续教育”是继“初等教育”和“中等教育”两个阶段以后的第 3 个教育阶段，为 15 岁以上没有完成义务教育任务的青年提供补偿性教育服务[1]。国际上不同国家学者对于继续教育有着不同理解[2]，例

[1] 瞿葆奎 . 教育学文集英国教育改革 [M]. 北京：人民教育出版社，1993.
[2] 南海 .“继续教育”概念研究 [J]. 继续教育研究，2002（6）：3–4.

如，美国学者认为：继续教育是一种对正规学历教育的支撑和补充，专门对在职工作人员提供与自己工作职业相关的新知识、新能力。俄罗斯学者认为继续教育是指人们为完善自身知识结构、丰富技能技巧，在各教育机构通过自学方式进行的有目的的自我提升活动。我国关于继续教育的界定一直处于变化之中，不同历史阶段有着不同的解释。例如，1979 年版《辞海》认为：继续教育是对完成一段学业后的青年、成人进行专门培训及一般性文化教育。1991 年，张念宏编撰《中国教育百科全书》时认为：继续教育是针对大学毕业后在职、在岗的工作人员，以满足他们职业发展需求而进行的教育，是普通高等教育的补充与延伸[1]；2010 年闫智勇对继续教育进行重新诠释，认为：继续教育是特定的教育服务机构或者教育者，为已经接受过相关职业教育工作者提供新知识、新技能、新社会规范等方面的追加教育[2]。

综合来看，不同地区国家专家对于继续教育内涵的界定存在着差别，但是可以确定：继续教育对象总体上仍属“成年人”范畴，核心差别在于接受继续教育的受教育者是否拥有必要的前期教育经历与知识基础？从类别划分来看，继续教育是对具有前期教育经历和知识能力储备的成年人开展的非全日制教育培训，其中包括“继续学历教育”和“继续非学历教育”两个大类。

（二）“终身教育”理论背景

终身教育又称为“Lifelong Education”，是一种教育理念或教育思想，是开展体育教师职后培训的根本理念，倡导个人从降生到生命终止都需要不断接受教育。“终身教育”概念的提出最早可追溯至 20 世纪 60 年代，联合国教科文组织举办的“第三届促进成人教育国际委员会”大会上，法国教育家保罗·朗格朗（Paul Lengrand）提出了“永恒教育”一词，与“终身教育”的概念非常接近，并引起全球社会的关注。后来，联合国教科文组织在官方正式文件中将“永恒教育”更改为“终身教育”。1970 年朗格朗发表专著《终身教育引论》，提出：教育是贯穿人生，遍布人生各个成长阶段[3]。终身教

[1] 张念宏．中国教育百科全书 [M]. 北京：海洋出版社，1991.
[2] 闫智勇．多元视角下继续教育概念的重新界定 [J]. 继续教育研究，2010（2）：7-10.
[3] 朗格朗．终身教育引论 [M]. 周南照，陈树清，译．北京：中国对外翻译出版公司，1985.

育理念影响下，全球各地更多通过“一体化”思路设计教育制度，因此终身教育理念下的教育制度内涵非常宽泛，既包含正规、非正规的教育体制，同时覆盖学校教育、家庭教育、社会教育等多个范畴，与基础教育、高等教育、职业教育、继续教育等多个环节相契合。

（三）“职后教育”理论背景

“职后教育”在我国最早可追溯到20世纪80年代，常应用于国家改革开放，用作企、事业单位员工培训。不同于继续教育偏重强调受训人的“学历基础”，职后培训更加强调受训人在职与否。基于此区别，我国不同学者对“职后教育”的内涵进行了界定。例如，董文芳提出职后教育的对象应当都是在职在岗人员[1]，祝军认为职后教育是职工入职入岗后接受的系列教育[2]。随后，伴随我国教育事业发展，继续教育与成人教育逐步融入“职后教育”之中。关世雄在《成人教育词典》中专门对“职后教育”加以界定，认为：职后教育是指对从事特定行业的入职后人员进行的在职教育，旨在有效提高在职人员工作能力[3]。综合来看，职后教育是指个人在其职业生涯之中所接受与本职工作相关联的一系列教育服务的综合，包括入职教育、岗前培训和在职培训3个方面。

二、我国体育教师继续教育的核心——职后培训及其相关理论

根据前文发现，“体育教师职后培训”与“终身教育”“继续教育”及“职后教育”存在深刻关联，是一个内涵较为丰富的综合性概念。为此，为更加准确展开“体育教师职后培训”分析，本书认为：“体育教师职后培训”工作对象是成年人群体，而服务阶段覆盖了成年人职业发展的特定阶段——“职后”。

根据图6-2，三大理论背景让我们更加全面地了解到什么是“体育教师职后培训”。“体育教师职后培训”是继续教育的重要组成部分，围绕“成年人”的对象特征、“职后”的时间范围特征展开。“体育教师职后培训”

[1] 董文芳．试谈电大教育管理中的几个关系问题[J]．电大教育，1985（3）：11-14.
[2] 祝军．岗位（职务）培训初探[J]．北京成人教育，1985（12）：9-13.
[3] 关世雄．成人教育词典[M]．北京：职工教育出版社，1990.

内涵还涉及两项重要理论——诺尔斯的“成人学习理论”和富勒(Fuller)的“教师发展阶段理论”。

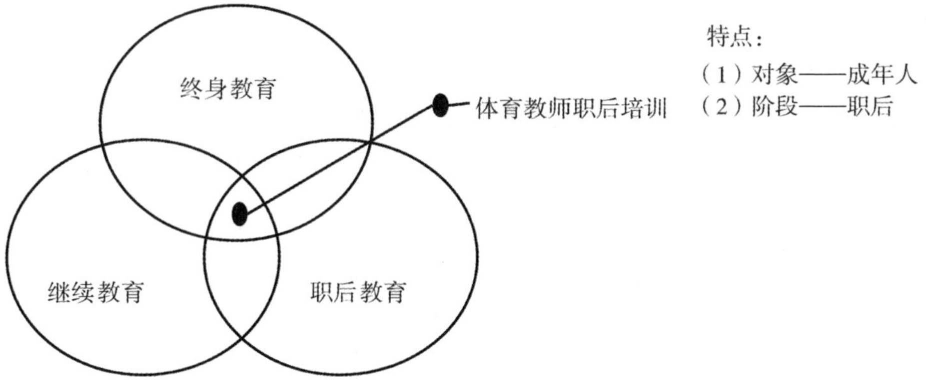

图6-2　“体育教师职后培训”的基本特征

（一）诺尔斯成人学习理论视域下体育教师职后培训的属性与特征

我国体育教师职后培训聚焦于入职后“成年人”群体，培训工作就需要尊重成年人体育学习的基本规律，“诺尔斯成人学习理论”是揭示成年人学习的经典理论，可以用于我国体育教师职后培训工作的成年人学习特点。

1. 诺尔斯成人学习理论概述

马尔科姆·诺尔斯（Malcolm Knowles）是美国成人教育界著名的理论家和实践者，在《现代成人教育实践：成人教育学与儿童教育学》一书中将成人教育定义为：帮助成年人学习的科学与艺术[1]。诺尔斯提出的一套成人学习理论源于他长期从事成人教育的工作实践。诺尔斯大学毕业后开始在马萨诸塞州为当地待业青年提供培训工作，并于 1940 年负责波士顿基督教青年会工作。第二次世界大战后，诺尔斯又转战芝加哥担任基督教青年会成人教育的负责人，并基于经验积累提炼出一套成人教育学理论，他认为成人学习方式存在一定特殊性，而成年人教育方式方法也要根据成年人特殊学习方式展开。

[1]　宋尚桂 . 当代西方成人学习理论述评 [J]. 济南大学学报（综合版），1998（3）：37-41.

2. 成人学习理论视域下体育教师职后学习的几个特点

体育教师职后培训与儿童青少年学习模式存在明显差别，原因是体育教师的成年人身份与儿童青少年存在思维方式的根本性差别。根据成人学习理论，体育教师入职后的学习模式发生转变主要体现在以下几个方面：①体育教师自我学习主导性较强，不会轻易按照培训教师引导思路展开职后培训，更加具有批判性思维特征；②体育教师接受培训过程中，自身以往积累的体育教学知识基础，以及锻炼习得的教学能力基础，都会对教师学习方式、学习思维、学习判断等产生影响，进而影响教师接受培训吸收新知识、新技能的效率与效果；③体育教师职后培训的深层动机在于适应体育教师工作角色的社会改造，在职业发展的要求下而不得不进行适应性学习，以适应社会对体育教师新角色的新要求；④体育教师开展职后培训始终以“问题”为导向，基于问题展开新知识吸收以及新旧知识重组，与儿童青少年偏向知识单向灌输式的教育方式存在差别；⑤体育教师对于职后培训的目的性很强，能够相对准确地预判出自己想通过职后培训获得什么样的知识与能力，以及通过知识获取、能力提升实现的职业发展目标。

3. 成人学习理论视域下体育教师职后培训工作开展的基本原则

基于成人学习特征，本书认为，体育教师职后教育工作开展应当遵循以下原则。①尊重体育教师的独立自主身份。体育教师本身已经是教书育人主体，职后培训与学生身份的教育、培养存在鲜明差别。体育教师的成年人身份必须得到尊重，培训过程的推动应当以尊重每位体育教师个体差异和思维差别为前提，充分允许体育教师提出适合的批判性问题，引导体育教师逐步进入培训情境展开学习。②体育教师职后培训以经验性教学为主要内容。体育教师职后培训不再以知识传播为手段，更多以经验传授为主要内容。根据前文所述，教学知识具有较高一般性，而教学经验往往是体育专业知识和教学行为在特定教学情境中通过解决实际的教学问题而逐步积累的创新化的知识、能力体系。③体育教师职后培训强调对体育教师社会角色的重塑。体育教师接受职后培训不仅局限于学习吸收知识或提升能力，而是通过培训有效塑造其体育教师的社会角色，让体育教师整体角色符合国家对体育教师的改革要求。④体育教师职后培训直接面向体育教学一线的现实问题，始终以体育教师的现实问题为导向，培训目的就在于帮助体育教师有效解决现实的教学问题。

（二）教师专业发展阶段视域下体育教师职后培训的属性与特征

体育教师职后培训是一个相对宽泛的概念。不同教龄、不同年龄乃至不同职称的教师群体，会面对着不同的现实教学问题。归结起来，针对不同发展阶段的体育教师，应当组织安排不同内容、不同形式的培训。为此，从教师专业发展阶段理论出发，体育教师职后培训的基本属性与基本特征都会不尽相同。教师专业发展阶段最早萌芽于20世纪60年代，不同学者通过不同视角展开了一系列研究。例如，富勒提出的“教师关注阶段理论”是教师发展阶段理论的最早雏形，可将教师专业发展全过程划分出3个阶段。①职业生存阶段。职业生存阶段是指刚入职的新任教师仅关注自己入职后，自身能力能否达到岗位的基本要求，并不被淘汰。②情境关注阶段。情境关注阶段是指教师通过一段时间成长与发展，自身能力逐步达到体育教学基本要求，但是这些能力与知识往往运用起来并不熟练，也无法有效解决一些教学情境中的复杂问题。因此，该阶段教师的学习注意力不再局限于自身，开始更多关注自身能力与具体教学情境的匹配与关联（如教学硬件环境、教学制度、学情状况等），并结合教学情境的现实情况开始自主学习，对所需知识、能力、经验的学习更加具有目的性和选择性。③学生发展阶段。随着教师进一步成长，教师教学工作重心将从“能力—情境”的匹配进一步扩展至不同学生的个体，要求教师学习、能力发展不仅是匹配特定的教学情境，更需要针对学生个体差异，灵活调整教学策略聚焦每一名同学的成长。

教师往往会根据学生的适用性选择相应的教学知识和教学方法。在富勒的“教师关注阶段理论”基础上，不同学者又分别提出了相关的其他教师成长阶段理论。

1. 费斯勒的教师职业生涯周期理论

费斯勒（Fessler）研究认为：教师职业生涯发展是一个动态过程，是教师个体生命周期与教师所在环境发生相互作用后的综合反映，与个人生命周期存在差别。费斯勒把教师的职业生涯周期分为 8 个阶段，包括教师入职前的培养阶段、教师入职阶段、教师职业初期的能力形成阶段、教师热情工作与成长阶段、教师职业生涯中期的职业瓶颈阶段、教师职业中后期追求乏力和满意度下降阶段以及教师职业生涯退出阶段。

2. 司德菲的教师生涯阶段理论

司德菲（Stetefeld）从心理学视角出发集中分析了教师职业生涯发展的阶段，认为教师职业生涯发展可分为 5 个阶段[1]，包括新任教师前 3 年积极上进的教师职业生涯初期阶段、教师吸收掌握较多知识与积累丰富经验的职业专家生涯阶段、教师面临困境心理状态与能力状态发生起伏的不定状态、教师发展遭遇瓶颈的职业退缩生涯阶段、教师职业生涯后期的职业再生生涯阶段以及教师职业退出阶段。

3. 休伯曼教师职业生命周期理论

休伯曼（Huberman）[2] 通过生物化视角分析教师职业周期的若干个阶段特性，认为教师职业阶段大致可划分为 5 个阶段。①担任教师角色前 3 年，教师处于经验不足的发展初期阶段；②担当教师角色前 6 年，教师开始树立职业自信，进入职业稳定阶段；③教师从入职第 6 年到工作 25 年积累一定的专业经验并对教师职业产生新认识，试图改变教师基本现状，称为蜕变期；④从第 25 年至 30 年是教师经验积累与工作能力发展巅峰，会因为自身资历变得保守，称为平静保守阶段；⑤最后是教师的职业发展衰退阶段。

总体来看，体育教师职后培训内容应当与受训体育教师的特定职业发展阶段相对应。具体来说，针对新任的体育教师应当如何开展职后培训、针对中青年骨干教师应当如何开展职后培训、针对专家型教师如何开展职后培训等需要详细论证不同阶段的培训内容、策略。

三、我国教师继续教育工作的政策沿革历程与相关制度政策

体育教师继续教育工作对于教师终身成长具有重要意义。因此，国家乃

---

[1] FESSLER R, BURKE P J. Systematic appraisal of teacher performance： a conceptual supervision-staff development model. Are you doing inquiry along these lines?[J]. Journal of curriculum and supervision， 1987， 2（4）： 381-89.

[2] HUBERMAN M. The professional life cycle of teachers[J]. Teachers college record， 1989， 91（1）： 31-57.

至各地出台各类政策不断加强对教师队伍的职后培训工作。20 世纪 80 年代中期开始，我国教师队伍质量偏低的问题尤为突出，表现在部分教师未取得教师资格证、教师队伍学历层次偏低、教师教学能力规范性不足等多方面问题。其中，中小学教师作为教师队伍最大比例群体，上述问题尤为明显，日常化、法治化、持续化加强中小学教师职后培训成为改变中小学教师队伍现存问题的重要手段。自 1978 年，国家恢复教师职后培训工作开始（中小学教师职后培训），分别经历 4 大阶段：恢复发展期、探索转型期、创新跨越期和深化改革期：

（一）教师继续教育恢复阶段与“学历补偿”的应急补强（1978—1984 年）

1978 年党的十一届三中全会开幕，迎来全面改革开放的拨乱反正大潮。国家教育事业在这个历史阶段整体恢复与发展，教师队伍经历社会动荡后总体质量变得严重下降。为此，1980 年，教育部颁布《关于进一步加强中小学在职教师培训工作的意见》，试图加大对中小学在职教师的职后培训，并对培训工作的目标、要求、体制机制、办学资质与条件、教材编制、考核办法等提出新的要求。理论层面，该阶段国家教师继续教育工作表现出典型的“应急式”职后培训特点。1983 年，教育部下发《关于加强小学在职教师进修工作的意见》，明确提出各地方中、小学校教师务必达到必要的“学历达标”要求，重点阐述继续教育基本流程、基本标准，并对达标合格的教师提出提高待遇的激励政策。

总体来看，该阶段我国教师继续教育依然表现出，以“补差补缺”为特征的学历补偿取向。截至 1991 年底，我国小学、初中、高中在职教师通过继续教育与职后培训获得相应学历，达标率分别达到 80.7%、51.8%、47.2%，另外通过培训超过 60 万名中小学教师获得专业合格证书。但是，该阶段国家更多采用应急式职后培训方式，短期只能从教师资格证的获得数据进行优化，却无法根本性地提高教师队伍质量，尤其是中小学教师队伍教师培训与质量提升。总体上，该阶段教师职后培训工作经历了整顿、调整与改革过程。

（二）教师继续教育的兼顾探索阶段与“教学能力”的重点提升（1985—1998年）

1985年颁布的《中共中央关于教育体制改革的决定》，为教师队伍提出明确的改革发展方向和可靠的改革路径，即“争取5年或更长时间使绝大多数教师能够胜任教学工作”，更加侧重提升教师队伍的实际教学能力。在“学历补偿”和“学历达标”的基础上，我们可以切实提升教师队伍的综合素养、教学能力，实现持续提升。

1. 继续教育的“学历补偿”功能得到进一步巩固

1985年国家通过教师职后培训有效加强教师队伍建设，尤其在“学历补偿”方面取得长足进步。但是，该阶段国家依然清晰认识到教师队伍的“低学历”问题仍然是影响教育事业的重要负面因素。为此，1986年，国家教育委员会印发的《关于加强在职中小学教师培训工作的意见》值得特别关注，更是对教师资格问题提出明确要求，规定只有具备合格学历或有考核合格证书的教师才能担任教师工作任务。并且，为落实该项政策，国家教育委员会专门出台《中小学教师考核合格证书试行办法》。1992年，国家教育委员会又出台《关于加快中学教师学历培训步伐的意见》（现已失效），提出建立函授、卫星电视教育、自学考试等模式分期、分批开展全体教师的职后培训，并在结课后由省级教育行政部门统一组织考试，杜绝各地、各类中小学校招聘未通过考试或未获得教师资格证的教师。可见，进入新的历史阶段，“学历补偿”依然是继续教育工作的重点任务。

2. 继续教育逐步突出“教学能力”的培养提升功能

1990年国家教育委员会在四川召开“全国中小学教师继续教育工作座谈会”，认为“学历补偿”不应当是现阶段职后培训的核心功能，如何提高职后培训效果，促进教师实际教学能力的作用或价值变得更加受到重视。为此，“继续教育”的概念表达综合并取代了“职后培训”以及“学历补偿”等概念。1991年《关于开展小学教师继续教育的意见》出台，对“继续教育”属性进行明确界定，提出指导思想、任务、原则、内容、形式与方法。1996年第五次全国师范教育工作会议召开，提出“九五”期间，师资培训工作要在完成部分教师学历补偿任务的同时，及时转向全体教师的继续教育。为落实第五次全国师范教育工作会议精神，教育部进而制定出台《中小学教师继续教育规定》，在具体继续教育操作层面提出明确规定和标准，是贯彻落实政策的重要依据和有力手段。

（三）教师继续教育的全面升级阶段与“教学素养”的全面发展（1999—2009 年）

自 1978 年至 2009 年期间，我国教师队伍的学历结构得到有效改善，总体教学能力得到显著提升。1998 年《面向 21 世纪教育振兴行动计划》颁布，对新时期下我国教育事业进一步改革、转型提出了新的要求。其中，《面向 21 世纪教育振兴行动计划》第二部分——“工程”中，重点提出教师队伍建设新要求、新方向，专门启动“跨世纪园丁工程”，旨在加快推进 21 世纪中小学继续教育工程，大力提高中小学教师队伍整体素质，在 21 世纪第一个 5 年对一千多万中小学教师进行全员培训，使其在原有教学能力基础上，更加全面地实现综合素养的提升与发展。“跨世纪园丁工程”是为适应 21 世纪教育变革而启动，包括 21 世纪将全面普及九年义务教育、大力推进素质教育的实施与贯彻，并且保证中国教育与国际教育保持联系和互动，整个教师队伍都需要根据教育事业的深刻变革，通过全体教师的职后培训，全面提升综合素养[1]。1999 年教育部正式发布《中小学教师继续教育工程方案（1999—2002 年）》及《关于实施“中小学教师继续教育工程”的意见》，自此全国范围全面推行“中小学教师继续教育工程”。为更好贯彻实施继续教育工程，行政系统组织起严密的工作领导小组，全面推进、全方位实施继续教育工程。同时，培训内容不仅局限于“教学能力”，培训内容围绕素质教育的需要向教师灌输丰富的教学前沿知识，将“教学信息化素养”纳入教师技术能力范畴，鼓励通过远程教育方式引导教师自主学习，揭示继续教育和终身教育的理念。

[1] 彭宁 . 实施“跨世纪园丁工程”与继续教育模式的突破 [J]. 广西高教研究，2000（2）：74-76.

（四）继续教育重点改革阶段与“农村教师队伍”优先发展（2010年至今）

“十一五”期间，经过数十年发展，教师队伍的整体规模、综合素质都得到了全面的提高，教师继续教育工作进入了巩固成果的新阶段。但是，在此阶段“乡村—城市”教师群体素质差距越拉越大。为此，2010年教育部印发《关于贯彻落实科学发展观进一步推进义务教育均衡发展的意见》，推进“均衡发展”是义务教育改革与发展的重要任务。2010年颁布《国家中长期教育改革和发展规划纲要（2010—2020年）》，提出打造高素质、专业化教师队伍。其中，重点加强农村中小学教师整体素质的提升是新时期的工作重点。2010年教育部、财政部印发《关于实施“中小学教师国家级培训计划”的通知》，则为培养广大农村教师和紧缺薄弱学科教师接受更多高水平培训提供机会。

第二节　新时代我国体育教师继续教育的师资培养重点

2020年中共中央办公厅、国务院办公厅印发《关于全面加强和改进新时代学校体育工作的意见》，对新时代我国学校体育工作改革提出全面要求。为此，本书认为：我国体育教师继续教育的建设方向应包括两大板块。第一，继续教育的师资培养；第二，体育教师特殊群体的继续教育建设，包括乡镇农村体育教师的非学历继续教育，优秀的职后培训与职业发展，学前领域体育教师的职后培训，教育学体育方向的专业硕士、博士的人才培养现状与改进。

一、体育教师继续教育工作的师资培养—体育教研员补齐、补强

2001年教育部颁布的《基础教育课程改革纲要（试行）》指出，各中小学教研机构要以基础教育课程改革为中心，充分发挥教学研究、指导和服务作用。教研员是学科教学骨干分子，是学科科研主要带头人，是学科任课教师的指导教师，也是将学科的课程目标落实到课堂教学中的重要和关键人物。

其中，体育学科的教研员是广大基础教育领域体育教师继续教育的重要师资类型，是体育教师继续教育工作的重要主导力量。

（一）体育教研员的基本功能与基本工作方式

1. 体育教研员的基本功能

体育教研工作的核心任务在于指导教学改革，对广大中、小学体育教师的体育教学水平和业务水平提高进行指导。可见，体育教研员是中小学体育教师继续教育的核心师资力量。2001 年《国务院关于基础教育改革与发展的决定》，指出教研机构要充分发挥教学研究、指导和服务等作用，说明体育教研员不仅需要承担“体育教学研究”和“体育教学管理”相关工作，更重要的是需要为基层的体育教师提供职业发展的指导与服务。因此，体育教研员既不是传统意义上体育教学的理论研究者，也不是完全意义上的体育一线教学工作者。相比理论研究者，教研员要更加清晰教学实践的实际情况与问题；而相比一线体育教师，体育教研员能够从各种体育教学活动中抽象、归纳出更贴近实际的教学理论。因此，体育教研员也可以理解为：体育教育教学理论与体育教学实践之间的重要桥梁。

2. 体育教研员的基本工作方式

2001 年《国务院关于基础教育改革与发展的决定》颁布之后，体育教研员的工作方式不再仅仅停留在理论研究上，更重要的是在于不断从教学实践中发现问题、发展理论，进而再服务教学实践。更具体来说，体育教研员的核心工作方式应当基于课程标准的育人理念，同时推进体育教学的理论研究与实践探索，强调以理论为先导，采取下校视导、听课、评课和调研方式相统一的方式深入一线发现教学问题与困难，进而系统论证问题困难并形成教改方案或模式，组织公开课、中小学体育教师培训，以推广先进理念和教改成果，指导帮助体育教师改善教学问题、克服教学困境、提高业务水平。

（二）我国体育教研员队伍建设的局限与瓶颈

1. 体育教研员综合素养与能力有待提高

近年来，我国学校体育工作改革效果显著，教研员在传播改革新理念、新方法、新内容的过程中，需要拥有更加充足的能力基础和综合素养。但是，现阶段我国体育教研员整体的能力基础或素养还不够，对于学校体育改革新理念的理解尚不充分，对于体育教学基础知识、前沿理论、现代辅助教学方法等掌握得不够全面、灵活，易导致我国广大中小学体育教师的继续教育工作难以高效推广。

2. 体育教研员的岗位配置存在不足问题

目前，我国体育教研员队伍还存在严重的“缺岗”问题。不论是经济发达地区还是欠发达地区均不同程度地存在体育教研员配置不足的现象，很多市级、区县级体育教研员无法做到每个学段（高中、初中及小学）各配备1名体育教研员。另外，在很多乡镇地区教育局甚至难以配置1名体育教研员，往往采用其他学科教研员兼任体育教研员。

（三）我国体育教研员队伍建设的对策与建议

1. 配齐、配足不同学段的体育教研员

各省推进学校体育工作改革过程中，应当出台相应政策，综合运用“行政任命”“基层推荐”“考核聘用”等方式扩大我国体育教研员队伍建设，有序扩展体育教研员队伍规模，争取有条件的市、县教育行政部门能够每个学段配置1名体育教研员。

2. 加强体育教研员长效培训制度的建设

统一规划各级体育教研室的长效培训制度，加强对体育教研员的《体育与健康》课程改革新理念的长效培训，引导、帮助各级体育教研员更新体育教学理念，调整学校体育工作开展方式。其中，各省级体育教研室应当是推动全省市、县区两级体育教研员培训的中坚力量，充分利用寒暑假定期组织培训班，搭建学术交流平台，鼓励联合师范院校组织进修学习，多条路径推进体育教研员的持续学习、有效提升素养。

3. 建立体育教研员的科学选拔与考评机制

目前，我国体育教研员乃至整个教研员选拔考聘制度均不完善。建立一套基层推荐、考核聘用与行政任命相结合的体育教研员选拔评价制度，对于推进中小学体育教师教育事业高质量发展具有重要意义。其中，科学考核和评价机制是保障体育教研员保持终身学习意识、不断努力学习提升素养的重要保障，更是维持中小学体育教师职后继续教育质量与水平的基本条件。

二、体育教师特殊群体的继续教育现状、局限与对策

（一）乡镇农村体育教师开展非学历继续教育的困境与策略

2015 年国务院办公厅印发《乡村教师支持计划（2015—2020 年）》，指出：教师素质与能力是决定乡村教育质量的根本，如何高质量推进乡村体育教师队伍建设是重要改革议题。2019 年《教育部办公厅关于开展体育美育浸润行动计划的通知》颁布，旨在依托高校体育美育教师和学生力量，为本地区特别是革命老区、民族地区、边疆地区、贫困地区和广大农村地区提供持续性的定向精准帮扶和志愿服务，为中小学体育美育均衡发展提供优质教育资源，切实提高教学水平和教育质量，推动中小学体育美育日常化、多样化、特色化发展。

1. 我国乡村体育教师队伍的基本现状

根据前期调研及相关文献，我国乡村体育教师队伍存在以下不足：①乡村体育教师“缺编”情况严重。由于我国一直以来存在“城—乡”二元结构，民族地区、贫困地区和农村地区的经济发展情况不好，大量优秀的体育教师人才流入经济相对发达地区，导致农村地区体育教师岗位存在严重缺编问题。②乡村体育教师的跨学科“兼岗”现象普遍。体育课时数量持续增多，导致乡村体育教师“缺编”问题日趋严重。为应对岗位“缺编”问题，乡村学校普遍采用跨学科“兼岗”方式，让具有一定体育基础的非体育学科教师兼任体育教师，开展体育教学活动。③乡村体育教师普遍存在“身份认同”危机，造成不良“教学态度”衍生。由于乡村学校大量使用“兼职体育教师”填补缺编岗位，兼职教师往往只能够勉强完成教学任务，且易于产生职业倦怠等不良心理影响，导致乡村体育教师整体教学质量不足。④乡村教师“专业基础知识”“专业教学能力”严重匮乏。长期以来，乡村体育教师存在的身份认同危机和职业倦怠问题，都大大降低了教师对

于自身职业发展的“积极态度”，因此对于体育教师“终身学习”观念往往表现得有些被动，对于入职后的持续学习与发展表现得比较淡漠。长期下来，虽然国家一直推动职后培训，但是乡村教师群体的“专业基础知识”“专业教学能力”并未得到有效改善。

2. 我国乡村体育教师非学历继续教育的组织保障——县级教师发展机构

“十四五”期间，国家教育改革加大对市、县两级教师发展机构建设的支持力度，鼓励推进市、县两级教师发展机构的培训团队建设，实现基层教师队伍的高质量发展。其中，县级教师培训机构是承担我国农村体育教师非学历继续教育的关键组织，也是我国教师教育体系的最基层单位。2018 年《中共中央 国务院关于全面深化新时代教师队伍建设改革的意见》颁布，提出：建立健全地方教师发展机构和专业培训者队伍，逐步推进县级教师发展机构的建设与改革。从实践情况来看，各地县级教师发展机构包括四项基本职能：①协助县级教育行政部门制定全员培训规划；②组织指导县域内教师培训和校本研修；③构建覆盖全域的教师学习资源平台；④定期开展调研为政府教师教育决策提供支撑。

3. 我国乡村体育教师非学历继续教育的现实局限与当前瓶颈

一直以来，国家试图通过各种手段提升乡村体育教师社会地位、解决乡村体育教师的身份认同危机，其中包括“国培计划”“省培计划”“特岗计划”“教育扶贫”“三支一扶”等政策，体现出国家试图将优质教育资源从经济发达地区转移至经济欠发达地区的农村[1]。但是，实际上我国各地农村教师职后培训更多体现在“量”的提升[2]，“质”的发展上却相对收效甚微[3]。甚至，国家采用专项津贴方式提高了部分农村地区体育教师待遇，但是体育教师对其从事的职业情感却依然淡漠[4]，说明国家当前推行的职后培训工程，还是停留在表面，处在一个低质量、低层次反复循环的状态，质量提升的培训目

[1] 张天雪，黄丹．农村教育“内卷化”的两种形态及破解路径 [J]. 教育发展研究，2014，34（11）：30-35.
[2] 付明婷．“内卷化”：乡村教师专业发展问题研究 [J]. 教育教学论坛，2020（47）：4-6.
[3] 查萍，毛振明，李海燕．体育教师素养之绊与解决之策：对全面深化新时代体育教师队伍建设改革的建言（2）[J]. 首都体育学院学报，2018，30（5）：428-431.
[4] 李金刚，刘倩楠．困境下的突围：农村体育教师的境遇与应对 [J]. 贵州师范大学学报（社会科学版），2021（3）：73-81.

标还未达成[1]。其中，农村体育教师职后培训质量的具体表现为：

（1）大部分职后培训未匹配乡村实际教学情境。目前，我国很多地区的农村体育教师培训并未结合“乡村教学环境”实际，没有充分考虑乡村学校体育软硬件设施的不足乃至恶劣条件，也未考虑农村体育教学的实际需要，直接将城市乃至经济发达地区的培训内容嫁接转移到乡村进行体育教师培训，并且很多培训知识、技能无法在乡村学校开展，导致培训内容无法改善乡村学校体育教学工作。

（2）乡村体育教师职后培训缺乏可操作性的评价与激励举措。目前，国家相关政策仅对全员培训的课时数量进行明确规定，但是对于评价效果并未出台相关政策。缺乏评价的职后评价往往会导致大量培训工作变得“流于形式”。

（3）未能针对不同教师群体展开分类化、分层化的职后培训。根据以往研究，乡村体育教师群体构成比较复杂，“基本素养”千差万别，造成培训效果无法一致。例如，农村教师群体中包含大量非体育专业的“兼职教师”[2]，而同样的培训课程对于体育专业、非体育专业背景的体育教师，效果一定是存在差别的。为此，农村地区推进职后培训，应当注重对培训项目进行分类化、层次化设计，针对不同素养的乡村体育教师实施更加有针对性的培训。

4. 我国乡村体育教师非学历继续教育的现实局限与当前瓶颈

我国乡镇农村体育教师在接受非学历继续教育过程中，存在的诸多局限与问题，包括以下几个方面。

（1）县级教师发展中心制度设计的责、权、利安排相对不够平衡。县级教师发展机构应当牵头、组织开展乡村体育教师继续教育工作，一方面需要给予机构更多权力更好地根据县域实际情况设计培训方案和组织培训团队；另一方面需要更进一步加强对各地县级教师发展中心的责任评价，保障能够按照政策要求开展乡村体育教师的非学历继续教育。通过“责任压实”与“权力授予”，实现教师职业发展与“利益”的合理实现。

[1] 龙宝新. 学科内卷化时代的教师教育学科建设 [J]. 华东师范大学学报（教育科学版），2021，39（8）：83–93.
[2] 武旭，乔玉成. 乡村体育教师专业发展的“内卷化”困境与突围——基于S省Z市“国培计划（2020）”示范县的调查 [J]. 体育学研究，2021，35（6）：34–45.

（2）培训项目内容与当地实际存在脱节。应结合县域实际情况加强专家论证，设计可行的“培训方案”。县级教师发展中心要做好摸排工作，针对县域内不同地区学校实际情况、特殊需要和明显短板，邀请体育教育领域专家学者，与当地一线体育骨干教师、教研员一同编制适合当地县域的职后培训方案。

（3）缺乏科学有效的评价、激励机制。应制定培训效果认定评价标准与激励措施。目前，我国乡镇教师职后培训工作往往存在“只培训不评价”问题。结束后是否有效，以及培训教师能否有效吸收培训课程所授的知识、能力并未进行有针对性的评价。因此，建议未来县级教师发展机构要围绕职后培训内容，加强培训效果的持续评价，并针对培训效果优秀的教师设计安排相应的激励机制，从而产生对乡村体育教师终身学习和继续教育的正向反馈，增强培训效果。

（4）培训内容过于统一。应当进一步加强乡村体育教师的分层化、分类化职后培训。县级教师发展机构做好前期调研摸排工作，甄别不同乡村体育教师群体，进而围绕不同难度“体育专业教学知识”“体育专业教学技能”设计培训方案，保证不同水平教师群体能够有针对性地吸收所需知识技能，而非简单按照统一模板接受培训。

（二）优秀退役运动员转型体育教师的职后培训与职业发展

2020年，国家体育总局与教育部联合颁布印发《关于深化体教融合 促进青少年健康发展的意见》，提出要大力培养体育教师和教练员队伍。未来，优秀退役运动员进入校园后，如何适应体育教师的岗位角色，提高体育教学与训练的实践能力，是体育教师继续教育的重要任务。

1. 优秀退役运动员进入学校兼任、担任体育教师的重要价值

优秀退役运动员通过“先入职再培训”方式进入教育系统兼任、担任体育教师，具有较高现实价值，表现为以下几点。

（1）有利于补齐补强体育教师队伍。目前，我国体育教师队伍存在严重缺编问题，据统计四川、云南、甘肃等省份专职体育教师的缺编率甚至高达

50%。为此，将优秀退役运动员补充进入体育教师队伍，能够缓解我国体育教师队伍缺编问题。

（2）优秀退役运动员精湛的运动技能、运动经验有利于提高体育教学质量。优秀退役运动员经历系统的专业化训练，对特定运动项目的理解、运动技能示范以及学校运动队的管理有着独到见解。这些经验、能力是竞技体育的稀缺资源，能够一定程度上提升教学质量。

（3）为体教融合背景下校园竞赛体系的高质量建设提供支撑。2020 年，中共中央办公厅、国务院办公厅印发《关于全面加强和改进新时代学校体育工作的意见》，对教育系统建设校园赛事体系进行明确要求，提出中小学体育课程的核心任务是教会、勤练、常赛。校园赛事体系是竞技体育后备人才输送的重要阵地。拥有丰富竞赛经历的优秀退役运动员，对于组织竞赛、提高竞赛水平有着宝贵经验，是发展校园竞赛体系高质量建设的重要力量。

2. 优秀退役运动员兼任、担任体育教师的冲突与矛盾

我国体育事业长期处于“体教分离”的割裂状态。体育局行政系统与教育行政系统之间相对独立，导致竞技体育后备人才输送渠道也相对变得“狭窄”。优秀退役运动员在“狭窄”的竞技体育人才培养通道中成长起来，与社会接触相对较少，退役后直接进入校园体系往往会表现出一定不适应性，表现为：

（1）退役运动员“基本理念”与体育教师教育定位存在偏差。退役运动员接受竞技训练始终以“突破极限”为核心理念，需要通过生理、心理的双重施压实现竞技运动成绩的突破，但同时也承担更多运动损伤、健康受损的风险。不同的是，“体育教师教育”定位于体育锻炼的人格完善、体魄强健等功能。虽然两者均以体育活动为载体，但是双方理念以及运动量、强度安排存在鲜明差别。

（2）退役运动员综合素养与社会生活经验相对薄弱。由于优秀运动员在完全或者半封闭的竞技体育训练体系中接受高规格专项训练，与外界接触机会相对较少。久而久之，运动员综合文化素养及生活实践经验相对匮乏，这些都是运动员转型成为教师的重要障碍。毕竟，体育教师作为教师群体重要类型，既需要系统性掌握体育教学的基础理论知识和表达方式，更需要拥有充分的“社会化能力”与学生建立起教学互动关系，承担起相应“育人”责任。这些基本技能、经验、知识都是退役运动员较为缺乏的，是影响其成功转型为体育教师的核心阻碍。

（3）退役运动员“专项优势”与体育教师“一专多能”能力结构存在差别。优秀退役运动员长期经历专门性训练，特定的专项技能优势明显。但是，体育教师岗位更多侧重运动项目多样性，追求运动技能“一专多能”，帮助不同年龄、学龄的儿童、青少年群体掌握不同运动项目。其中，根据体育中考考试内容，中考考生需要同时准备若干项运动项目备考。因此，退役运动员往往只精通特定的专项技能，对于其他运动项目可能相对陌生，可能是影响退役运动员转型为一名优秀体育教师的原因。

（4）退役运动员在短期内很难适应对“教师身份”。长期以来，退役运动员在竞技体育系统内一直承担“学徒”角色身份，往往是被动接受教练员指挥与监管，且教练员的强制性、权威性普遍较强。但是，从教师教育成长轨迹来看，师范生在相对系统的人才培养体系下拥有一个较长周期的“教师实践”过程，帮助学生更好地将“学生身份”转化为“教师身份”，能够在入职前站在“教师视角”与学生产生积极的社会互动并积累经验。相反，长期接受训练的退役运动员总体缺乏教学实践经历，产生对体育教师岗位一定的不适应性。

3. 优秀退役运动员转型体育教师的“先入职后培训”策略

针对退役运动员转型体育教师的诸多方面的局限与问题，学界专家提出相应对策，包括以下几点。

（1）以“教师资格证”考核科目为培训主要内容。大部分退役运动员退役时没有考取教师资格证，更是没有上过教育学、心理学等课程，为此“退役运动员”入职教师岗位后的培训课程内容首先应当以“教师资格证”考试相关课程内容为框架,逐步补充与体育教学高度相关的专业科学知识与技能。

（2）培训内容的运动项目类别应适度扩展。针对优秀退役运动员“专项优势”与体育教师“一专多能”的岗位需求，建议教师发展中心以当地体育中考项目为目标，增加退役运动员的非专项项目培训，引导退役运动员进行非专项项目的教学实践，逐步提升退役运动员“一专多能”的能力。

（3）加大“教学实践”的职后培训内容。培训机构应当专门为退役运动员提供充足课时的“教学实践”，帮助退役运动员适应若干不同的体育教学情境，学会与不同学段、学龄儿童和青少年学生交流沟通，能够灵活运用专业体育教学手段方法将体育知识、技能传授给不同类型的学生群体。

（4）通过系统培训树立退役运动员“立德树人”基本教育理念。利用职后培训帮助退役运动员树立正确的体育教师职业理念，以“立德树人”为导向逐步建立起运动员教师正确理念，在精神层面影响学生养成正确体育价值观，并运用所掌握的体育教学技能帮助学生形成健全人格。

（三）学前领域幼儿园教师体育教学能力的职后培训与持续发展

2021年教育部颁布《关于大力推进幼儿园与小学科学衔接的指导意见》，对推进幼儿园与小学科学有效衔接奠定理论基础。其中，幼儿园体育教学工作是帮助幼儿升入小学后更好接受小学学段《体育与健康》课程的前期生理、心理准备。学前领域，幼儿园教师属于“全科教师”，同时承担体育、音乐、美术等多个方向幼儿教学任务（不同的幼儿教师会在音、体、美综合方向上选择一项适合自己的有所侧重的主攻专业方向）。因此，在幼小衔接教育改革背景下，有必要针对幼儿园“全科教师”进行体育教学能力的职后培训与实践锻炼。

1. 幼儿园教师接受体育教学能力职后培训的必要性

幼小衔接教育改革背景下，幼儿园教师体育教学能力的不足或欠缺表现显著，与《幼儿园教师专业标准（试行）》差距存在差别，表现为：①幼儿园教师对体育活动的重要性认识不足。目前，我国幼儿园教学活动过程中仍然存在“重智轻体”基本思想，很大一部分幼儿园教师仅认为“体育活动”是一项可有可无的教学活动。②幼儿园教师对于幼儿体育教学的基本认知与定位存在偏差。学前教育环境中，大量幼儿园教师将“体育活动”简单理解为“游戏”，体育教学活动的组织管理过程相对松散，缺乏教学效果评价与激励举措。③学前教育人才学历培养过程总体缺乏“体育教学”的知识灌输、能力培养环节，导致幼儿园教师体育教学能力相对偏弱。幼儿园教师能力不足可追溯到学前教育体制、机制不够健全，不论是初中起点的三年制幼师、五年制幼专还是高中起点的大专，在幼儿园教师人才培养体系中，大多数单位均没有开展幼儿园体育教学相关课程，即使有单位开设相关体育教学课程也远远不及舞蹈、音乐、钢琴、绘画[1]。大部分幼儿园教师更加注重钢琴、儿歌演唱、绘画、舞蹈、语言、说课等方面技能训练，却缺乏对幼儿身体机能发展和体育教学训练的实践训练和知识积累[2]。

2. 加强幼儿园教师体育教学能力职后培训的基本建议

现阶段，除优化之前学历教育的人才培养模式路径之外，通过对幼儿园教师开展“体育教学能力”专项职后培训工作，是改进幼儿教育环节体育方向教师教育工作的可行办法，建议：①优化培训课程设计，将体育专业知识与幼师专业课程知识相融合。重点结合学前儿童健康教育、学前儿童社会教育等实践类课程，融入幼儿生理、心理特点和社会适应性特征，链接幼儿教学领域专门性体育专项知识、技能。②加强幼儿园教师体育教学能力的“专项实践锻炼”。幼儿园体育教学应当更加强调教师实践性操作，需要在幼儿园体育教学情境中，通过教师与幼儿学生角色互动加以实现。尤其，幼儿园组织教师职后培训时，应当在教学内容选择、教学方法组合以及评价方式控制等方面引导受训教师逐步积累相应的教学经验，同时建议扩大职后培训的“教学实践”课时比例。

（四）体育专业学位研究生培养体系的不足与改进策略

伴随我国体育教师群体本科学历补偿工作的日趋饱和，大批本科学历体育教师对于获得更高层次学历产生诉求。因此，大量具有体育教师职业背景的教师申请攻读体育教育专业学位研究生（硕 / 博）以求更新自身关于体育教育专业的新知识、新能力，并在学历层次上进一步提升发展。可以说，专业硕士教育是体育教师学历继续教育的重要内容。

---

[1] 蒋翠娥 . 幼儿教师体育教学技能现状及培养对策 [J]. 内江科技，2013，34（4）：15.
[2] 乔冰梅 . 幼儿园教师体育教学能力发展研究 [J]. 教育理论与实践，2015，35（24）：43-45.

1. 体育专业学位研究生的基本内涵

体育教育专业学位研究的基本内涵要从“专业学位”说起。专业学位又称 Professional Degree，是指有专门职业要求的研究生教育学位，与侧重理论培养的学术型学位（Academic Degree）有着明显区别，更多倾向于培养拥有特定工作经验、专门职业背景的高级专门人才[1]。1996 年国务院学位委员会第十四次会议审议通过《专业学位设置审批暂行办法》，提出：“专业学位作为具有职业背景的一种学位，为培养特定职业高层次专门人才而设置。”不同学者关于专业学位的理解也各不相同。例如，邓光平等指出：专业学位实质是职业性学位，具有鲜明职业性[2]；刘国瑜认为，专业学位在国际环境中被称为职业学位[3]。

体育专业学位研究生是专业学位体系中的细分领域，除了“竞赛组织方向”不适合应届本科毕业生就读以外，还开设全日制体育教学、运动训练、社会体育指导 3 个方向招收应届毕业生。其中，3 个方向中“体育教学”领域是目前报考人数比例最高的专业方向，是为培养高质量、复合型一线体育教师开设的专业授予点。在实际招生与人才培养环节，大部分在职体育教师（尤其是民办私立学校的非编制体育教师）会选择攻读体育专业学位研究生，是接受体育教师继续教育的重要平台，毕业时获取应届毕业生身份进而获得职业发展更多机会与空间。

2. 体育专业学位研究生培养质量中存在的不足与局限

（1）与学术型硕士培养存在“无差别化”的培养定位问题。目前，我国体育专业研究生培养过程依然存在与“学术型”研究生培养的同质问题，主要表现在两个方面：一是理论课学习的学分占比相对偏高，二是硕士毕业论文的难度要求与学术型研究生相差不大。有很大一部分的培养单位将专业型研究生与学术型研究生放在一起进行培养，导致专业型研究生因担心毕业而将大量精力放置在“学位论文”的论证与撰写上，却更多放弃对自身教学、实践认知能力的提升。

---

[1] 常志利 . 体育硕士专业学位研究生教学质量保障研究 [D]. 北京：北京体育大学，2011.
[2] 邓光平，郑芳 . “专业”与专业学位设置 [J]. 江苏高教，2005（5）：44–46.
[3] 刘国瑜 . 论专业学位研究生教育的基本特征及其体现 [J]. 中国高教研究，2005（11）：31–32.

（2）不同体育专业学位授予单位的人才培养质量参差不齐。国务院学位委员会办公室制定《全日制体育硕士专业学位研究生指导性培养方案》及全国体育硕士专业学位指导委员会牵头编制的《体育硕士专业学位教学指导大纲》，为各地开展体育专业硕士的人才培养提供可靠标准。但是，现实情况下各地由于师资条件、软件配置、硬件基础等各方面问题，在执行培养方案和教学指导大纲过程中，实际人才培养效果无法达到预期，人才培养质量参差不齐。

（3）教学实践培养环节相对欠缺。我国体育专业硕士的人才培养过程，将大量课程安排为理论知识的学习，而实践性课程虽然按照《国标》进行了设置，但是总体存在管理松散、考查不严的问题，且专业学位研究生的毕业论文撰写要求相对较高，同质化问题不利于培养出能够服务于一线教学的体育教学专业人才。

3. 体育专业学位研究生培养质量改进的几点建议

（1）基于用人单位需求反向驱动体育专业硕士学位的人才培养方案修订。培养单位结合用人单位实际需求推动体育专业（体育教学方向）人才培养方案的修订。人才培养方案需要基于国家标准或方案展开修订工作，在相关理论课程教授过程中，融入一线指导教师（导师）的实践经验案例，以“问题”为导向，间接促进学生将所学知识转化为能够解决实践问题的教学能力和经验；另外，培养单位应有意识逐步降低毕业论文选题难度，控制专业硕士毕业论文的选题范围，将教学实践能力的评价结果纳入体育专业硕士毕业的考核范畴。

（2）加强体育专业硕士培养单位的常态化评估与考查。相关教育行政部门应当定期对当地体育专业硕士培养单位的基本办学条件、师资条件、课程教学、培养文档等进行考查评价，保证各培养单位能够切实有效地按照国家给出的方案、标准推动人才培养，避免人才培养过程只是简单对标相关标准而“流于形式”。

（3）推进教学实习基地建设和“双导师”制贯彻落实，高质量推动学生的教学实践锻炼。培养单位应当依托实习基地平台，做好实习实践的指导工作。让学生能够充分利用教学实践情境来验证课堂所学知识的有效性与合理性，在科学合理的教学指导下积累教学经验、提升教学能力。

第三节　我国体育教师“职后培训”准公共服务供给模式探索

伴随我国学校体育工作重要性不断提升，体育教师职后培训的重要性也越发突出，是体育教师继续教育的核心环节。各地如何有效开展教师职后培训，对于我国体育教师队伍的可持续性发展，以及高质量推动学校体育工作发展具有重要意义。发展职后培训的运营模式，是高质量推动体育教师继续教育的重要问题。传统职后培训几乎完全依赖政府公共财政。但是，当前历史阶段我国体育教师职后培训任务越发繁重，完全依赖政府公共财政已难以为继。为此，准公共服务供给模式是弥补公共财政不足的有效手段。充分用好市场化的运作模式，通过合理的制度安排有效引入市场力量，弥补公共财政的缺口与不足，整合相关资源，调动各方力量，共同推动体育教师职后培训项目的高质量发展。

一、我国体育教师职业后培训的准公共服务属性界定

（一）体育教师职后培训的“公共服务”定位

国家一直高度重视教育事业的高质量发展，认为“培养什么人？怎么培养人？为谁培养人？”是国家教育事业的根本问题，也是国家教育事业为中国特色社会主义事业发展培养人才的根本保证。因此，必须坚持立足“公共服务”定位发展教师教育工作。所谓公共服务是指满足公共需求而提供公共产品或准公共物品的过程，而教师教育从公共产品理论来看，其投入与产出均具有典型的公共性[1]。为此，国家对于教师职后培训工作一直严格管控，经费安排方面一直坚持公共财政为主体的基本原则，对教师教育培训工作者

[1]　王宏，梁枢．市场转型背景下体育赛事公共服务体系建设研究 [J]. 山东体育学院学报，2017，33（3）：27-31.

队伍配置充足编制。近年来，学校体育工作重要性直线提升，体育教师队伍质量与规模将在未来几年快速提升。

（二）体育教师职后培训逐步具有“准公共服务”的特殊属性

随着我国特色社会主义市场经济不断发展与进步，国家在公共服务体系建设领域逐步开始带有“准公共服务”色彩。2018 年《中共中央 国务院关于全面深化新时代教师队伍建设改革的意见》，提出教师队伍建设要健全以政府投入为主、多渠道筹集教育经费的体制，充分调动社会力量投入教师队伍建设积极性，反映出中国当前教师教育事业逐步向“准公共服务”转变。这种实践层面的过渡转变与 20 世纪国际学界提出的“新公共管理”理论相契合，其主张私营部门能够在一定程度上参与公共产品的生产供给环节，是政府推动公共服务的一种补充，核心价值包括 3 个方面，即 Economy（经济性）、Efficiency（效率性）、Effectiveness（有效性）[1]。结合“新公共管理”理论，我们认为未来体育教师职后培训工作将发生结构性改变，表现为以下几点。

1.“教育行政部门—教师发展机构”管办分离将得到进一步推动

根据新公共管理理论，政府部门将进一步对自身掌握的公权力进行分解，推进决策权和执行权分离。早在 21 世纪初，我国教师教育工作就已经开始从教育行政部门下放到其下属各级“教师发展机构”，然而不论是公共财政拨付、还是事业单位编制配给都依然处于高度行政化的科层体系之中。但是，随着时代不断发展，新公共管理模式有待进一步发展，弱化“行政控制”呼声越来越高。为顺应改革大势，教育行政系统进一步简政放权，赋予教师发展机构更多自主权利组建体育师资培训者队伍、设计优化体育职后培训方案，以及定期组织职后培训。

2.“教育行政部门”集中负责教师职后培训的总体规划、纪律检查

教育行政系统的简政放权过程，为社会力量进入体育教师职后培训领域留下空间。教育行政部门应将更多精力投入教师教育工作宏观调控与行政监督，有利于全面审视教师教育工作整体状况，持续优化公共财政与编制资源

[1] 李萍美，许玲 . 我国公共体育服务市场化分析及路径选择 [J]. 西安体育学院学报，2008（6）：17–22.

的动态配置。教育行政部门摆脱烦琐杂事，能够通盘考虑公共资源更多地倾斜到哪个区域、哪些层次的“教师发展机构”或参与教师教育工作的第三方社会机构，也能够更好统筹公共资源如何在体育、美术、音乐等学科进行配置。另外，教育行政部门要对拨付的公共经费使用情况，以及教师发展机构的编制使用状况进行行政监督，重视借助纪律检查手段提高管理规范性。

3. 构建“教师发展机构—社会第三方组织”的培训系统

政府简政放权背景下，教师发展机构、社会第三方组织将成为承担体育教师职后培训的重要主体。其中，教师发展机构作为事业单位是承担体育教师职后培训的主体，属于Ⅱ类事业单位，政府行政部门采用差额补贴的方式给予教师发展机构必要的财政补贴，并允许教师发展机构在合规合法的前提基础上开展一些自负盈亏的项目。另外，可以设想未来越来越多拥有资质的社会第三方组织将通过特定方式进入体育教师职后培训领域，有力补充、支撑教师发展机构，提高体育教师职后培训效率。

二、体育教师职后培训的运营模式与核心机制

（一）依托社会第三方组织承担职后培训任务

“第三方组织”是指在合同签订的甲、乙两方之外，参与合作第三方主体，是独立的非政府性社会服务机构，严格来看并非我国传统意义上的事业单位。我国不少省份已开始利用社会第三方组织开展教师教育第三方评价工作，大大提升教师职后培训的效率与公平性。根据域外经验，国际上也是越来越多的国家青睐利用社会第三方组织开展评价工作。例如，2013 年全美教师教育评估委员会（National Council for the Accreditation of Teacher Education，NCATE）与美国教师教育委员会（Teacher Education Accreditation Council，TEAC）强强联合成立美国教师培训认证委员会（Council for the Accreditation of Educator Preparation，CAEP），负责征调专家开展对不同学科教师教育项目执行情况进行评价，其中，中小学学校、高校、高校二级学院等单位都是 CAEP 评估对象[1]。

[1] 王旭，赵文慧，刘旭东，等．第三方参与视角下美国教师教育评估机构研究与启示——以“CAEP”为例 [J]. 科技风，2018（25）：40.

我国近年来也开始借鉴域外经验，引导社会第三方组织进入职后培训领域，为各教师职后培训项目提供权威评估服务的任务。例如，2011 年浙江省启动中小学教师培训制度改革，将教师培训机构、地方高校都按照相应标准纳入“浙江省中小学教师培训平台”，而各中小学以及教师通过登录平台自主选择自己所需的培训课程；2014 年浙江省教师教育质量监控中心出台《浙江省中小学教师培训质量管理规程（试行）》，提出专家论证与评审、培训机构与参训学员的双向互评、培训项目质量抽检等充分结合的综合管理评价模式[1]。

（二）结合“委托代理”与“政府购买”机制，融合多方力量

教师发展机构与社会第三方组织将是承担体育教师职后培训的主体，不同主体承担相关体育教师职后培训任务的方式存在差别。其中，教师发展机构通过“委托代理”方式承担培训项目，社会第三方组织通过“政府购买”方式承担项目。

1. 教师发展机构的“委托代理”模式

我国教育行政机构普遍采用“委托代理”方式将体育教师职后培训任务交给具有资质的教师发展机构。由于教育行政部门承担着教育行政管理诸多事务，包括下级教师发展机构行政监督、人事任命、财政拨款、编制配置等，将培训任务通过“委托代理”方式转移给业务部门，有利于项目交接与监督，提高培训效率的同时大大降低行政管理成本。

2. 社会三方组织的“政府购买”模式

“政府购买”是在市场化背景下有效衔接政府行政机关与社会组织的重要机制保障。在教师职后培训领域，政府部门会综合考虑培训任务基本属性、培训诉求，推动组织培训项目的“招投标”活动。社会拥有培训资质的社会机构或组织会根据教育行政部门“放标”要求，结合自身能力基础与资源条件撰写标书进行投标。教育行政部门综合考虑项目报价、机构资质、培训方案、预期目标等多个方面，最终确定“乙方”并签订政府购买合同。

[1] 王晶晶 . 中小学教师培训项目质量第三方评估机制的构建 [J]. 教育理论与实践，2016，36（17）：19–21.

第七章

我国体育教师教育评价制度的改革与探索

国家推动实施科教兴国战略的根本是建设育人之师[1]。新时代，领会“十四五”教师教育高质量发展新要求，建设一支高素养、专业化、富有充分创新精神的教师队伍，不断为建设社会主义现代化教育强国持续输送优质师资[2]，显得格外重要。我国教师教育工作当前已进入“质量优先”的深化发展阶段，立足教师终身发展观念、基于“职前职后一体化”发展理念，持续推进教师教育工程体系建设，是新时代响应国家号召培育、输送优质师资的重要路径。其中，教师教育评价制度是工程体系能够落地生根的重要一环，是提高教师教育工作效率、落实教师教育工作成效的关键手段。2020年，中共中央、国务院印发《深化新时代教育评价改革总体方案》，要求改进师范院校评价，把办好师范教育作为第一职责，将培养合格教师作为主要考核指标。可见，党和国家高度重视教师教育评价制度建设与创新，要立足“培养合格、优秀教师”的教育现代化战略高度，要破除“指标评价”“数字评价”的旧理念，协调建立起与国家教师教育改革工程相契合的评价制度，持续优化评价导向、评价标准和评价机制。

[1] 陈亮．高质量教师教育评价：内涵特征、逻辑架构与推进策略[J].陕西师范大学学报（哲学社会科学版），2022，51（6）：25-35.

[2] 游旭群，靳玉乐，李森，等．新时代教师教育高质量发展大有作为[J].高校教育管理，2022，16（5）：1-21.

同理，“体育教师教育”评价导向、评价标准与评价机制遵循体育教师发展基本规律，立足于体育学科特殊性，将合格体育教师、优秀体育教师应当掌握的基础知识、教学行为、教学经验及师德素养系统整合，科学有效地建立起符合我国国情的体育教师教育评价制度。

第一节　体育教师教育评价制度的理论基础与发展现状

体育教师教育评价制度是学校体育发展的关键一环，在结构上、指标上、标准上应当与体育教师教育的实施项目相互契合，“以评促建”保障项目的高质量实施。伴随国家与社会不断赋予体育教师更多更新的育人任务，各层次、各类型体育教师教育项目、课程不断推出。因此，针对不断迭代的体育教师教育项目，相应的评价内容、机制同样需要更新迭代。那么，如何改革、怎样改进我国当前体育教师教育评价制度呢？为此，本书先从体育教师教育理论内涵诠释开始，进而分析我国体育教师教育评价制度的实施现状。

一、体育教师教育评价制度的内涵与特征

评价是教师教育工作的重要组成部分。加卢佐（Galluzzo）认为，“教师教育评价”是以教师教育项目为评价对象，以优化培训为主要目的，系统展开相关数据、信息搜集的活动[1]；田爱丽认为，教师教育评价是在教师教育客观事实的基础上进行的系列价值判断活动[2]；黎志华认为，教师教育评价是在教师教育目标引领下，运用有效评价工具、手段和技术，通过信息资料收集与分析，判断教师教育活动是否满足教师主体发展规律的价值判断过程[3]。本章结合我国体育教师群体的特殊性，认为体育教师教育评价制度的基本特征包括以下几点。

[1]　李明华，黄自敏 . 信息时代教师教育评价思想、方法和制度的变革 [J]. 开放教育研究，2008（4）：33-40.
[2]　田爱丽 . 教师教育评价的道德诉求与伦理规范 [J]. 教师教育研究，2010，22（2）：15-19.
[3]　黎志华 . 教师教育评价研究 [D]. 上海：华东师范大学，2011.

（一）职前教育、职后培训一体化衔接

体育教师教育活动首先遵循“终身发展”基本理念，职前教育到职后培训是一个长期动态的全周期成长过程。因此，对体育教师教育的评价同样应遵循长周期基本原则，透过“职前职后一体化”视角考查评价指标、标准能否兼容并蓄，同时适用体育教师职前、职后两个阶段。尤其在评价尺度和标准控制上，评价标准的尺度应用如何做到循序渐进，对于“过程性”考查体育教师成长不同阶段知识、能力、经验的积累效果以及“阶梯式”评价体育教师全周期的持续过程，具有重要价值。

（二）教师资格证考试是国家层面实施教师教育评价的正式形式

“教师资格证考试”是体育教师职前学历教育的一种正式评价制度，处于职前评估、职后评估的中间环节，是法定教师资格准入制度的基石。1993 年《中华人民共和国教师法》颁布，国家计划正式实行教师资格制度，首次以法律形式确定“国家教师资格制度”，1995 年国务院颁布《教师资格条例》标志我国教师资格证书制度建立。“教师资格证考试”制度核心意义是：考查评价体育师范生经历一个周期学历师范教育培养后，在专业知识储备、教学行为规范、实践能力积累等方面达到入职教师岗位基本要求，是我国体育教师教育评价制度有机组成部分。

（三）评价制度覆盖基础、高等、学前、特殊、职业五大领域

我国教育体系存在若干种不同的学校教育类型，不同类型学校承担不同的人才培养任务和基本诉求，包括基础、高等、学前、职业及特殊教育领域。不同领域对于体育教师群体有着共同的知识、能力要求，同时会因为不同教学领域的责任差异性而存在区别。因此，不论是职前学历教育还是职后岗位培训，五大领域的人才培养目标、内容、方法、程序等都不尽相同。为此，各级教育行政部门或者教师发展中心设计评价制度时，建议针对体育教师 5 个不同细分领域进行评价指标的区别化设计，不可套用统一标准对不同体育教师类型进行评估。

（四）优秀退役运动员转型体育教师、教练员的职后培训评价制度匮乏

新时代学校体育工作改革背景下，优秀退役运动员将大批进入校园承担体育教学任务、从事青少年运动训练工作。但是，优秀退役运动员的成长经历、教育背景是否能够胜任教师岗位，一直备受争议。一方面，优秀退役运动员长期积累的专业技能与运动经验是其不可替代的宝贵经验；另一方面，优秀退役运动员长期训练遵从的"'三从一大'训练原则"在一定程度上和校园教育的"五育并举"原则相违背，长期缺乏文化课教学、开放社会互动空间的浸润，在基础知识、教学理念、训练办法等方面可能储备不足、磨炼不够。为此，未来针对有计划进入校园从事体育教师、体育教练员工作的优秀退役运动员，相关部门一定会针对其短板设计出相应的职后培训项目。进而，建议相关部门设计培训项目同时，也要结合项目的结构设计适合的评价制度，保证培训落到实处。

二、我国体育教师教育评价制度的基本现状

安索夫出版的《公司战略》一书最早使用了"利益相关者"的概念，指出：利益相关者既可以是个体，也可以是群体，他们能够直接、间接影响企业战略目标的实现。1997 年美国著名学者米切尔（Mitchell）提出"分值基础法"（Score-based Approach）来评价高等教育质量水平，该方法采用不同利益相关者视角，因此也是高等教育评价领域首次融合利益相关者理论，核心目的在于解决两个基本问题：其一，谁是高等学校核心的利益相关者；其二，如何捋顺不同利益相关者间的价值关系[1]。鉴于此，建设发展体育教师教育评价制度，同样需要考查不同利益相关者的基本立场与相互关系，更好设计评价制度和相关标准，平衡各方利益与价值。根据调研，体育教师教育评价制度利益相关者包括：教育行政部门、高等院校体育教育专业、教育（科学）研究院、教师发展机构（中心）、教师教育被培训者、体育教师用人单位等。

[1] 胡子祥．高等教育质量评估中利益相关者参与机制探析 [J]. 黑龙江高教研究，2008（9）：72-75.

1. **教育行政部门**

教育行政部门是我国教育事业治理的核心部门，是教育政策颁布的责任主体，对所辖区域教师教育质量与结果负有全部责任。具体责任事务中，一方面既负责当地教育政策制定，保证政策方向与未来所辖区域教育事业发展同频共振；另一方面，教育行政部门负责校区教育资源的优化配置，保证教育体系的高效运转。其中，体育教师教育事业是教育事业的重要组成部分，教育行政部门也是辖区内体育教师教育政策制定的第一责任人，也是当地体育教师教育工作资源配置的重要支持者。因此，教育行政部门也是体育教师教育工作评价的第一责任人。

2. **高等院校体育教育专业**

高等院校体育教育专业是体育教师职前人才培养的主阵地。职前学历教育的办学质量高低是决定能否向行业输送合格体育教师人才的先决条件，是体育教师队伍规模与质量的根本保障。某种程度上，高等院校体育教育专业是在教师职业发展的最前端、最初期集中开展的体育教师培训的重要平台。体育教育专业的办学质量便代表培训质量的高低。其中，国家对于本科专业办学质量高度重视，教育部主导有 4 类评估方式，包括“合格评估”“水平评估”“审核评估”和“工程教育专业认证（评估）”，是对体育教师职前教育质量的保障举措。以此推断，高等院校体育教育专业是教师教育评价的重要利益相关者。

3. **教育（科学）研究院**

教育行政部门是教育公共财政配置、相关规则制定与监督者，以及协调各方利益相关主体的桥梁、纽带，是体育教师职后培训的重要支撑者。但是，教育行政部门往往不参与具体的培训事务。培训项目的培训师资、培训内容、流程标准等往往需要由国家级、省级教育（科学）研究院承担。总体上，我国教育（科学）研究院可以分为国家级、省市级、区县级三个级别。第一，国家级教育（科学）研究院。国家级教育（科学）研究院即中国教育科学研究院，是隶属于教育部最高级别的国家级综合性教育科学研究机构，负责国家教育教研领域的顶层设计，核心任务在于结合社会实际需要展开教育事业改革研究；第二，省市级教育（科学）研究院。省市级教育（科学）研究院隶属于各省市教育行政部门，负责在上一级教育（科学）教研院总体要求下，组织专家设计不同学科的教师职后培训项目，并抽调专家、教研员实施具体方案，并对培训方案实施情况予以监督评价；第三，区县级教育（科学/发展）研究院。该级教育（科学/发展）研究院隶属于当地教育行政部门，主要承担基层教师教育与培训的实施任务，不承担教师教育政策、标准的研制。国家/省级教育（科学）研究院既是各层次教师职后培训的重要实施者，也是我国体育教师教育评价的重要利益相关者。

4. 教师发展机构（中心）

教师发展机构（中心）是根据国家、省、市要求，组织开展教师职后培训与职业发展的重要事业单位。一般来说，教师发展培训机构分布在两个领域：第一，基层教师行业。很多地区，分布在基层教师行业的教师发展机构（中心）与区、县级教育（科学/发展）研究院实施融合发展，是具有独立法人资格的教师发展培训机构，隶属于当地教育行政机构，为组织辖区内教师的培训教研活动提供组织保障；第二，高等教育院校，还有部分教育发展培训机构（中心）是由高等教育、基础教育等类型学校自行设置，是根据学校办学定位与特色，结合相关教师教育标准，面向校内教师开展职后培训的负责部门机构。两种类型的教师发展机构（中心）均是承担具体体育教师教育培训任务的核心单位，对于体育教师职业发展起到重要作用，是教师教育评价的重要利益相关者。

5. 教师教育被培训者

参与教师培训的在职、在岗体育教师（包括体育教育专业学生）是体育教师教育活动的直接对象，也是最重要的利益相关者。他们既是教师教育目标的设计者，也是教师教育内容的传承者，更是实现教育改革的发起人和实施者。因此，接受教师教育的体育教师学员应当是评价教师教育项目质量高低的重要对象。体育教师教育项目质量的高、低需要通过评价被训教师的学习效果来考察，需评估被训教师能否按照培训预期获得所需的知识、能力与经验。

6. 体育教师用人单位

用人单位是在职、在岗教师工作实践的直接管理人。在职、在岗体育教师接受培训所学知识、技能能否切实提高教学效率等都与用人单位的绩效管理息息相关。为此，用人单位作为体育教师教学实践的重要平台，是检验、评价体育教师教育项目质量的直接利益相关者。

（二）我国体育教师教育评价制度变革的外部动力

体育教师教育评价制度建设是一项复杂的系统工程，是社会各方力量综合作用逐步建设而来的。从具体的助推动力来看，我国素质教育不断推广、高等教育日益普及、基础教育课程持续改良是推动我国教师教育评价制度改进的三大助力。

1.“素质教育改革”整体优化体育教师教育评价制度取向

1999 年中共中央、国务院《关于深化教育改革全面推进素质教育的决定》颁布，明确“素质教育”是 21 世纪中国教育事业改革的主旋律，是对中国特色社会主义国家“培养什么人？”的直接回答，引领 21 世纪中国教育事业的整体变革，要求培养人才能够在观念、品德、能力、身体和心理等多个层面[1]实现全面飞跃。为高质量、系统性培养出适合国家新时代竞争力提升的高素质人才，国家教育体系需要相应作出改变。其中，教师教育观念、知识结构、教学能力等方面的教师培养模式转变尤为明显。

（1）教师教育评价更加关注“以人为本”的观念转变。传统体育教师教育评价，不论是职前还是职后，不论是基础教育、职业教育、特殊教育，更多停留在“知识性”评价，即这节培训课上了哪些知识？讲了哪些内容？教了哪些教学技术或教学方法？但是，素质教育的推行，要求所有的教育活动都需要以学生的健康持续发展为导向，彻底贯彻“以人为本”教学理念。为此，教师职后培训的评价不仅仅关注培训内容，更需要考查培训是否转变“以人为本”的基本观念，将“以人为本”教育理念贯穿教师教育全过程，考查教师知识储备、技能养成、教学活动控制、教学成绩评价与反馈都要更

[1] 季石翰东．素质教育理念下的小学校内课后音乐课堂教学实践——以泰兴市鼓楼小学萨克斯集体课为例 [D]. 扬州：扬州大学，2022.

加契合学生身心发展的实际需要。

（2）教师教育评价更加关注“专业知识”的系统积累与情境转化。传统体育教师教育培训更多关注“知识”点对点传授。因此，素质教育影响下，体育教师教育评价依然关注体育教师是否积累系统化专业知识基础，如运动解剖学、体育教学论、运动生理学等；同时更需要系统地学习体育学科之外的相关知识，如心理学、社会学、管理学等。素质教育背景下，尤其是基础教育领域，评价制度更需要考查体育教师能否更加综合、柔性地将原本死板的知识进行情境转化，帮助学生更高效、系统地学习体育技能。具体来说，评价过程要在实际的教学环境中，考查教师能否根据不同类型学生身心发展阶段的特点灵活融合相关知识创造不同的教学情境，并且能够很好地观察学情变化规律，持续优化安排“教—学—评”不同教学活动，不断改进体育教学“学—练—赛”布局。

（3）教师教育评价开始重视不同“教辅手段”的灵活应用。伴随我国教育手段日益丰富、教育现代化技术不断突破，越来越多学校单位选择应用新的技术提高教学效率以达到全面发展受教育者的目的，如数字课堂、虚拟教学、智慧运动等。当前处在数字化时代，体育教师对于科技手段的应用能力直接决定着体育教学的质量和效率，也是构成体育教师基本素质的重要内容。为此，教师教育评价过程中，需要对体育教师是否了解、掌握、应用前沿科技教辅工具、手段的能力作为评价的对象，并占据一定评价权重。

2.“基础教育普及”改变体育教师教育评价机制的结构

改革开放以来，党和国家高度重视教育的广泛普及，持续加大对全国各地基础教育的投入与建设。进入 20 世纪 80 年代，全国各地中小学学堂、学校规模不断扩大，为广大工农居民提供了基础教育的最低保障，为进一步降低全国“文盲率”提供支持。由于基础教育规模持续扩张，基础教育领域对教师人才的需求量不断提升，整个教师教育体系发生了结构性改变，体现在：①师范类高等院校的人才培养占学历教育的比重大幅提升。包括高等师范院校的数量规模、招生指标规模、师范毕业生就业取向与政策引导等都发生深刻改变，师范类高等院校的学历教育成为教师教育主阵地。②更高层次教师学历进修逐步发展起来。很多地区教育部门对于在职、在岗教师的学历提升提出明确要求，进而推动了在职进修活动的发展。基于此，教师教育评价制度也更加清晰地划分出两个基本板块，分别是：师范学历教育（专科 / 本科层次）评价以及职后继续教育评价。

3.“基础教育课程改革”是完善体育教师教育评价制度的基石

基础教育质量高低是决定教育事业持续建设与发展的基石，是影响我国教师教育评价制度的第三大重要力量，对教师教育评价制度产生重要影响。回顾基础教育课程变革发展历程，1999 年第三次全国教育工作会议上启动的全国基础教育课程改革工程分别在教育理念、学习方式、性格培养等方面对国家教师教育体系产生显著性改变，主要体现在两个方面。

（1）教育理念。1999 年基础教育课程改革提出新的教育理念，要求教师面向全体学生、关注和尊重每个生命个体、以学生发展为本。这种新理念转变以往将学生视为“被动受教育者”的传统模式，将学生摆在更加突出的主体地位，要求教师所有的教学行为都是围绕“学生发展诉求”展开，而并非不考虑学生所思、所感、所想的填鸭式、单向式知识灌输。因此，体育教师教育评价过程中，需要转变以往理念，关注考查体育教师开展体育教学过程中是否转变了“教师垄断”地位，是否根据学生个体的成长特质灵活组织课堂教学，是否聆听学生在体育技能学习过程中的感受与体验，是否能够结合学生所需快速反馈、有效整合知识进行教学。

（2）学习方式。新课程改革要求教师能够“创造性地进行教学”，并要求学生可以“主动探索知识的发生和发展”，意味着新课程改革将打破传统课堂教学死板的教学模式，提倡通过更加灵活、科学的方法引导学生形成思考问题、探索知识、寻求解决方案的能力，而非死记硬背。因此，在体育教师教育评价要求中，并非简单运用“语言呈示”“动作呈示”等主教行为来传授体育技能知识和理论观念，一定需要增加一些“辅教行为”（如“动机激发”“课堂交流”“课堂强化”及“教师期望”），这些教学行为是激发学生体育学习兴趣、激活体育学习积极性的重要手段，是体育教师有效引导学生逐步形成探索知识并灵活运用知识解决问题的能力的重要内容。

第二节 我国体育教师教育评价制度的现实局限与改革方向

一、我国体育教师教育评价制度的现实局限

（一）体育教师教育评价机构的行政色彩过于浓厚

我国长期采用中央集权的治理方式，政府行政力量在社会生活中处于完全主导地位，政府行政机构也在各项社会活动中占据不可比拟的权威地位，而在体育教师教育项目的评价过程中，行政化色彩过重问题同样存在，单独依靠行政机构完成体育教师教育评价的现象屡见不鲜。具体来说，完全依赖政府层面开展教师教育评价存在以下几方面的局限，包括以下几点。

1. 降低评价的科学有效性

我国教育行政部门或教师发展中心是各地、各校开展教师教育评价的核心部门，属于典型的行政机构或者事业单位，评价过程存在较为显著的行政化特点。行政化评价模式中，教育行政部门或教师发展中心缺乏有效的“竞争替代”或“外部监督”，易造成评估机构放松评估的警惕性与严谨性，甚至会产生评估的风险，大大降低评估结果的准确性和合理性。

2. 造成评估资源的浪费与内耗

行政化严重的教师教育评价方式容易滋生形式主义或官僚主义，导致评估过程只是走形式。教育行政部门直接主导或者参与评价，往往会以放弃宏观调控重要职能为代价，并将自己置于琐碎的评价指标之上，大大降低教师教育评价工作弹性，严重造成评价资源的浪费与内耗。

3. 评价标准过于单一与僵化

行政化色彩浓重的教师教育评价机构倾向于采用过于统一的评价标准，易忽视不同类型体育教师群体的特殊性，评价视角相对过于单一，不利于揭示不同类型体育教师教育活动的特殊问题和培训效果，评价活动“以评促建”的效果弱化。

4. 忽略了相关利益者的诉求

现行体育教师教育评价制度具有“行政”色彩浓厚的特点，很容易导致

评价的权重完全倒向了教育行政机构的诉求，易造成利益相关群体（包括教师发展机构、学员教师群体以及各级各类学校等）的诉求很容易因为评价活动的行政化特点而被忽视。

（二）体育教师教育评价标准过于“量化”导致弹性不足、较为僵化

我国体育教师教育工作的评价的行政色彩明显，导致整个评价标准的设计受到“行政力量”影响，总体呈现出“唯量化”评价倾向。行政运转体系下“唯量化”评价标准蕴含着典型的“理性优越感”，试图将复杂的教师教育过程完全融入高度理性的、行政化的评价体系之中[1]。“唯量化”的教师教育评价模式虽然大幅提高了评价效率，但是在一定程度上阻碍了教师教育项目顺畅落地执行，具体表现在以下几个方面。

1.“行政框架＋科学决策”的唯量化评价将教师教育工作异化为一种“应试教育”

行政力量影响下，教师教育评价体系的标准设计越来越倾向于“科学范式”，科学范式更多提倡通过可操纵、可观察的“评价指标”进行评价，与行政科层制管理系统的内在逻辑高度一致。在唯量化的评价体系之中，“考试”成为教师教育质量评价的重要手段，而“分数”与“数据”成为评价核心内容，也是实施教师教育奖励、责罚的重要依据。但是，完全依赖“考试”这种唯量化的评价方式，很容易造成教师接受培训过程中仅是为了考试而学习，完全按照考试设计的方向、根据考试规划的重点接受教师教育培训，俨然将体育教师教育工作转变成为一种“应试教育”，教师为了考试成绩而进行学习甚至临时抱佛脚，教师教育工作很难有效提高体育教师的综合素养和教学能力，一定程度上歪曲了教师教育初衷。

2.“唯量化”评价导致主体单位无法根据自身特点开展教师教育工作

各高校为应对教育行政部门主导的“唯量化”评价，往往放弃自身的办学特色，牺牲很多自身的办学特点，为集中资源达到办学的相关硬性指标付出巨

[1]　吴永军 . 当前我国课程评价误区的社会学分析 [J]. 课程・教材・教法，1995（8）：21-23.

大努力。某种程度上，这种简单化、粗暴化的办学模式会造成办学资源被严重内耗，大大提高各师范教育专业的办学成本，不利于培养优秀的教师人才。

（三）我国体育教师“职后继续教育”的评价制度相对匮乏

1. 评价资源更多倾斜“职前学历教育”

我国体育教师教育评价机制更多侧重于职前学历教育，主要由高等教育评估、本科教学质量评估、体育教育专业师范专业认证三大板块构成。

（1）高等教育评估。高等教育评估是一种对于高校整体办学水平进行评估的模块，体育教育专业作为高等教育的重要组成部分被纳入高校学科之中参与评估。高等教育评估大致可归纳为两大板块——“国家评估”和“学校自评”。国家评估一般是由教育部抽调专家组开展高校的总体性评价评估，还可分为合格鉴定评估、办学水平评估、选优评估3种类型；学校自评是指由各个高校定期自主开展的自查、自检、自评活动。

（2）本科教学质量评估。2013年教育部启动92个本科专业类教学质量国家标准（国标）编制工作，其中包括体育教育专业国家标准，对体育教学办学的基本要求与根本底线进行规定。设有体育教育专业的高校需对标《国标》，系统评估上一人才培养周期中，体育教育专业办学条件、办学资质、办学能力等，也同时对体育教育专业课程的实施质量进行评价。

（3）体育教育专业师范专业认证。2017年国务院印发《专业认证办法》，是国家在《国标》基础上以“师范教育”为基本对象展开的一系列评价评估活动，采用“逆向设计与正向实施”基本原则，以师范生毕业后5年的预期发展为目标，将用人单位评价纳入考评范畴。

2. “职后继续教育”的评价制度相对匮乏

从前文所知，我国体育教师“职后继续教育”的评价制度相对匮乏，仅在“农村教师继续教育”[1]和“教师网络继续教育”[2]两大方面提及了评价的重要价值。究其原因，我国职后继续教育更多采用“短期进修模式”且培训形式多样，造成评价模式难以对应匹配，也造成我国体育教师“职后继续教育”发生问题：

[1] 管培俊．改革创新 加快转折 实现教师教育的跨越式发展[J]. 中国高等教育，2003（24）：14-16.
[2] 朱旭东，胡艳．中国教育改革30年：教师教育卷[M]. 北京：北京师范大学出版社，2009.

（1）继续教育评价机制过于简单。目前，各地更多以“课时数量”的多少作为体育教师短期进修是否达标的评价标准，评价焦点集中在进修所授的课时数量上，并未对短期培训项目的内容和教授方式作出明确的评价规定，也未对教师接受培训后收获的实习效果提出评价预期。

（2）继续教育评价机制有待与“教师资格证考试制度”的相关评价指标和要求相衔接。目前，教师继续教育更多是由各地、各层级学校或地方教师发展机构负责组织，培训内容缺乏一个相对统一的标准，相比国家相对统一的体育教师职前学历教育显得较为松散。按照“职前职后一体化”原则来看，建议国家应当以“教师资格证考试”评价范式为基础，牵头编制出一套既能够衔接职前学历教育、师资考试标准的“职后培训评价体系”，又能够扭转以往评价不够统一、相对松散的现实问题，给各地学校或教师发展机构组织继续教育评价提供参考。

二、我国体育教师教育评价制度的改革方向与可行路径

（一）建立体育教师教育的“第三方”参与评价机制

我国体育教师教育评价制度存在着行政色彩浓厚的特点，不利于科学有效开展体育教师教育项目与活动评价评估。建议我国教育行政部门可以在原有的评价框架体系上，逐步建立起“第三方”参与评价制度，一定程度削弱过度行政性评价带来的负面影响。第三方评估是区别于政策制定者（第一方）和政策执行者（第二方）进行评估，因此也被称为“非官方评价”，具有独立性、公正性、专业性等特点，能够有效改变以往教师教育评价过于依赖行政力量的弊端。

1. 体育教师教育第三方评价的域外经验介绍

操作层面，美国关于教师教育评价制度设计经验值得借鉴，很好实现行政力量与社会第三方力量的兼容与平衡[1]。一方面，美国整合多个社会第三方教师教育评估机构，进一步加强对社会第三方力量的有机整合。2013 年将 NCATE 与 TEAC 进行机构整合，成立第三方教师教育评估机构 CAEP。

[1]　陈庆礼，徐廷福 . 第三方力量的选择：教研员参与大学与中小学合作 [J]. 韶关学院学报，2018，39（7）：97-100.

NCATE 是对承担教师教育评估任务的机构进行评估的社会组织，聚焦具体的教师教育评估项目，对不同项目开展过程、效果进行综合评价，其中包括基础学校、高等学校以及社会上其他教育机构等[1]。另一方面，美国联邦教育局会对教师教育三方评估政策的落地起到监管与保障作用。具体来说，美国州政府集中教育管理权限是各类、各项项目开展的具体资助者，同时也负责各个教师教育项目相关申请材料、自评材料的审查工作。从美国教师教育机构接受评估基本流程，可看出政府与第三方评估机构的协同关系，流程大致包括 6 个阶段，分别是：申请阶段、材料初评、路径筛选、自评阶段、鉴定审核、持续监控。其中，“申请阶段”“材料初评”“路径筛选”3 个阶段以及最后“持续监控”主要以行政监管为主；自评阶段主要依赖申请方结合自身情况展开自评并撰写相关材料；各个阶段中，“鉴定审核”是教师教育评价的最重要环节，CAEP 会组织评估专家对自评报告进行鉴定，并根据鉴定意见对教师教育项目展开实地考查并给出考查报告，体现出第三方评价的公正性和独立性特点。

2. 准公共服务视域下，我国实施第三方评价的政府购买机制

目前，我国部分地区已经采用体育教师教育的第三方评价机制，一批具有政府背景或者完全民间背景的评价机构发展起来（表 7–1），业务范畴主要集中在学校体育领域，其中部分已经涉及体育教师教育项目的评估与评价。从评估机构属性来看，大致可划分为具有政府背景的事业单位类型，一般属于Ⅱ类事业单位，部分接受财政支持补贴；另外，还有一批完全由社会资本建设而成的民营机构，完全按照市场规律组织运营活动。

表 7–1　我国学校体育工作评估机构的主要分工[2]

机构名称	性质	评估范围
河南省教育评估中心	事业单位	教育教学、职业教育、职业规划
湖南四维教育督导评估服务有限责任公司	民营机构	教育评估、教研、教育会晤咨询

[1] HAMEED F，ALI A，HAMEED A，et al. Teacher evaluation：the role of gender[J]. Quality & quantity，2015，49：1779–1789.

[2] 李乐虎，高奎亭，舒宗礼 . 第三方组织参与我国学校体育监督评估：现状、困境与对策 [J]. 北京体育大学学报，2021，44（9）：45–55.

续表

机构名称	性质	评估范围
云南高博尔教育评估中心	民营机构	学校教育软硬件建设评价等
江苏省公共体育发展研究院	事业单位	体育人才培训与服务评估等

从宏观发展趋势来看，“事业单位属性”和“民营机构属性”两类评估机构均放置于统一的交易市场，教育行政部门作为甲方进行招投标活动，上述两类评估机构会通过招投标形式争取机会，与教育行政部门签订服务合同承担体育教师职后培训项目的评估任务。教育行政部门会综合评价标书以及投标机构资质、能力、前期项目基础等，最终从众多投标机构中选择一家最适合的乙方签订政府购买合同。

（二）建立起体育教师教育“多元融合”的评价制度

我国体育教师教育评价标准过于“量化”将导致弹性不足、较为僵化，只能做到对教师教育项目优、劣的粗泛考查[1]，造成评价效果可能相对片面。为此，建议以下 3 点。

（1）体育教师教育评价应当在“量化”基础上逐步建立起整体评价思路，综合考查各类体育教师教育项目的效果，从“知识结构”“教学能力”“师德师风”等多个维度评价教师教育的效果。其中，教学能力可以通过现场教学观摩的方式加以评价，师德师风则可以通过日常过程性评价给予认定，这两个方面评价方式大多为“非量化”评价方式。

（2）加强体育教师教育的分类评价制度建设。不同体育教师群体的岗位特征差别甚大；不同职业发展阶段的体育教师（师范生、新任教师、熟手教师、骨干教师等）对于培训内容的理解吸收能力各不相同；职前—职后的评价侧重点也区别明显；另外，基础教育、高等教育、学前教育属性千差万别。因此，体育教师教育评价制度应当考虑推进分类化设计与建设，相关评价指标与标准在一定程度上实现分类化区分。

---

[1] 李保强，郝利强．教师教育课程质量治理：实践困境与纾解策略 [J]. 贵州师范大学学报（社会科学版），2022（3）：68–75.

（3）评价制度改革需要结合教师教育的社会绩效贡献。体育教师教育评价制度改革是以服务国家体育健康战略需要为前提的，通过教师教育项目培养出的体育教师人才能否在体育教学实践活动中，切实提高学生的身体健康、运动能力以及终身体育意识形成，纳入评价体系之中进行考查，适合通过“量化”与“质性”结合的方式进行评价。

（三）立足“终身发展观”，优化设计体育教师“职后培训”评价制度

我国体育教师教育评价制度总体呈现“职前—职后”割裂状态，且体育教师“职后培训”评价制度处于空缺状态，反映我国体育教师教育评价制度的设计缺乏系统思维。为此，建议国家应做好体育教师教育评价制度的“顶层设计”，站在“教师终身发展”视野设计并实施评价，将评价体系的逻辑、维度、指标进行“职前—职后”的有效衔接。进而，在系统衔接的思维下，重点发展体育教师教育的“职后培训”评价制度建设，具体路径包括以下几点。

1. 教育行政机构、高校、中小学联合加强体育教师的职后培训评价

目前，我国体育教师职后培训更多依赖于市、区两级教师发展机构或者中小学内设的教师发展中心（部门）展开培训，总体上培训内容相对缺乏系统性的设计，与高校体育教育专业人才培养也缺乏衔接。为此，建议未来应当进一步加强区域性合作，市一级教育行政部门应当牵头合作辖区内或者邻近辖区高校体育教育专业，共同整合辖区内一线体育教学名师，针对所辖行政区域关于学校体育工作的办学特色、特点，在国家教师教育总体规章制度要求下，共同开发设计辖区内体育教师的职后培训项目以及评价方案，协同建设体育教师职后培训专家库，编制培训教材并做好培训师业务培训。一方面，体育教师职后培训方案需要与合作高校体育教育专业人才培养方案进行衔接，尤其重视进一步将培养目标进行细化，进而围绕职后培训方案的具体内容设计培训方案；另一方面，体育教师职后培训方案的设计要符合国家相关行业标准，重要文件包括《中学教师专业标准（试行）》《教师教育课程标准（试行）》及各领域不同学段体育课程的课程标准等。

2. 综合运用多种评价手段方法，融入体育教师教育的职后评价

教师终身发展基本理念下，如何将体育教师培养成更富素养、健全人格、师德高尚的复合人才决定着新时代是否能够按照国家要求实现学校体育工作的高质量发展。但是，目前我国体育教师教育“职后培训”质量效果的评价指标、手段相对单一，难以用简单的“量化”指标加以衡量，需要引入更加全面、科学的评价手段加以评估。综合来看，建议融合以下 3 方面手段 [1]。

（1）追踪评价。终身发展理念下，需要对教师教育项目进行一个持续性、过程性评价，以评估教师能否通过职后培训获得持续的发展。因此，建议体育教师教育项目评价应当在“点状式”量化指标评价的基础之上，增加“连续性”动态化评价的视角。美国学者博里奇提出“追踪评价”，一方面能够有效衔接职前教育为体育教育专业的评估提供参考；另一方面能够持续对教师成长予以及时、动态地评价测量，有利于不断调整培训策略持续帮助教师成长。另外，“追踪评价”还能进一步划分为 3 类模式，分别是：①需要评价模式，即评价机构以新任体育教师为评价对象，发放评价调查量表，综合评价后对这批教师整体的发展诉求与培训所需进行归纳，并结合新任体育教师需要调整培训方案；②相关成就模式，即评价机构会将体育教师日常教学成绩作为评价对象，将教师日常教授学生的体育学习成绩作为其职后培训效果优、劣的评价依据；③“过程—结果”模式，评估专家定期进入教师教学现场，考查教师能否将所学知识和教学技能有效应用于教学实践，比较教师“教学行为变化”与学生“体育学习成绩改变”的内在联系与关系，反映体育教师的职后培训效果。

（2）鉴赏评价。美国学者提出一种“质性”评价方式鉴赏评价，较为适合我国体育教师职后培训，一定程度弥补“量化”评价的不全面性弱点。鉴赏评价的内核在于强调要将被评价者纳入一个环境整体中进行整体性评价，充分考虑教师教学实践情境的丰富性、复杂性和情感性，摆脱评价者可能存在的狭隘性和个人主观色彩，关注体育教师培训过程中的“质性”材料收集，考查受训教师在教学过程中能否与学生、教学情境产生情感层面的共鸣，帮

[1] 赵传兵 . 从唯量化走向多维优化——发展性评价观对教师教育评价的影响 [J]. 黑龙江高教研究，2014（7）：7-9.

助教师在教学技能的感性控制上有效提升和发展。

（3）“回应—协商—共识”评价。早在20世纪80年代，美国评价学专家古帕（Guba）和林肯（Lincoln）提出“回应—协商—共识”评价策略。强调评价者需要考查：职后培训项目能否最大程度帮助受训体育教师与其工作环境中的相关利益主体，达成某种诉求的中和，形成工作上的共识。一个好的职后培训项目，不仅是灌输知识、培养能力，更是帮助受训教师更好地融入工作环境，与其工作环境中的利益相关者达成和谐的工作关系。为此，“回应—协商—共识”评价也是一种重要的职后培训评价方式，分为3个评价阶段：①“回应”：考查受训教师与其学校环境相关利益主体之间的实际“诉求”，评价是否存在矛盾、存在哪些冲突。②“协商”：考查培训过程中或者培训结束，教师回到学校工作环境，是否会根据受训要求，与其他利益相关主体进行协商，以试图解决潜在的矛盾与冲突。③“共识”：经过一段时间培训，评价者对受训教师是否能够根据培训要求，与学校体育教学的利益相关者达成共识，并逐步解决了可能的矛盾，是体现培训效果的重要思路。

第三节　我国体育教师教育评价指标体系的优化逻辑与域外经验

未来，我国体育教师教育评价制度改革将朝着多元主体、终身发展、开放协商的方向逐步完善，也意味着教师教育评价机制也需要同步优化，逐步实现评价指标体系的改进。本节重点讨论我国体育教师教育评价指标体系的改革逻辑和基本原则，进而结合经济发达国家教师教育评价的指标体系，以期为我国顶层设计、动态优化体育教师教育评价制度提供参考。

一、我国体育教师教育评价指标体系的优化逻辑与基本原则

任何被评价对象都可以进一步抽象出相应的评价标准与评价指标。陈玉琨指出，指标是一种具体、可测量、行为化的特殊化的评价准则，指向评价

的具体内容[1]，而根据评价对象属性以及评价主体需要，可以将不同的评价指标进行系统化、结构化处理，形成相应的评价指标体系，客观反映被评估客体的整体状况。同理，我国体育教师教育评价制度改革，最终集中到评价指标体系的优化与调整。评价指标的类型有很多，根据内容可分为数量指标与质量指标，根据形式可分为存量指标、流量指标、综合指标，根据属性可分为客观指标和主观指标。不论什么类型，只有深刻把握我国体育教师教育的发展趋势，才能归纳出符合我国体育教师教育工作本质的，具有具体化、可操作、行为化特征的优质指标体系。其中，方法论层面体育教师教育评价指标体系构建方法包括以下几方面。

（一）体育教师教育评价指标的归纳方法

根据前文，在广泛社会事务中筛选出能够反映事务内涵的恰当评价指标，应当具有相应的科学思维。对于评价体育教师教育项目，同样也要经历相应的思维过程，集中反映在评价指标的归纳方法上，总体来看大致包括以下几类：①头脑风暴法，即充分激活大脑的思考活力，通过智力碰撞激发思维活跃度，进而将客观现象进行抽象归纳，形成相应的评价指标体系[2]；②德尔菲法，也称专家调查法，本质是一种反馈匿名函询法，对所要问询的问题征求专家意见，进而对专家意见进行归纳整理出相应的评价指标体系，德尔菲法在各个领域都有着广泛应用[3]；③因素分解法，即根据评价目标逐层分解，将评价目标按照一定逻辑分解为具有特定逻辑关系的指标架构，这种特定的分解逻辑可以通过“经验积累”或“调查统计”两种方式获得[4]。

（二）体育教师教育评价指标归纳的常见逻辑思路

体育教师教育领域，评价指标体系往往需要经历一套科学思维进行归纳，体育教师教育评价指标体系的归纳逻辑大致包括 2 个典型思路。

[1]　陈玉琨．中国高等教育评价论 [M]. 广州：广东高等教育出版社，1993.
[2]　陶里．“头脑风暴法”在决策中的应用 [J]. 中国出版，1985（5）：25.
[3]　马立平，陈首丽，常虹．新编实用统计方法 [M]. 北京：北京经济学院出版社，1996.
[4]　涂艳国．教育评价 [M]. 北京：高等教育出版社，2007.

1. **以“评价目的”为起点的“因素分解”逻辑思路**

以“评价目的”为逻辑起点的归纳思路比较简单精练，与前文所提“因素分解法”接近，该逻辑较易于操作，也是最普遍、最广泛的逻辑思路，但是缺点在于工作量较大。具体来说，以“评价目的”为逻辑起点展开指标的若干层次分析，结合头脑风暴法、德尔菲法等反复比较、筛选指标，将“评价目的”最终分解成多个层次、多个观测点的指标体系（图 7–1），较为清晰展示教师教育基本内涵特征，以便为制定评价准则和对应标准提供依据。

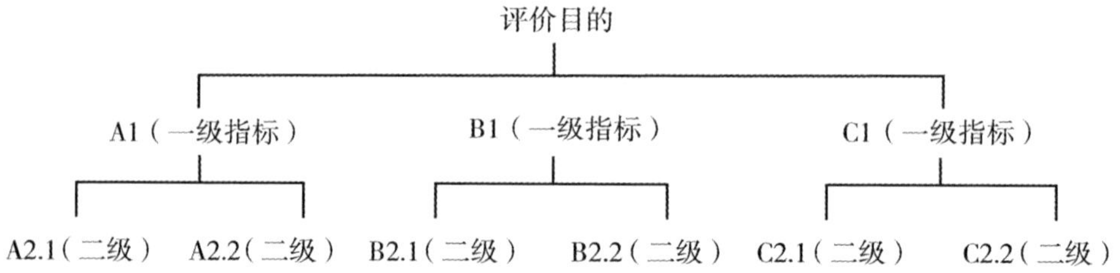

图7–1　以“评价目的”为指标归纳逻辑起点的归纳路径

2. **以“教学行为”为基础的“循证教育”逻辑思路**

体育教师教育项目开展包括大量的“教育行为”与“学习行为”，简称“教学行为”。循证教育学理论下，不同教学行为之间存在各类“因果联系”。体育教师教育评价方案设计，首先可以通过头脑风暴法、德尔菲法等方式归纳出体育教师教育主要“教学行为”，进而通过“影响—反馈”的“因果逻辑”将不同类型的“教学行为”加以串联，明晰整套体育教师教育工作的基本流程，以及影响整套“教学行为”体系顺畅运行的重要指标。本书简单归纳体育教师教育活动的重要“教学行为”及影响指标体系，绘制“教学行为”循证逻辑图（图 7–2）。

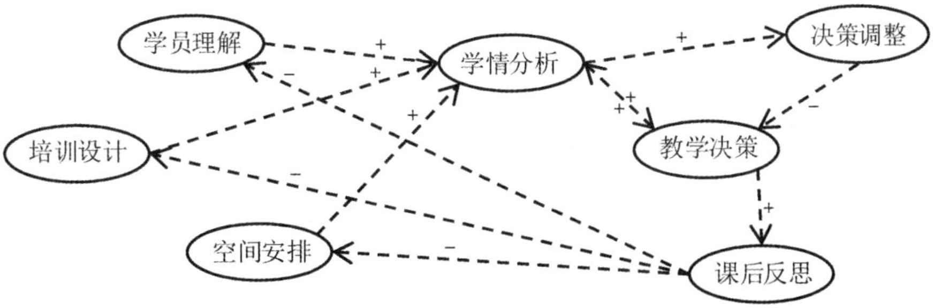

图7-2 以“教学行为”为基础的“循证教育”逻辑思路简示图

（三）体育教师教育评价指标筛选的基本原则

1. 全面性与重点性的平衡原则

按照不同逻辑以及采用不同方法构建体育教师教育评价指标体系的过程中，需要根据评价对象的特殊性以及评价的特定目标，确定好指标选择范围。一方面，要保证指标选择能够较为全面地解释被评价对象的基本内涵；另一方面，要抓住体育教师教育的本质属性，突出重点地归纳凝练出相应的重点指标。最终，保持遴选的评价指标能做到两个方面的动态平衡。

2. 独立性与相关性的兼顾原则

遴选的评价指标内涵具有独立性，尽量避免冗余指标之间存在的内涵交叉与重叠。根据图 7–2，平行的 3 个一级指标之间或平行的 6 个二级指标之间并不存在内涵交叉，也不存在因果联系或矛盾关系。遴选指标独立性越强，意味着评价工作的针对性、可行性越强。但是，在针对关键评价内容时，为避免单一独立性指标无法有效覆盖或解释，会再配置 1~2 个相关指标进行辅助解释。

3. 可测性与概括性的共存原则

评价体系往往同时具备“可测性”与“概括性”两类指标。其中，“可测性”是指该指标能够通过量化测量的方式加以评定，但是往往具有较强的片面性；“概括性”是指该指标能够通过文字、语言的表述方式加以概述诠释，虽然降低了“片面性”的损害，但却存在评价模糊的局限。为此，体育教师教育评价指标体系的建立需要同时设置“可测性”与“概括性”评价指标。

二、教师教育评价标准设计与指标设置的域外经验分享

国际关于教师教育评价领域的研究成果较为丰富，对于我国建设、优化体育教师职后培训评价指标体系具有重要借鉴价值。本部分重点介绍美国、英国、日本和韩国对高等教育领域内“教师教育评价机构”的评价方案（准则及指标体系）。

（一）美国教师教育评价准则与评价指标

1. 美国教师教育评价的三大核心机构及职能介绍

目前，美国关于教师教育质量保障的机构包括三个协会机构，各机构又可划分为国家、州两个治理层次。三个机构关于教师教育评价的标准各有侧重，包括：NCATE、州际新教师评估与支持联合会（Interstate New Teacher Assessment and Support Consortium，INTASC）和国家教师专业教学标准委员会（National Board for Professional Teaching Standards，NBPTS）。其中，NCATE侧重职前教育、INTASC侧重新入职新任教师，NBPTS侧重考查职后的教师教育质量。

2. NCATE 的评估标准与指标体系

NCATE 是经美国教育部和美国高等教育评估委员会认可的首家全国性教师教育认证机构。NCATE 教师教育机构评估委员会董事会的标准委员会负责每 5 年修订一次评估标准。2000 年 5 月 NCATE 颁布的《2000 年教师教育评价标准》较为经典，2001 年正式启用，共分 6 项子标[1]（表 7–2）。

3. 教师教育认证委员会的评估标准

TEAC 负责教师教育机构认证（颁发“教学证书通行证”），与针对教师个体认证发放“熟手教师证书”不同，是专门对非官方背景民营培训教师教育机构的认证类型，参考 INTASC 的新任教师标准、NCATE 6 条认证标准，自行建构 7 个教师教育机构评价标准，包括课程标准、教学人员、设施设备与后勤、财政管理、学生支持服务、实践政策及学生反馈。

[1] 周钧 . 美国教师教育认可标准的变革与发展：全美教师教育认可委员会案例研究 [M]. 北京：北京师范大学出版社，2009.

表 7-2　美国 NCATE 教师教育评价标准（2000）及其相关评价指标[1]

序号	标准对象	指标
1	学生知识、技能和品性	学科专业知识；学科教学知识；专业教法技能；学生品性；对中小学学生学习效果的评价与指导
2	学生和机构的评价系统	评价系统；数据搜集；分析和评价；依据评价改进教育方案计划的意识与能力
3	教学实习与临床实践	教师教育机构与中小学合作；教学实习和临床实践方案的制订、实施与评价；实习学生知识、技能、品性的发展与表现
4	多样性	课程和实习方案制定、实施与评价是否顾及所有学生；大学师资多样性；受训师范生多样性；实习基地中小学学生多样性
5	大学师资资格、表现与发展	合格大学教师；优质教学；优质研究；优质服务；与大中小学教师合作；教师教育机构对大学教师评价；大学教师职业发展的支持
6	教师教育机构治理和资源	机构领导权威；机构经费；人事制度；机构设备；机构资源和技术

（二）英国教师教育评价准则与评价指标

英国于 1997 年成立“英国高等教育质量保证委员会”（The Quality Assurance Agency for Higher Education，QAA），英国高等教育质量的评价保障机构得到统一。QAA 属于独立、非政府的第三方代理机构，其中教师教育质量评估是其重要任务[2]。基于质量评价角度，QAA 包括质量控制、质量审计和质量评价三大方面，其中关于教师教育的学科内容评价可以划分出 5 个基本部分[3]，本书列举了 2007 年—2008 年 QAA 的评价指标与标准（表 7-3）。

表 7-3　英国 QAA 对高等院校教师教育机构的评价指标[4]

序号	标准对象	指标
1	基础设施、健康与安全	学生设施、教师设施、学术研究设施、外部软硬件设施、健康与安全保障
2	管理人员及其他相关事务	高级管理人员、学者、学术管理人员、行政人员、雇员、员工注册、宣传状况、版权
3	学生事务	入学门槛、外国留学生、学生权利保障、当地学生上学方式、学生社交服务、特殊要求、学生意见
4	质量管理	学生注册、学生学业发展、内部评价、外部评价、学生反馈、员工评价

[1] 黎志华 . 教师教育评价研究 [D]. 上海：华东师范大学，2011.
[2] 李爱彬，郑文奇 . 立足人才培养本位多环节促进学位授权点合格评估——基于英国 QAA 学科评估与我国学位点合格评估的比较分析 [J]. 研究生教育研究，2016（6）：86-91.
[3] 谢洵，丁兴富 . 英国 QAA 的学科评估方法及其启示 [J]. 开放教育研究，2005（4）：38-41.
[4] 杨若凡 . 技术本科院校评估指标体系研究 [D]. 上海：华东师范大学，2008.

续表

序号	标准对象	指标
5	教学与学习	课程、教学有效性、写作、学习资料、辅助课程、教学改革、就业指导

（三）日本教师教育评价准则与评价指标

日本同样关注高等教育领域的教师教育项目效果，评价主体可分为 3 大类，分别是：国家评估、协会评估以及民间评估。开展评估时，日本各高等院校首先展开教师教育项目的自检自评，内容包括：①教育理念与目标；②招生与人才选拔；③学生生活服务；④教育课程；⑤教育指导的方法；⑥教学方法的研究；⑦成绩评定和学分认定；⑧学生毕业出路；⑨学术研究；⑩教师经历；⑪ 硬件基础设施；⑫ 国际交流；⑬ 社会服务；⑭ 管理经营与财政；⑮ 自评机制 [1]。20 世纪末，日本广岛大学教育研究中心经过调研，归纳出最受青睐的教师教育项目自评指标体系（表 7–4）。

表 7–4　日本对高等院校教师教育机构的评价指标 [2]

序号	标准对象	指标
1	招生入学	入学考试方法、入学考试人数比例、入学率
2	教育内容与课程	专业课程的难度、通识教育、教养培养、学生对教学的理解力、选修以及跨学科修课的自由度、课程内容与社会实践的契合度
3	教育方法	班级规模、多媒体使用状况、学生对教学的评价反馈
4	学生毕业出路	学生就业创业、职业前景分析、就业咨询与服务体系、深造就读研究生比例
5	研究活动	教师著作、论文数量、科研经费、学术活动
6	教师经历	教师留学与国际交流、教师年龄结构、教师职称结构
7	管理运营	各种委员会等构成合理性、学费与奖学金制度、财政分配制度、校长权限与任期
8	学生对教学评价	教学内容、教学过程、教学方法与手段
9	社会服务与福利	图书馆、信息处理设备、国际交流、合作情况、保健管理制度、产学研合作

[1] 关玉霞 . 日本、美国、瑞典三国高等教育质量评价体系的比较分析 [J]. 高等建筑教育，2003（4）：24–27.
[2] 胡建华 .90 年代以来日本大学评价制度的形成与发展 [J]. 外国教育研究，2001（1）：6–10.

比较指标体系中的诸多指标，日本建立指标体系的覆盖面甚广，但是各个指标之间重叠性过高，独立性不足问题更为突出。2000 年日本文部省同样发现评价体系所存问题，并决定由第三方开展高等教育评价，2006 年颁布《高等专门学校认证评价实施大纲》，并且对评价标准和指标进行优化调整，形成了 11 项标准，包括高等专门学校的目的、教育组织、教员与教育援助者、学生接受度、教育内容与方法、教育成果、学生支援等[1]。

三、体育教师教育评价的域外经验分享——以美国为例

相对于教师教育评价体系，体育专业的教师教育评价体系则更加具体。评价框架与评价指标的选择不仅要与教师总体的评价体系相一致，还要充分考虑被评价教师对象学段、学科等特殊性。为此，国际体育教师教育评价体系的建设过程，形成了存在区别的一系列指标体系，对于我国具有重要借鉴价值。本部分选择美国的体育教师职后培训评价指标体系为例。

（一）NCATE 关于体育教师职前学历教育的绩效评价

前文专门介绍美国 NCATE 由来，并阐明 NCATE 教师教育工作评价系统。教师教育评价体系之下，NCATE 专门对美国体育教师职前教育的本科（低级）和硕士（高级）两个层次设置了相应的评价标准。表 7–5、表 7–6 认证标准是在 2008 年颁布的，并于 2010 年实施[2]。

1. 美国体育教师（本科）教育的质量评价指标体系

NCATE 通过 6 套标准对美国体育教师职前教育（本科）的人才培养质量进行评估（表 7–5）。①标准 1：科学与理论知识；②标准 2：基于运动技能和体适能能力；③标准 3：计划与落实；④标准 4：教学的传递与管理；⑤标准 5：影响学生的学习；⑥标准 6：专业化。

[1] 大学改革支援・学位授与機構．大学に関する認証評価 [EB/OL].[2023-03-23]（2025-03-02）. https：//www.niad.ac.jp/evaluation/certification_evaluation/ce_university/daigaku_kanren/ce_uni_kanren_past/1178093_833.html.

[2] 周珂，周艳丽，KEATING X F，等．标准驱动的美国体育教师教育质量动态保障体系研究 [J]. 体育科学，2016，36（1）：20–26.

表 7-5 美国 NCATE 初任体育教师（本科）专业标准的内容与标准

标准维度	含义
标准 1：科学和理论知识	了解、掌握体育教育本专业的学科概念与理论知识
标准 2：基于运动技能和体适能能力	胜任 NASPE 的 K-12 标准，运动表现与健康促进达到要求
标准 3：计划和落实	尊重不同学生个性，发展性实施培养计划，落实学习过程
标准 4：教学的传递与管理	能够充分沟通，进而促进学生体育学习和体育参与
标准 5：影响学生的学习	及时评估反馈学生学习情况，改进教学策略，提高学习效率
标准 6：专业化	显示出一名专职体育教师应当具备的基本能力和职业态度

2. 美国体育教师（硕士）教育的质量评价指标体系

NCATE 通过 3 套标准对美国体育教师职前教育（硕士）的人才培养质量进行评估（表 7-6）。①标准 1：专业知识。考查学生是否能够根据自身特点学习到体育专业知识。②标准 2：专业实践。考查学生在教学实践过程中如何运用教学技能解决教学实践问题。③标准 3：专业领导力。考查学生是否对其职业发展抱有信念，持续投入并为所授学生发展不断贡献等。

表 7-6 美国 NCATE 高级体育教师（硕士）专业标准的内容与标准

标准维度	含义
标准 1：专业知识	根据每位学生经历和特点合理呈现体育学习内容；综合运用理论文献研究体育、解决体育问题
标准 2：专业实践	教学设计、指导、评估和反思过程中，整合体育学科与教育内容知识，注重学习过程与学生知识基础、经验的结合；把学生发展的需求体现在每个教学单元；鼓励学生自我监控寻求教学实践问题的自主解决
标准 3：专业领导力	致力于自身专业贡献和对学生利益的持续努力，对专业观念和成果保持开放态度，愿意分享，立足实践问题并能够开展有效的实践活动，可以对管理者提出合理的不同意见

（二）美国 NBPTS 关于优秀体育教师职业培训的绩效评价

与 INTASC 不同，NBPTS 是由许多学科的分支机构联合组成的，每一个学科委员会都设置相应的标准委员会。INTASC 由于不设置学科分支机构，因此也并未专门设置体育教师教育的标准。2011 年 NBPTS 成立新一届体育学科委员会，并修订优秀体育教师教育标准，2013 年颁布第 2 版标准，并于 2014 年实施，共划分为 12 套标准（表 7–7）。

表 7–7 美国 NBPTS 关于优秀体育教师专业标准的内容与标准

标准维度	含义
标准 1：学生知识	了解所教学生的品格特征；建立良好师生关系；创建有意义学习过程，发展学生身体素质
标准 2：学科知识	优秀教师能够运用学科内容知识的深度和广度发展学生身体素质
标准 3：课程选择	课程目的明确，充分尊重学生兴趣需求，全方位设计课程，促进学生积极参与体育活动
标准 4：体育促进健康	将健康融入课程，帮助学生独立判断，并拥有实现自身健康幸福的能力与经历
标准 5：学习环境	设置高期望、积极有序的课堂环境，让学生能够沉浸在安全、尊重的学习文化中
标准 6：多样与包容	构建普适、高效、安全、公正的学习环境，允许个性、尊重多样性、增进交往
标准 7：教学实践	通过教学设置高的期望，促进学生参与，改善学生学习，实现终身幸福
标准 8：评价	选择设计利用评估激发学生学习动力，灵活调整教学培养计划，展示专业责任
标准 9：反思的实践	从教学中有意义的事情里自省，质疑揭示引领教学与专业发展，促进学生学习
标准 10：合作与伙伴	能否与课堂外的相关利益主体合作，全方位合作，强化课堂，促进学生学习
标准 11：专业发展	教师是否是带头人，不断追求专业发展，提升教学实践能力，促进学生学习
标准 12：倡导	教师是否在学生、同事、社区等倡导高质量体育价值，提倡健康幸福生活方式

第八章

国外体育教师教育概述

第一节　国外体育教师的职前教育概述

一、美国体育教师职前教育的制度概述

（一）美国体育教师职前教育的发展背景

美国体育教师的职前教育制度萌芽于19世纪初期，“公立学校运动”促进美国学校的多元化发展，1825年颁布的《教师证法》进一步强化了美国体育教师职前教育在整个美国教育界的地位。1860年，波士顿创办美国最早的体育师范院校，美国体育教育学科登上历史舞台[1]。1866年加利福尼亚州颁布美国第一部体育教育法令，要求全州所有学校对学生教授卫生知识，为美国体育教育法律开创先河[2]。1893年美国设立“体育与卫生部”，确定教育学是“体育学科”的母学科。19世纪早期，美国各州陆续制定学校体育教育制度，第一次世界大战结束后，美国超过一半的州出台学校体育法规[3]。1935年、1938年美国教育协会颁布《美国体育教师标准》《体育课程指南》，

---

[1] 龚正伟，肖焕禹，盖洋.美国体育政策的演进[J].上海体育学院学报，2014（1）：18-24.

[2] MOE T M. An education in politics：the origin and evolution of no child left behind[J]. Political science quarterly，2014，129（2）：333-337.

[3] BORNSTEIN D B，PATE R R，BUCHNER D M. Development of a national physical activity plan for the united states[J]. Journal of physical activity and health，2014，11（3）：463-469.

进一步强化体育职前教育地位[1]。20 世纪下半叶，美国体育教育进入加速发展阶段。随着民权运动兴起和社会对教育公平关注加深，政府开始更加积极地介入体育教育领域，在这个时间段内相继颁布《国防教育法案》《提高学生体质健康蓝皮书》《教育法修正案》中《残疾儿童教育法》《学校体育国家标准》及《体育教育决议》等法规条例，重视体育教育质量和青少年学生体质[2]。21 世纪，美国体育职前教育政策体系日益完善。2002 年布什政府颁布的《不让一个孩子掉队法案》（NCLB），2015 年奥巴马政府颁布的《每个学生都成功法案》（ESSA）均体现了体育教育的重要地位。

历经两百余年变迁，美国教育已经形成相对成熟的体系和标准。在此过程中，美国教育体系呈现高度分权特征，分为三级治理体制，分别由联邦、州和地方共同治理，多级教育部门上下联动成为学校体育分权治理的基础（图 8–1）。

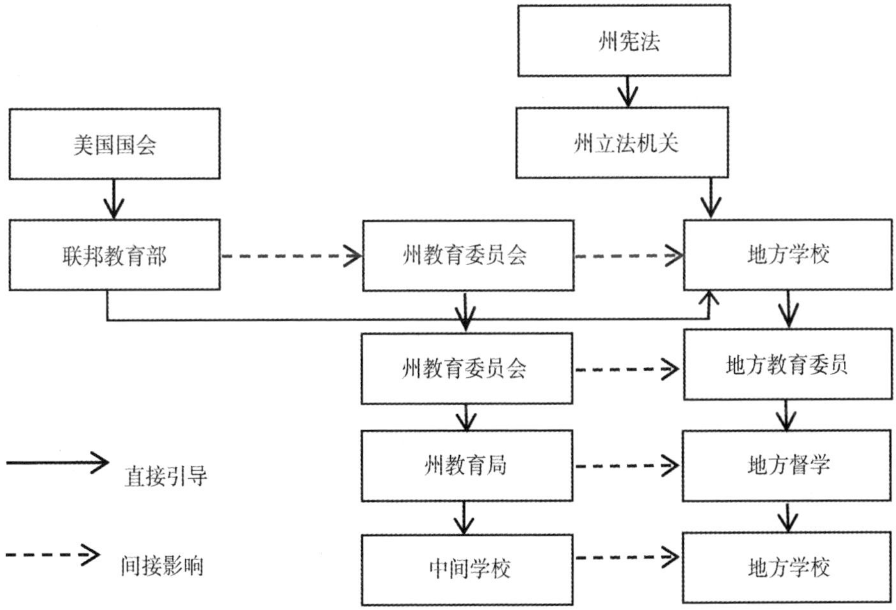

图8–1 美国教育分权治理的多元主体[3]

[1] 彭国强，高庆勇. 美国体育教育制度的演进历程、治理特征与本土启示 [J]. 沈阳体育学院学报，2021，40（1）：31–39.
[2] 同 [1].
[3] 同 [1].

（二）美国《职前体育教师认证标准》的介绍

美国健康与运动教育者协会（Society of Health and Physical Educators，SHAPE）负责制定《职前体育教师认证标准》。该协会的任务是推动学校体育的发展。2017年版《职前体育教师认证标准》由SHAPE负责制定，相比2001、2008年版产生较大改动，更多强调体育教师能够根据不同水平有效实施体育教学的六方面任务（表8–1）[1]。

表8–1 美国三版《职前体育教师认证标准》的内容比较

2001年版	2008年版	2017年版
标准1：内容知识。 标准2：成长与发展。 标准3：学生的多样性。 标准4：管理和激励。 标准5：沟通。 标准6：规划和指导。 标准7：学生评估。 标准8：反思。 标准9：技术。 标准10：合作	标准1：科学的理论知识。 标准2：技能和体能。 标准3：规划和实施。 标准4：教学和管理。 标准5：对学生学习的影响。 标准6：专业性	标准1：基础学科内容知识。 标准2：技能与健康体适能。 标准3：教学计划与实施。 标准4：课堂教学和管理。 标准5：学生学习情况评价。 标准6：专业职责

（三）美国体育教师职前教育的课程体系——以堪萨斯大学为例[2]

堪萨斯大学（University of Kansas，KU）坐落于美国堪萨斯州劳伦斯市，是美国大学协会（Association of American Universities，AUU）成员之一，是美国著名公立研究型大学，在体育教育领域颇有建树。1898年，篮球创始人詹姆斯·奈史密斯开始在堪萨斯大学授课，推动堪萨斯大学体育学科建设。他设立了健康、体育和运动学科系，形成了完备的体育专业人才培养体系，包含本科、硕士和博士3个阶段，以及体育教育（Education in Physical Education）、运动科学应用（Applied Science in Exercise Science）、社区健康教育（Education in Community Health）、运动科学（Exercise Science）等专业，学生可以根据自身兴趣、实际需求选择专业。堪萨斯大学的“体育教育”同样完备，本科阶段集中于体育教学技能、知识培养，硕士、博士阶段各专业

[1] 常娟，文静.美国《初级体育教师教育标准》演变的解析与启示[J].体育学研究，2022，36（2）：83–92.
[2] 相关内容依据堪萨斯大学网站。

细分领域相对集中，总体偏向健康教育。

1. 本科阶段

KU 体育教育学士学位课程旨在培养学生成为美国 K-12 体育教师，学生需要在 4 年内修完至少 120 学分，其中至少 30 学分需要在校内修读。课程设置分为专业课程、通识教育以及辅修三大模块。专业课程包括 18~25 学分的体育教育加强项目（Physical Education Plus，PE Plus）、体育管理或商业的辅修课程以及相关核心课程（简称 KU core 34）。通识教育方面，KU 核心课程是所有新生必须完成的通识课程，共 34~35 学分。通识选修课的实施符合堪萨斯州教育委员会的全州通识教育（Statewide General Education，SGE）框架，是堪萨斯大学学生本科教育的基础。学生可以通过 KU Core 34 从以下几个内容领域积累知识和技能：英语、通信、数学与统计、自然与物理科学、社会与行为科学等。

（1）专业模块培养。申请体育教育专业学生需要按照堪萨斯州体育教师执照要求，通过教育者绩效评估（Educator Performance Assessment，KU-EPA），评估课程需要达到 C- 以上成绩（某些课程需要 B- 以上的成绩）方才合格，才有资格进入体育教育专业接受教育。学生需要接受专业模块（Professional Block）培养，包括 3 个具体模块，进入学习下一模块前需要先完成上一模块的所有课程，成绩达到及格以上。

①模块 1 包括内容领域素养、运动科学导论、针对 PK-12 学生的适应性体育教育实习、基础体育教学方法、中学体育教学方法、运动发展教学策略、创意动作与舞蹈欣赏、应用表现与表现心理学、普通教育中教授特殊儿童和青少年。②模块 2 包括 K-12 文化多样性、公平性和包容性课程、教育与社会、运动机能学、体育课程设计。③模块 3 包括体育教学研讨会。

3 个具体模块的专业学习任务完成后，获得相应学分，专业学生进入体育教学实习的阶段。通过体育教学实践提升体育教育专业学生的实际能力。

（2）辅修课程（PE Plus）。专业学生完成通识课程、专业课程后，还需辅修 PE Plus。PE Plus 提供额外执照认可的课程培训，涉及体育商业或管理领域。既为学生成为 K-12 教师打下基础，也为学生拓展体育教学所需的相关知识、技能，包括健康（PK–12）、中级数学（5~8 年级）、中级科学（5~8 年级）、英语（5~8 年级或 6~12 年级）、演讲 / 戏剧（6~12 年级）及心理学（6~12 年级）。

（3）本科课程的时序安排。通识教育、专业课程和辅修课程会按照一定逻辑顺序安排在 KU 4 个学年内的 8 个学期中。第一学期的安排有：英语写作、大学代数、团队运动、个人和社区健康、基本技能指导（匹克球或篮球或排球）等课程，学期总学分为 15 分。第二学期的安排有：批判性阅读与写作（英语）、个人及双人运动、普通心理学（社会与行为科学）等课程，学期总学分为 16 学分。第三学期的安排有：生物学原理（自然与物理科学）、体育教育与运动研究导论、基本技能指导（重量训练）、艺术与人文、PE Plus 等课程，学期总学分为 15 学分。第四学期的安排有：人体解剖学基础、全球文化、基本技能指导、PE Plus 等课程，学期总学分为 15 学分。第五学期的安排有：运动科学概论、针对 PK–12 学生的适应性体育教育实习、基础体育教学方法、运动发展教学策略、普通教育的特殊儿童和青少年教学、PE Plus 等课程，学期总学分为 16 学分。第六学期的安排有：内容领域的读写能力、中学体育教学方法、创意动作与舞蹈欣赏、应用体育和表现心理学、PE Plus 选项、第二模块实地体验等，学期总学分为 12 学分。第七学期的安排有：K–12 学校的文化多样性、公平性和包容性课程；体育课程设计、PE Plus 选项等课程，学期总学分为 16 学分。第八学期的安排有：体育教学研讨会、体育教学实习等，总学分为 15 学分。

2. 硕士、博士研究生阶段

（1）硕士阶段。KU 健康教育专业硕士生可以选择以两种课程方向即论文或非论文的形式进行相关专业的学习，两种课程修读方式在课程安排和选修课上都有所不同。采取论文形式学习时学生仅需要修读 30 学分即可，而采取非论文形式学习时学生则需要修读 36 学分。课程内容包括统计分析、心理学统计方法等。

（2）博士阶段。KU 健康教育博士学位课程旨在培养学生担任大学级别的教师。一般来说，KU 全日制健康教育专业的博士生通常在 3 年内完成学位修读。专业课程设置主要包括 3 个部分：课程的修读、大学教学经验以及论文要求。课程修读主要是 36 学分的主修专业课程，不仅要求学生修读与学习专业方向相一致的课程，也要求通识选修至少获得 6 个学分，博士研讨会获得的学分计算在内。大学教学经验是要求学生在博士阶段必须参加一学期大学课堂教学活动，满足人才培养需要。论文要求主要由 3 个部分组成：首先，学生要进行至少 12 学分的调查、写作、技术与研究能力的课程修读，还需要进行学术诚信学习。其次，学生在修读完调查、写作、技术与研究能力课程后需要进行综合考试，以及需要完成一份健康教育专业领域的中级期刊研究手稿和毕业论文的相关文献综述及内容设计，在这两份文件通过后学生需要以口头答辩的形式进行叙述。最后是论文提案，学生在成功完成综合考试后，将论文提案上交给论文委员会，由论文委员会至少 3 名成员进行阅读和批准，批准成功后论文的副本应上交学院的研究生办公室。

二、澳大利亚体育教师职前教育的制度概述

（一）澳大利亚体育教师职前教育的发展背景

1. 发展背景

澳大利亚体育教育发展历史悠久。1901 年，澳大利亚联邦政府成立后，体育领域并未受到高度重视[1]，学校体育与体育教师培养更是发展薄弱。1940 年，澳大利亚各州教育部门开始重视学生体质健康，积极开发、增设体育课程，关于体育课程的联邦政策相继出台。1972 年，惠特拉姆（Whitlam）领导的工党政府重视体育，提出建立澳大利亚体育学院（Australian Institute of Sport，AIS）举措，培养体育教育、竞技体育后备人才。1986 年，澳大利亚政府颁布“澳式体育计划”（Aussie Sports），是首个关于小学各学段的国家政策[2]。1994 年《国家青少年体育政策框架》[3]、2008 年的《澳大利亚体育：新挑战，新方向》、2015 年“体育学校计划”、2019 年的《澳大利亚身体素

[1] JOBLING I F. Sport and the state： the case of Australia and New Zealand[J]. Sport： the third millennium， 1991： 251-260.
[2] 吴金霖，刘红建 . 澳大利亚青少年体育政策演变历程、经验与启示 [J]. 体育文化导刊，2024（2）：102-110.
[3] THE NATIONAL JUNIOR SPORT WORKING PARTY BY THE ASC.National junior sport policy： a framework for developing junior sport in Australia[R].Canberra： Australian Government， 1994.

养框架》相继颁布[1]。2022年4月1日澳大利亚《健康与体育课程（F–10）9.0版》更新颁布[2]。

2. 重大改革制度——《全国教师队伍行动计划》

2022年11月9日，澳大利亚颁布《全国教师队伍行动计划》，旨在加强教师队伍建设、培养输送更多优质教师人才、避免优秀教师人才的外溢流失，包括改善教师供给、加强职前教师教育、减轻教师工作负担、提升教师专业地位、探寻教师职业持续发展需求五大方面。其中，"加强职前教师教育"涉及澳大利亚教师群体职前教育的总体性改革，虽然并未聚焦"体育教育"学科，但是对于体育教师的职前培养依然影响深远。其中，重要的改革举措包括：①加强职前教育的质量监管、提高毕业率；②针对职业中期转型成为教师或者非师范专业跨行成为教师的群体，做好职前教育的制度设计，帮助此类人群高效吸收教师职业素养和专业知识；③促进澳大利亚原住民教育的职前教师培养，保证澳大利亚教育体系的包容性、多样性等。

（二）澳大利亚体育教师职前教育的课程体系——以悉尼大学为例[3]

悉尼大学（The University of Sydney，USYD）是全球顶尖研究型大学之一，教育与社会工作学院包含有：本科体育教育专业（Health and Physical Education）和硕士体育教练专业（Sports Coaching），为体育教师、校园教练员等群体的职前培养提供课程服务。

1. 本科阶段

USYD体育教育本科专业的人才培养目的是：培养能够在中小学担任健康与体育教育教师，以及在社区卫生、娱乐等领域胜任体育相关工作的复合型人才。专业人才培养方向主要聚焦体育教师职业，但也覆盖、延展至教练员、科研人员、体育管理、体育新闻、社区娱乐与健身指导等多个角色。培养目标多元，包括：①培养具备胜任K–12阶段教学能力的健康与体育教育工作者；②强化社会责任感，成为推动健康事业领袖与健康生活典范；③通过体育活

[1] SPORT AUSTRALIA. Australian physical literacy framework[M]. Canberra：Sport Australia，2019.
[2] ACARA. Australian curriculum：health and physical education F–10 version 9.0 about the learning area[M]. Canberra：ACARA，2022.
[3] 相关内容依据悉尼大学网站。

动实践，增强人才的团队合作、人际交往能力；④促进跨学科学习，能够将应用科学及社会科学知识灵活应用于教学实践中。USYD 本科学位阶段非常重视学生观察力、实践教学能力的培养，通过参与实习实践增强课程教学经验，发展学生的教学技能和深化学生对体育教育专业的理解。申请该专业学士学位，学生需在 4 年的学制内完成 192 个学分，每一学年完成 48 个学分。每学期课程由“基础专业课 + 专业方向课 + 教师教育课 + 选修课 + 社会实践课”组合而成（表 8–2）。

表 8–2　USYD 体育教育专业课程设置 [1]

课程类型	学分	课程名称
基础专业课	60	体育教育 1（6）；健康认定（6）；体育教育 2（6）；专业实践 1（6）；运动科学 1（6）；运动科学 2（6）；体育教育 3（6）；专业实践 2（6）；体育教育 4（6）；专业实践 3（6）
专业方向课	30	健康运动饮食和营养 / 性与性健康（6）；健康运动饮食和营养 / 运动训练学：理论与实践（6）；青少年健康（6）；全民健康教育（6）；社区活动促进健康（6）
教师教育课	54	教育、教师和教学（6）；人类发展与教育（6）；教育心理学（6）；中小学教师文学及运算能力测试（LANTITE[2]）；社会教育观（6）；特殊教育的积极途径（6）；运动：当代教育问题（6）；阅读和应用教育研究（6）；土著教育：中学（6）；专业参与和领导（6）
选修课	48	初级艺术，科学或商业选修课 1（6）；初级艺术，科学或商业选修课 2（6）；中级艺术，科学或商业选修课 1（6）；中级艺术，科学或商业选修课 2（6）；选修课 1（6）；选修课 2（6）；选修课 3（6）；选修课 4（6）
社会实践课	—	服务学习与社区参与 1；服务学习与社区参与 2；服务学习与社区参与 3

2. 硕士阶段

硕士学位体育教练专业的人才培养目的：培养竞技体育和学校教育的精英教练员，能够运用所学的教练学原理与复杂的专业技术应对竞技训练情况，培养目标涵盖：①运动教练学领域运用专业知识基础深入学习的能力；②通过现有技术资源实施运动员与团队训练的具体策略；③综合运用训练活动、教练教学法等提高运动员成绩；④培养识别、遴选与发展体育人才的能力。

[1]　贾于宁，尹志华，汪晓赞．澳大利亚悉尼大学体育教育专业人才培养特点与启示 [J]. 南京体育学院学报，2018，1（10）：51–62.

[2]　LANTITE 测试，全名“Literacy and Numeracy Test of Initial Teacher Education Students”（初级教师教育学生的文学与数学测试）。

该专业比较适合精英教练员学习，可有效提升专业竞争力，也适合经验丰富型精英运动员学习，帮助其转型为教练员。具体课程设置如表 8–3 所示。

表 8–3　悉尼大学体育教练专业课程设置

课程类型	课程名称
核心课程	辅导教学法；教练员专业知识；体育与技术；教练员的计划和计划管理；教练员中的当代问题；精英运动员发展；将体育科学应用于教练学；运动与表演心理学
可选课程	有效的领导和变革；领导力与国际视角；学习动机；学习和教学思维技能；个人职业学习组合；教授学习领导力作品集
开发研究项目	顶点；特殊项目 1；论文第 1 部分；论文第 2 部分；论文

三、英国体育教师职前教育的制度概述

（一）英国体育教师职前教育的制度背景

1. 发展背景

20 世纪初，英国政府开始重视学校体育教育，1944 年颁布《教育法》规定体育成为所有学校课程的必修科目，体育教师需求量加大，推动了相关培训行业的发展。20 世纪中叶，英国进一步推动“体育”成为独立学科，研究领域包括运动生理学、运动心理学、营养学等，高校开始设立体育相关专业。20 世纪 60 年代，体育科学发展促进体育教师培训专业化发展，高等教育机构设立体育教育学位课程，涵盖运动生理学、运动心理学等内容。70 年代，英国成立体育教师协会，为体育教师提供专业发展机会和资源共享平台。21 世纪，英国体育教师职前培养更加注重实践与理论的结合，各高校体育教育专业开设丰富的本科、硕士和博士课程，教师资格认证体系（Qualified Teacher Status，QTS）规范体育教师培养和职业准入标准。

2. 重大改革制度——《强化合格教师身份、促进教师职业发展》

2017 年，英国教育部发布《强化合格教师身份、促进教师职业发展》，旨在加强教师资格认证体系建设和改善教师职业发展路径，通过严格而系统化的认证过程确保教师队伍高质量、稳定化发展。

其中，《强化合格教师身份、促进教师职业发展》高度重视教师职前教

育，对于体育教育专业的影响重大。其中，质量保障是该项政策的重要特征，强调教师资格认证标准和程序的系统化管控，教师培养与职业发展路径清晰，以帮助教师终身提升专业素质和教学能力。

（二）英国体育教师职前教育的课程体系——以伯明翰大学为例[1]

伯明翰大学（University of Birmingham，UB），是一所研究型公立大学。UB 体育学院是英国领先的体育科学、教育研究机构之一，始建于 20 世纪初，一直以来致力于培养高水平的体育教育、运动科学和康复专业人才。体育教师是学院人才培养的重要任务。

1. 本科阶段

UB 体育学院提供体育、体育和教练科学理学士学位，专业课程涉及运动生理学、运动心理学、生物力学、体育教育与教学法以及公共健康与运动。培养目的是为学生提供全面的体育科学知识和技能学习机会，使他们能够在学校、社区和专业体育环境中胜任体育教育和运动科学工作，设置了 3 个学年课程模块。

（1）第一学年课程模块。该模块涵盖了成为研究者，运动科学导论，教学与辅导导论，运动与学习，体育企业管理原理以及体育、运动与健康心理学等多个领域，大部分课程属于体育教师及相关体育专业人才培养的专业基础知识。其中，“成为研究者”课程旨在让学生通过学习掌握自主文献搜索和阅读的能力，能够参与小型科研项目以加深对运动、锻炼、身体活动、健康和疾病相关文献的敏感性，以及展开数据操作、分析、解释的基础性工作。“体育企业管理原理”课程旨在让学生通过学习掌握体育组织环境、战略、运营、人力、财务管理的相关关键概念，为毕业后开展体育教育培训的相关社会、市场拓展提供支撑。

（2）第二学年课程模块。第二学年课程模块包括“核心模块”和“可选模块”。①“核心模块”包括体育发展、研究方法与数据分析、教学与辅导发展，共 60 学分；②可选模块包括应用运动生理学、体育运动的创立与专业实践、

[1]　相关内容依据伯明翰大学网站。

应用专业实践、体育赛事管理与营销、营销与新技术、运动营养以及运动与表现心理学，共 140 学分。

（3）第三学年课程模块。第三学年课程模块包括“课题或论文”（任选其一）和“可选模块”。其中，“可选模块”包括运动处方、体育运动与教育的全球挑战以及应用教学与教练（水上项目）。学生必须从学校提供的课程中选择合适的课程进行修习，获得 80 个学分。

2. 硕士、博士研究生阶段

（1）硕士阶段。学院培养体育与健康理学硕士的目的是支持在职和未来的体育教师、青少年体育活动管理者的职业持续发展。提供课程包括体育、锻炼和康复的研究方法，高级教学法，体育、运动和健康领域的数字实践，专业发展创新，应用专业实践，球员和参与者发展，学位论文（成功转入理学硕士后）。通过硕士阶段课程，学生将进一步发展体育教学技能，能够批判性评估理论、研究和教学实践优劣，在适当情境下有效整合所学知识解决实践问题。

（2）博士阶段。体育与运动科学博士项目主要目的在于强化博士研究生的理论创新能力，进而提高博士研究生的实践能力的提升。博士课程涉及体育教师等专业学术研究性内容，目标主要定位于：①创造和解释与体育和运动科学专业实践相关的新知识；②使学生能够详细了解适合体育和运动科学专业实践的应用研究方法并进行创新；③提高学生在他们所选择的专业实践领域中发展和应用研究的能力；④支持个人制定个人发展战略，优化个人和职业发展，以最大限度地发挥自身潜力，为自己和他人能力提升创造便利。

四、日本体育教师职前教育的制度概述

（一）日本体育教师职前教育的制度背景

日本体育教师职前教育制度的演化受到政治、经济、文化等多种因素的影响，大致包括 3 个阶段。

1. 经验导向时期（1945—1957 年）

在该阶段，日本经历第二次世界大战战败，全面接受美国的管理。为消

除军国民主义教育不良影响，日本引进美国民主教育思想，提倡体育与学生生活相联系，重视身体教育和训练，通过身体活动培养国民的民主主义思想和身心健康。该阶段，体育教育强调个性与兴趣培养，通过体育活动塑造学生的民主意识与健康体魄。但是，体育教师职前培训制度尚处于探索阶段。

2. 体力强化时期（1958—1976 年）

20 世纪 50 年代中期至 70 年代初，日本经济腾飞，社会对高等教育的需求激增，体育教师职前教育制度系统化，且体育专业教育改革提升至国家战略高度，普遍强调学生体育学习的本质诉求是增强体质、提高体能，对日本体育师范生学业要求提高，导致师范生学业压力增大，不仅要在专业知识上过关，也要接受高强度体能训练。但是，“填鸭式”体育教师培养教育模式的弊端逐渐显现，“减负”呼声越来越高，这为后续改革奠定基础。

3. 宽松教育时期（1976 年至今）

1976 年，日本颁布《关于改善小学、中学及高中的教育课程基准》，“宽松教育”时代开启，初衷是希望通过增强体育、美术、音乐等综合素质教育，让学生拥有更多时间、精力发展爱好和兴趣。但是，由于该阶段日本人口结构发生变化，学校生源数量减少，教师需求整体下降的大背景下体育教师岗位缩减、竞争日益激烈。因此，高校体育教育专业的培养方向发生转变，从单一的体育师资培养向多元化专门人才培养过渡[1]。学生可以根据自己的兴趣和特长选择适合自己的课程。课程类型上不仅涵盖传统体育项目，还包括新兴运动项目和特色课程，使日本体育教师通过职前教育培养的人才既可以胜任体育教师岗位，又能够适应体育产业等工作、创业机会。

（二）日本体育教师职前教育的课程体系——以筑波大学为例[2]

筑波大学是日本历史悠久的顶尖国立综合性学府，在体育教育领域独树一帜，培育出一批日本顶尖体育人才与科研精英。筑波大学体育专业荣膺全球第 51 至 75 名，稳居日本榜首，其课程设置具有较高代表性。

[1] 李鸿江 . 我国高等体育院（校）系改革与发展的战略研究 [D]. 福州：福建师范大学，2006.
[2] 相关内容依据筑波大学网站。

1. 本科阶段

筑波大学体育专业本科教育采用创新的“学群与学类制度”。一方面，“学群”构成“本科教育”基本框架，它是一个跨学科式教育共同体，汇聚不同专业学生与教师展开广泛交流与互动，有助于拓宽学生的知识视野、培养综合型人才；另一方面，“学类”是依据相近研究领域原则构建的教师的“科研团队”或“教研单元”，学生进入综合化的“科研团队”“教研单元”有利于学生更加全面的发展，彻底颠覆日本传统大学教育模式，通过跨学科融合与专业知识深化的双重路径，有效促进学生综合素质全面提升与专业知识体系构建。筑波大学体育专业学群采用 4 年学制，研究方向包含体育学、运动学、健康体力学 3 个方向，每个方向涵盖体育哲学、体育史、体育社会学、武道学、体育产业经营学、特殊体育学、体育心理学、体育教育学、运动生理学、应用解剖学、运动生化学和健康教育学等 39 个研究领域。学生大学三年级时，可以根据自身兴趣、条件以及大学一二年级的专业基础科目和基础经验，从上述 39 个研究领域中选择 1 个适合自己的研究领域作为毕业研究领域，在相应研究领域专职教师的专项指导下进行专业学习。

2. 硕士、博士研究生阶段

筑波大学体育专业研究生学群开设于 1976 年，两年学制的硕士学位课程和 5 年学制的博士学位课程。

（1）硕士阶段。硕士学位课程会在本科 39 个研究领域基础上提供：体育文化管理政策、健康管理体育教育、健康健身、运动健身、教练员、国家领先教练员 6 个体育专业研究方向。旨在培养出具有高水平的专业知识、技能的职业人员，并在知识运用能力、管理能力、沟通能力、团队合作能力、国际奉献意识、研究能力、专业知识、实践能力和体育道德伦理能力等九大方面提升学生能力。申请该学位的学生须在两年学制内完成 30 个学分，且在 6 个研究方向中选择一个深入学习并在 39 个研究领域中任选一个领域完成相应论文。

（2）博士阶段。博士学位课程旨在培养能够解决与运动健康科学领域相关的研究型人才，使其能够从全球视角出发在教育活动中拥有高级、综合的学术、实践能力。课程、硕士阶段的人才培养目标相同，体现出人才培养“九大”培养目标的衔接。但是，博士人才培养目标在能力、知识的要求上是更高层次的。例如，硕士要求掌握的知识、培养的能力相对基础，博士则需要在硕士基础上实现知识、能力的创新。博士阶段课程包括研究方法论、参加研究会议、健康运动科学研究实习等，相对于本科、硕士阶段课程是更加强调研究、实践综合能力的拔高。

五、加拿大体育教师职前教育的制度概述

（一）加拿大体育教师从事职前教育的制度背景

加拿大“体育教育”历史可追溯至19世纪末、20世纪初，受英国、美国体育教育模式影响，体育活动逐渐纳入加拿大学校课程，形成对专业体育教师系统化、规模化培养的需求。20世纪70年代至80年代，“体育教师培训项目”开始在加拿大各地高校、师范学院出现，培训课程包括体育科学、教育学、心理学等内容，注重综合素质的培养。进入21世纪，加拿大体育教育专业得到进一步发展，不断融合新的教育理念和科技手段，强调健康生活方式、全人发展和包容性教育，有助于体育教师素养的全面提升，保障所有学生参与体育活动。加拿大各省制定详细的体育教师的专业课程标准，系统化提供本科、硕士和博士层次的体育教育课程，涵盖运动生理学、运动心理学、体育教学法等多个领域。

（二）加拿大《体育教师职前专业标准框架》[1]

加拿大大学体育教育和运动学管理委员会（CCUPEKA）成立于20世纪70年代初，旨在为加拿大高校体育工作开展、大学学生体质健康促进提供统筹性支持力量。CCUPEKA是制定加拿大体育教师职前教育专业标准的责任机构，并承担着运用标准对各地高校体育教育专业进行认证与评估的任务。《体育教师职前专业标准框架》对于加拿大体育教师职前培养影响深远（表8–4），确保各地体育教师专业按照《体育教师职前专业标准框架》培养学生，

[1]　相关内容依据加拿大大学体育教育和运动学管理委员会网站。

保证毕业生拥有必要的知识、技能和能力。《体育教师职前专业标准框架》获批颁布后，CCUPEKA 需要依托其加强对各地体育教育专业办学质量的动态化监督，并与专业认证相联系。

表 8-4　加拿大《体育教师职前专业标准框架》的基本内容

专业标准领域	具体标准	描述
专业知识与技能	学科知识	对体育学科的深刻理解，包括理论和实践方面的知识
	教学技能	有效设计和实施体育课程的能力
教学设计与实施	课程设计	根据学生需求和国家标准设计合适的体育课程
	教学实施	高效执行体育教学计划，激发学生参与
评价与反思	学生评价	运用多种评估方法评价学生的学习效果
	教学反思	不断反思和改进自己的教学实践
职业道德与素养	专业道德	遵守职业道德规范，展现良好的教师形象
	终身学习	积极参与持续的专业发展和学习
沟通与合作	学校合作	与同事、家长和社区合作，支持学生的全面发展
	跨学科合作	与其他学科教师合作，提升学生的综合素养

（三）加拿大体育教师职前教育课程体系——以不列颠哥伦比亚大学为例 [1]

不列颠哥伦比亚大学（University of British Columbia，UBC）是加拿大著名的公立研究型大学，其运动机能学院（School of Kinesiology）是北美地区顶尖的运动科学研究机构之一。UBC 运动机能学院隶属教育学院（Faculty of Education），提供系列本科和研究生课程，致力于运动科学、运动机能学、健康与健身、运动心理学等领域的教育和研究。UBC 的使命是通过高质量教学和前沿研究，促进人类运动和健康科学发展，提升社会整体健康水平。学院教学理念：学院重视理论与实践相结合，注重培养学生的实践能力和科研素养。鼓励跨学科合作和创新，提供多样化学习和研究机会。

[1]　相关内容依据不列颠哥伦比亚大学网站。

1. 本科阶段

UBC 运动机能学本科学士学位（BKIN）DE1 学位课程包括核心课程、基础课程和相关课程。

（1）核心课程。核心课程大致包括积极健康、生物力学、解剖学、生理学、运动学习、心理学和社会学等课程，并为本科学生提供 3 个专业方向：健康与运动科学、运动管理与创新、运动与健康教育。

（2）基础课程。基础课程是 3 个专业方向学生均需要完成学习的课程类型，包括人体解剖学、健康与运动管理、系统生理学Ⅰ、系统生理学Ⅱ、全生命周期运动发展、运动与锻炼心理学、社会中的休闲与运动、运动机能学研究方法、运动机能学统计学导论、人类运动行为Ⅰ、生物力学Ⅰ、营养、体育活动与健康、运动生理学Ⅰ、健康政策与社会以及人类运动表现。

（3）相关课程。UBC 还在核心课程、基础课程基础上，开设相关选修课程，为学有余力的同学提供课程服务，包括：①神经力学相关课程，如人类运动行为Ⅱ、人类运动的神经肌肉整合、生物力学的组织特性、人体运动的神经解剖学等。②与运动健康相关课程，如运动测试与处方、运动损伤预防、医学运动与锻炼、运动时的肺部生理学、骨骼肌生理学等。③与教育学相关课程，如包容性体育活动，创建有效的、适合学习者可持续发展的体育活动学习环境，残疾人休闲服务，教练学基础，体育教育、体育和锻炼计划规划，游戏教育的概念性方法等。④与运动生理学相关课程，如儿童运动体验、身体活动行为的理解与改变、身体活动与生物心理学等。⑤与社会文化有关的课程，如体育、和平与冲突，休闲、体育与流行文化，加拿大移民中的原住民与体育文化，健康促进与体育活动，跨文化主义、健康与体育活动，原住民健康与福祉。

2. 硕士、博士研究生阶段

（1）硕士阶段。UBC 体育教育硕士阶段要求学生必须完成 12 个学分课程学习和 18 个学分论文，共计 30 学分，或者必须完成研究方法课程（KIN 570/571）或经批准的等效课程，主要课程包括心血管生理学与康复的高级概念、高级运动生理学、评估与处方、力量与体能训练的教练技巧、伤害预防——

多学科方法、受伤运动员的临床管理、数据获取和信号处理的计算方法、数据获取和信号处理的计算方法、定向研究样本大纲、身体活动的生物能量学、实践设计与指导、人体感觉运动控制研讨会、运动学研究方法、体育休闲和健康研究中的定性方法、体育和健康科学研究方法、教练有效性等课程。另外，UBC 开设“运动学定向实地研究”课程，允许学生通过与社区合作伙伴合作进行体育教学、运动训练、健康促进等实践锻炼活动。所有课程完成后，学生可注册 MKIN 课程并展示最终毕业论文。

（2）博士阶段。UBC 运动机能学博士学位侧重强调研究导向。研究领域包括影响人类运动生理、生物力学、行为和社会心理因素，以及对身体活动价值、功能的社会文化学分析。UBC 要求申请博士学位学生的硕士毕业论文一般是人体动力学、运动机能学等相关研究范畴。不同国家申请学生的录取标准会有所不同。UBC 博士课程更加注重“因人制宜”，尽可能针对学生发展的个性化需求提供课程服务。申请入学时，申请者必须有一名 UBC 体育教育专业教师同意出任自己的指导教师，申请者才有可能通过。

第二节　国外体育教师职业的资格认证制度

一、美国体育教师职业资格认证概述

（一）教师资格申请

美国各州教师资格认证均是由“教师资格申请”开始。教师资格申请需要衔接体育教师的职前教育，一般在被认证的体育教育相关本科专业完成系列课程修习后（或者被认证的相关体育教师培训计划），才有资格申请所在州的教师资格。

（1）师范专业（职前教育）认证制度。CAEP 是制定、实施美国师范专业认证制度的重要机构。只有经过 CAEP 认证的师范专业毕业生才有资格申请参加所在州的教师资格考试评估。CAEP 成立于 2013 年，是由 TEAC 和

NCATE 合并而成，愿景是成为卓越的教师培养认证机构，使命是促进教师培养的公平性和卓越性，主要包括六大战略目标：持续改进，质量保证，可信度，多样性、公平性和包容性，坚实的基础以及创新。

（2）美国体育教育专业的认证标准。2022 年 5 月 CAEP 制定了初级标准（Initial Level Standards）和高级标准（Advanced Level Standards）。两套标准均涉及 7 项评估维度，只是规定程度存在差别。一般情况下，“初级标准”用于本科师范专业的认证评价，“高级标准”用于硕士、博士学段的师范专业认证评价。2022 年版认证标准相较 2013 年版标准而言，进一步丰富了评估维度，包括：①教学内容和教学知识。教师培养单位需要确保师范生了解学科的关键概念和原理，并促进师范生反思其个人偏见，从而增加对公平性、多样性和包容性的理解和实践。②实习合作与教育实践。教师培养单位确保与相关组织、机构、利益相关群体建立合作关系，协同为师范生提供全方位的教育培养服务，为师范生提供教学实践的现实情境与有效指导，帮助师范生积累经验，增强师范生与学生、学校、学生家庭、社区的沟通能力。③培养目标达成。教师培养单位需要证明生源入校后按照既定的人才培养方案展开人才培养，并且在知识积累、能力培养、经验沉淀等方面达成人才培养方案预期目标。④专业影响力。教师培养单位需要证明其毕业生在用人单位获得了相应成就、用人单位对该毕业生的评价较高、对毕业生职前学习的专业院校具有较好评价。⑤专业的持续改进。教师培养单位需要不断收集利益相关者（毕业生、用人单位、教师、学生等）的信息数据，综合分析办学定位与培养系统的经验和不足，并定期调整人才培养方案，改进办学策略，持续提高师范专业办学质量，及时跟进社会对教师人才的新需求，向社会输送有用人才。⑥强化专业财政与行政支撑。师范专业具有充足的财政基础与充分的行政自主管理权限，以补充和调动专业师资力量、基础设施（设施、设备和物资）及其他资源，以适应其业务规模发展，并使师范生达到专业、州和机构标准的基础条件。⑦是否满足《高等教育法》规定。师范专业需证明其完全履行了美国《高等教育法》第四章的相关责任。

（二）教师资格的 Praxis 考试制度[1]

在完成认证的师范专业中修满课程获得学位后，师范生获得了申请教师资格认证考试的资格。美国各州教师职业资格认证制度存在一定差别，但是大部分州均采用“Praxis 考试”来衡量教师是否拥有充分的教师知识、能力基础以获得相应学科的教师从业资格。因此，“Praxis 考试”是全美公信度较高的一套教师资格考试评估制度，包括教育者核心技能评估（Praxis Core）和科目评估（Praxis Ⅱ）。大部分州采取结合方式运用“Praxis 考试”制度，即单独采用“Praxis Core”或“Praxis Ⅱ”考试成绩作为一项教师资格评估的依据，再结合州自己设计的相关教师资格模式。也有部分州完全采用或不采用 Praxis Ⅱ。

（1）“Praxis Core”是一项涵盖数学、阅读和写作的核心技能测试，包括：①阅读测试。这方面主要考查考生的阅读、总结和表达对考试所提供的文章的看法和能力。②写作测试。这方面主要考查考生对标准书面英语写作的理解和使用。③数学测试。这方面主要考查学生对于关键数学概念的理解和应用。具体考试内容与分值分布如表 8-5 所示。

表 8-5　Praxis Core 的考试内容

内容	领域（分值占比）	问题数量	时间
阅读测试	关键思想和细节题（35%）	56 道选择题	85 分钟
	技巧、结构和语言技能（30%）		
	知识和思想整合（35%）		
写作测试	文本类型、目的和写作方式（60%）	40 道选择题和 2 道论述题	100 分钟
	写作语言和研究技能（40%）		
数学测试	数字和数量（36%）	56 道问题，包括选择题和填空题	90 分钟
	数据解释和表示、统计和概率（32%）		
	代数和几何（32%）		

[1]　相关内容依据 Praxis 考试网站。

（2）“Praxis Ⅱ”是围绕具体的专业学科领域，对教师职业申请者专业知识基础、专业教学能力等进行评估的考试或程序，包括 3 个评估环节：①教学原则评估（Principles of Learning and Teaching，PLT）。PLT 能够全学段总体或分学段进行教师资格评估（学前幼儿结合 K1–12、学前幼儿、K1~6 年级、K5~9 年级、K7~12 年级），总体或分学段考查教师资格申请者的教学理论、实践能力积累运用情况，包括教学策略、课堂管理和学生评估等。②核心学科考试（Core Subject Assessments），该考试主要考查考生在特定学科方面的知识。③学科特定教学能力考试（Content Knowledge for Teaching，CKT）。该考试主要考查考生在特定年级的教学能力，考试内容包括阅读和语言艺术、数学、科学以及社会研究 4 个领域。

（三）体育教师资格的 Praxis Ⅱ考试标准

Praxis Ⅱ主要通过“体育教育：内容与设计课程（5095）”和“体育教育：内容知识（5091）”两个评估项目考查 K–12 体育教师资格申请者的知识、能力储备情况。两套评估项目主要内容相似，其中“体育教育：内容与设计课程（5095）”增设“教学设计”的主观考查、相对难度更高。各州教育行政机构或教育委员会决定采用 Praxis Ⅱ的哪一个评估项目对 K–12 体育教师资格申请者进行评估。

1. 体育教育：内容与设计课程（5095）

“内容与设计课程（5095）”包括 5 个部分：第一，内容知识与学生成长和发展；第二，管理、动机和沟通；第三，计划、教学和学生评估；第四，协作、反思和技术；第五，教学设计。考试时间 2 小时，包括 90 道选择题和 2 道主观题。具体形式如表 8–6 所示。

表 8–6　体育教育：内容与设计课程（5095）

内容类别	题目类型	时间	问题数量	分值占比
内容知识与学生成长和发展	选择题	90 分钟	27	23%
管理、动机和沟通			23	19%
计划、教学和学生评估			23	19%

续表

内容类别	题目类型	时间	问题数量	分值占比
协作、反思和技术	选择题	90 分钟	17	14%
教学设计	主观题	30 分钟	2	25%

（1）内容知识与学生成长和发展。该部分是“内容与设计课程（5095）”的基础知识考查部分，包括“内容知识”和“学生成长和发展”（表 8–7）。

表 8–7　内容与设计课程（5095）：内容知识与学生的成长和发展

主要内容	具体内容
内容知识	1. 与运动技能和运动相关的基础科学的术语、原理、概念和应用
	2. 生物力学和运动机能学的原理（考查这部分内容的原因是因为这两个概念与运动机能和运动模式有关）
	3. 运动概念
	4. 运动生理学
	5. 解剖学和生理学
	6. 体育教育的当前和历史趋势、问题和发展
	7. 了解各种体育运动、活动和游戏相关规则、策略、技能、技术和概念的相关知识；主要强调篮球、足球、游泳、网球、田径和排球等，提出在体育教育的过程中常出现的其他体育活动的问题
	8. 有关体育设施的使用、班级组织、监督和程序选择的责任和法律考虑
	9. 药物滥用对学生的表现、健康和行为的影响
学生成长和发展	1. 基于学生的成长和运动发展阶段、个人特征和个人需求、学习环境和任务顺序来发展适合学生的学习和练习机会
	2. 基于监测个人和群体的表现设计安全的教学方案，以满足学生在心智、认知和情感领域的发展需求
	3. 学习和完善运动技能和运动模式
	4. 运动发育的感知
	5. 提供与学生的文化、种族、个人价值观、家庭结构、家庭环境和社区价值观相关的适当和有效的指导
	6. 利用适当的专业支持服务和资源来满足学生的需要

（2）管理、动机和沟通。该部分是“内容与设计课程（5095）”的能力考查部分，侧重考查体育教资申请者的“管理、动机”和“沟通能力”（表 8–8）。

表 8–8　内容与设计课程（5095）：管理、动机和沟通

主要内容	具体内容
管理、动机	1. 在体育教育环境中，通过设立课堂管理实践原则，创造有效的学习体验
	2. 影响体育教育环境中个体学习和小组学习、参与、合作及表现的心理和社会因素
	3. 组织、分配和管理资源，以提供积极和公平的学习体验
	4. 鼓励学生在学校和校外参加体育活动
	5. 促进学生之间的积极关系，鼓励学生养成负责任的个人和社会行为，以及营造富有成效的学习环境。
	6. 制订和使用一个有效的行为管理计划
沟通能力	1. 在各种体育活动场景中使用有效的口头和正式的沟通技巧
	2. 在技能习得、学生学习和动机方面提供具体适当的指导性反馈
	3. 通过各种方式交流课堂管理信息和教学信息
	4. 以尊重和理解的方式与学生、同事和家长进行沟通

（3）计划、教学和学生评估。该部分是“内容与设计课程（5095）”的能力考查部分，侧重考查体育教资申请者的“计划、教学”“学生评估”（表 8–9）。

表 8–9　体育教育：内容与设计课程（5095）：计划、教学和学生评估

主要内容	具体内容
计划、教学	1. 通过教育学、社会学、心理学、解剖学和生理学、运动生理学、生物力学和运动学、运动发展和运动学习来教授技巧性运动、体育活动和健身
	2. 通过运动技能活动的顺序安排以及运动概念和有效策略的使用来改善体育教育活动的学习效果和促进运动技能发展
	3. 提供反馈以促进技能发展
	4. 旨在提高与健康和技能相关的体能活动
	5. 适当了解影响体育活动的当前问题、趋势和法律
	6. 识别、制定和实施适当的课程与教学目标和宗旨
	7. 根据地方、州和国家标准、课程目标、教学目标和学生需求制订单元和课程计划
	8. 基于所选内容、学生需求、安全问题、设施和设备以及教学模式，在体育活动中采用适当的教学策略促进学习
	9. 利用教学资源和课程资料来设计学习体验

续表

主要内容	具体内容
计划、教学	10. 通过解释、演示以及适当的教学提示和指令将体育活动概念与学习体验联系起来，并促进运动技能的表现
	11. 运动和健身活动规划的一般和具体安全及伤害预防指南
学生评估	1. 通过各种工具来评估学生的技能表现和健康状况
	2. 通过多种技术收集数据并评估学生在认知和情感领域的学习情况
	3. 了解体质评估体系
	4. 评估的类型和方法
	5. 效度、信度、偏差以及评估结果的解读方式
	6. 采用适当的评估技术来评估和改善学生的理解和表现能力，以此提供反馈的同时传达学生的进步情况，从而指导学生设定个人目标，并指导课程和教学决策
	7. 让学生参与自我评估和同伴评估
	8. 对残疾学生进行适当的评估
	9. 了解《残疾人教育法》和《职业康复法》

（4）协作、反思和技术。该部分是“内容与设计课程（5095）”的能力考查部分，侧重考查体育教资申请者的“协作”“反思”和“技术”（表 8–10）。

表 8–10　体育教育：内容与设计课程（5095）：协作、反思和技术

主要内容	具体内容
协作	1. 当前跨学科的教育问题
	2. 体育教育中跨学科知识与技能的融合
	3. 与学校同事和管理者、家长监护人、社区成员组织建立有效的关系，支持学生成长和福祉
	4. 在学校和社区推广各种体育活动
反思	1. 运用反思促进教师表现、学生学习及教学目标和决策（如规划、教学、评估、反思等）改变
	2. 利用可用资源发展并成为一名善于反思的专业人士
技术	1. 设计、开发并实施整合信息技术的学生学习活动
	2. 利用技术进行沟通、指导、评估、记录、网络构建、资源定位、信息展示等促进专业发展。

（5）教学设计。该部分是“内容与设计课程（5095）”的能力考查部分。

包括两个部分：考核内容和评价标准。

第一，“教学设计”考核内容，侧重考查体育教资申请者的“健身指导”“技能教学”（表8–11）。

表 8–11 体育教育：内容与设计课程（5095）：教学设计

主要内容	具体内容
健身指导	1. 设计提高学生健身活动水平中健康与技能方面的活动
	2. 采用与学生或个体发展阶段相适应的活动来提升其健康水平
	3. 了解不同类型的健康素质
	4. 针对特殊人群的适应性活动进行调整
技能教学	1. 以符合发展阶段的方式对运动技能活动进行排序，以改善体育教育活动的学习效果
	2. 运用动作概念并采用符合发展阶段的策略，以促进技能发展

第二，“教学设计”评价标准。由于教学设计采用主观题形式进行考核，要求考生通过叙述方式应答，结合教学课堂场景、特定学情考查体育教育的专业知识、实践能力，每道题规定有相应的评分标准，评分指南如表 8–12 所示。

表 8–12 内容与设计课程（5095）：教学设计的评分指南

等级	依据	细则
3	对题目中提出的每个问题的回答都是完整且恰当的	1. 清晰具体回答问题，直接针对体育教育实践的有效性
		2. 准确识别出所有适合学生年龄和发展水平的活动
		3. 描述的所有活动对学生是安全的
2	对题目的回答是恰当的，但有一处或多处小错误或遗漏	1. 适当回答问题，恰当地阐述了体育教育实践的有效性
		2. 确定了大多数适合学生年龄和发展水平的活动
		3. 描述的所有活动对学生是安全的
1	回答与题目中一个或几个相关问题，存在严重错误或遗漏	1. 在基本水平上回答了问题的一部分内容
		2. 有以下一个或多个缺失： 2.1 未能回答问题大部分内容，或未能解决体育教育实践关键问题 2.2 确定不适合学生的年龄和发展水平的活动 2.3 描述一个或多个可能对学生造成安全问题的活动

续表

等级	依据	细则
0	该回答完全错误 / 未提供与题目中相关任何想法 / 回答是对题目的简单改写回答偏离主题 / 未认真回答 / 没有答题	1. 未能适当地回答问题的任何部分
		2. 确定不适合学生的年龄和发展水平的活动
		3. 描述的所有活动都可能对学生造成安全的问题，或者没有描述任何活动

2. 体育教育：内容知识（5091）

“体育教育：内容知识（5091）”考核内容包括 4 个部分（表 8–13）：第一，内容知识与学生成长和发展；第二，管理、动机和沟通；第三，计划、教学和学生评估；第四，协作、反思和技术。考试时间 2 小时，题目为 120 道选择题，涉及健身、运动机能学、运动生理学、基本运动和体育知识等，包括体育教育的课程内容、教授体育课程的过程中所需的自然和社会科学的领域知识、健康和安全方面知识。

“体育教育：内容知识（5091）”相对于“体育教育：内容与设计课程（5095）”，缺少“教学设计”内容，重点是考查“内容知识与学生成长和发展”“管理、动机和沟通”以及“计划、教学和学生评估”，考查内容不变，“协作、反思和技术”的分值比例有所提高。考试题型方面发生改动，从“选择 + 主观”变为“单一选择题”。

表 8–13　体育教育：内容知识（5091）

内容类别	题目类型	时间	问题数量	分值占比
内容知识与学生成长和发展	选择题	2 小时	36	30%
管理、动机和沟通	选择题	2 小时	30	25%
计划、教学和学生评估			30	25%
协作、反思和技术			24	20%

二、澳大利亚体育教师职业的资格认证概述

澳大利亚的体育教师资格认证制度被划分为两大类别，分别针对不同类型的申请者。对于在澳大利亚本土成长的体育教师，他们必须成功完成

LANTITE（即初级教师教育学生的读写与计算能力测试），以证明其具备基本的教学所需的读写与计算能力。而对于那些移民至澳大利亚并希望成为体育教师的个体，则需要通过一项专门的体育教学技能评估，该评估旨在全面考查他们的体育教学能力、专业知识、教学方法以及适应澳大利亚教育环境的能力。

（一）澳大利亚体育教育专业毕业生获取教师资格的“全科考试”——LANTITE 测试[1]

LANTITE 测试是澳大利亚政府于 2016 年强制规定的一项政策。该政策由澳大利亚教育研究委员会（ACER）主办，旨在提高未来教师的基础文化素养，确保澳大利亚教育体系能够培养出具备卓越教学能力的教育从业者。通过 LANTITE 测试是注册成为澳大利亚教师的必要条件之一，对于所有学习教师相关课程的学生来说至关重要。

LANTITE 测试主要通过在线评估工具进行，分为文学能力（Literacy）和数学能力（Numeracy）两大部分。这两大部分的测试内容是参考了澳大利亚政府教育和就业技能方案的关键衡量标准——澳大利亚核心技能框架（ACSF）。一套测试题的题目有难有易，中等难度的占大部分，80% 的试题针对 ACSF 的 3 级和 4 级，其余 20% 的试题针对 ACSF 的 2 级和 5 级。从 2023 年 9 月到 2024 年 8 月，LANTITE 考试将不再限制考试次数，考生可以根据自己的需要，多次参加考试以达到所需水平。通常申请人最多参加 3 次考试，超过次数需向所在学校申请。

由于该测试旨在评估澳大利亚师范教育计划中学生的读写能力和计算能力是否超过澳大利亚成年人口的 30%，以支持澳大利亚师范教育计划认证标准第 3.5 条对师范毕业生读写能力和计算能力的要求，因此测试会有一定难度。两大部分的测试时间和题量都是 120 分钟和 65 道题，文学能力测试题型多为小说节选、图表分析、说明文以及澳大利亚土著文化教育等文本的简答题，主要考查词汇量、阅读速度以及分析不同类型文本的能力；

[1] 相关内容依据 ACER 网站内容。

而数学能力测试分为两小部分，难度都与澳大利亚九年级数学课程相近，考查内容涵盖代数、测量与几何、统计与概率等方面，要求考生熟悉部分数学专有词汇并准确理解题意。因为该测试主要目的在于考查申请成为澳大利亚教师的考生的整体素质，以及其是否有能力胜任教学工作，还在于有效地传递知识，促进学生的学习和发展，所以试题文本皆与教师教育相关，主要分为三大类型：个人和社区、学校和教学、继续教育和专业学习，具体如表 8–14 所示。

表 8–14　LANTITE 测试试题文本类型

类型	内容	试题文本占比
个人和社区	涉及与教育儿童和青少年相关的日常、家庭和当地情况。测试文本能力层面，此类型文本内容侧重于关于儿童和青少年教育和成长的传记或小说。测试数学能力层面，此类型文本选择了与教育相关的数学信息，包括教师可能在日常生活中看到的需要运用重要的数学技能来解决相关现实世界问题的情况	45%~55%
学校和教学	涉及单个学校日常一般教学工作，而非专业学科技能。测试文本能力层面，此类型文本内容涵盖教师在课堂、教师团队和学校社区的日常工作中可能合理阅读或使用的任何一般文本。测试数学能力层面，此类型文本是基于学校等一般教师会接触到的场景。这些场景中，教师可能需要合理解释有关学校、教师或学生的数学信息或应用重要的数学技能，突出这些场景中教师的专业性	30%~40%
继续教育和专业学习	涉及人们广泛关注的教育问题，超越了教师直接接触的工作场所，上升到从地区、州、国家或国际层面和视角去考虑。测试文本能力层面，此类型文本内容包括关于教学和学习的理论、社会文化、政治、历史和科学观点，不需要专门的词汇或教师特有的专业知识。测试数学能力层面，此类型文本是与教育相关的，包括对学校教育的比较数据、统计和图形表示的解释和使用	10%~20%

综上所述，LANTITE 测试是澳大利亚政府为提高教育质量而推出的一项重要政策，对于所有希望成为澳大利亚教师的学生来说都至关重要。通过认真备考和多次练习，考生可以顺利通过这一测试，迈出成为合格教育者的第一步。

（二）海外移民获取澳大利亚体育教师资格的“体育教学技能评估”[1]

在海外获得资格的体育教师候选人或寻求以教师身份移民澳大利亚的体育教师候选人必须通过澳大利亚教学和学校领导力研究所（AITSL）的体育教学技能评估，展示他们在体育方面的教学能力，确保他们能够按照澳大利亚标准教授体育。从经认可的澳大利亚大学毕业并获得认可的体育学位的体育教师候选人通常不需要接受单独的体育教学技能评估，因为他们的学位证明其已经具备了必要的能力。体育教师的体育教学技能评估标准是由 AITSL 和州级教学机构制定的，其中评估内容包括一般教学能力和体育学科的技能，如体育课程设计能力、教学实施能力、课堂管理能力以及学生评估与反馈能力等。具体而言，对于体育课程设计能力的评估，会考查体育教师能否根据教学目标和学生特点，设计出合理、有效的教学方案；对于教学实施能力的评估，会考查体育教师在实际教学过程中能否按照教学方案顺利实施教学；对于课堂管理能力的评估，会考查体育教师能否有效管理课堂秩序，确保教学活动顺利进行；对于学生评估与反馈能力的评估，会考查体育教师能否及时、准确地评估学生的学习情况，并给予有效的反馈。

总体上，评估标准会以《国家教师专业标准》（*National Professional Standards for Teachers*，NPST）为基准，要求新移民的体育教师候选人熟悉“三大领域”“7 项标准”和“4 个阶段”（详见第三章第三节）。体育教师体育教学技能评估方式包括 4 种：模拟教学（Microteaching/Simulated Teaching）、课堂观察（Classroom Observation）、教学视频分析（Video Analysis）和学生反馈（Student Feedback）。模拟教学评估中，教师会在一个受控环境中，面对少量学生或评估者进行教学演示，这种环境通常模拟真实的课堂场景，但规模较小，以便评估者仔细观察和评估教师教学技能，评估者根据体育教师的教学表现进行打分和点评；课堂观察则是由评估人员直接进入体育教师的课堂，进行现场观摩和评估，通过观察教师的实际教学情况、学生反应和课堂氛围等，综合评估体育教师的教学技能；教学视频分析是体育教师提交自己的教学视频，评估人员通

[1] 相关内容依据 AITSL 网站。

过观看视频进行分析和评估，这种方式可以更加客观、全面了解体育教师教学情况；学生反馈是通过问卷调查、访谈等方式收集学生对体育教师的教学评价和反馈，学生评价和反馈可作为评估体育教师教学技能的重要依据。

三、英国体育教师职业资格认证概述

（一）英国教师职业资格系统——合格教师资格标准[1]

英国教师培养依赖于“合格教师资格标准”（Qualified Teacher Qualification，QTS），是英国教师培养的重要程序框架，旨在确保有抱负的教师达到在英国提供优质教育所需的高标准。英国不依赖统一考试颁发教师资格证，更多地将QTS过程性考核结果作为受训者获得教资的依据。规定申请人必须满足系列标准才能获得QTS，这是在英格兰公立和非公立特殊学校任教的强制性要求。这些标准涵盖广泛的专业能力，包括学科知识、教学技能、课堂管理和职业行为。通过制定这些严格的标准，QTS标准体系旨在保持全国教学的质量和一致性，确保所有学生无论在何处接受教育都能接受高标准的教育（表8–15）。

表 8–15 合格教师资格标准（QTS）体系

要素 / 标准	详细内容
概述	该文件包含来自教育部的强制性指导，适用于提供评估途径的认证初级教师培训（ITT[2]）提供者
审批	只有经过认证的ITT提供者才能提供评估途径。不合规可能导致撤销许可或认证
入学标准	GCSE标准等同：申请者必须在英语和数学方面达到GCSE 4级或同等水平。小学申请者还必须在科学学科达到这一标准
	学位标准：申请者必须持有英国的第一个学位或同等资格
	适合性：申请者必须适合教学，通过面试和其他预选检查来证明
评估标准	提供：评估必须确保申请者符合所有教师的标准
	年龄范围：申请者应被评估其打算教授的年龄范围
	申请者评估：提供者必须确保对申请者教学能力的严格评估

[1] 相关内容依据英国政府的官方文件托管平台（https://assets.publishing.service.gov.uk）。
[2] 初级教师培训项目（Initial Teacher Training，ITT）.

续表

要素 / 标准	详细内容
管理质量保证标准	管理：认证的 ITT 提供者必须具备适当的管理结构
	合作伙伴关系和结构：提供者必须确保有效的合作伙伴关系和明确的角色与责任
	质量保证：提供者必须有内部和外部的评审程序，并遵守相关法律法规
面试	评估申请者先前经验、智力和学术能力及教学适应性。面试可采用虚拟方式进行，但需进行身份检查
健康身体	提供者必须确保申请者具备教学的健康和身体能力，考虑相关法律法规
背景检查	提供者必须进行适当的预选检查，包括 DBS 检查，以确保申请者的安全性和适应性

QTS 标准体系包含几个重要部分：①要求候选人对将要教授的科目有透彻的了解，确保他们能够准确、引人入胜地传达复杂的概念。②强调有效教学策略的重要性，要求候选人展示针对不同学习需求和环境的各种教学技巧，包括规划和传授能够激励和挑战学生的课程，培养学生对体育学习的热爱。③强调课堂管理技能的重要性。有抱负的教师必须证明他们可以创造和维持一个安全、包容和激励的学习环境，让学生感到支持和激励、并能够发挥潜力，同时能够建立科学管理策略、设置高期望、及时公平解决课堂和课后难题。

QTS 标准系统包括一个严格的评估过程，既包含筛选合适人才进行教师培养，又涉及教师行业的入门门槛审查，更关系教师全生命周期的成长。

（二）教师资格自主授予单位的 QTS 认证[1]

体育学科可以通过开设 PGCE 体育课程的学校，进行课程学习后经培训机构推荐获得 QTS 证书，或者选择 PGCE 课程带有 QTS 的学校在课程完成后直接获得 QTS 证书进入学校从事体育教师职业（表 8–16）。

表 8–16　在英国开设的 PGCE 体育学位

学校	PGCE 体育学位类别
奇切斯特大学	中学体育教育
格林威治大学	中学体育教育带 QTS（11~19 岁）（院校主导） 中学体育教育带 QTS（11~16 岁）

[1] 相关内容依据英国研究生（硕士、博士）课程搜索和申请指导的网站（https：//www.postgraduatesearch.com）。

续表

学校	PGCE 体育学位类别
埃奇希尔大学	小学体育教育专业带 QTS
东英吉利大学	中学体育教育
谢菲尔德哈勒姆大学	中学体育教育带合格教师资格 小学教育（5~11 岁）体育教育专业带合格教师资格
巴斯斯巴大学	中学体育教育
赫特福德郡大学	中学体育教育
罗汉普顿大学	中学：体育教育
伍尔弗汉普顿大学	中学教育：体育教育
金斯顿大学	学校教学［达到合格教师资格（QTS）］：体育教育
斯塔福德郡大学	中学体育教育
雷丁大学	中学体育教育
格洛斯特主教大学	中学（体育教育）
伯明翰城市大学	小学和早期教育（体育）带 QTS – PGCE
埃克塞特大学	中学体育教育（PE）
利兹贝克特大学	中学教育（11~18 岁）体育教育带合格教师资格

注：附带QTS（合格教师身份）的PGCE完成课程学习后可直接进入学校任职。

（三）QTS 认证的教师培养课程（学历教育）——PGCE

完成大学相关课程的学习是获得 QTS 认证的重要路径。根据 QTS，大学需按照相关标准开设专门课程——PECE（Post Graduate Certificate Education）。以拉夫堡大学为例，该校精心设计 PGCE 体育教育课程，旨在全方位塑造未来的体育教育者。该课程不仅确保学生在培训结束时满足教师标准并获得合格教师身份，更核心的是它致力于培养一群知识丰富、自信满满且具备深刻反思能力的中学体育专业教师，为学生持续成长发展提供支撑。拉夫堡大学 PGCE 课程为全日制课程，包括 5 个课程模块（表 8–17），为期 36 周 90 学分并有效结合理论与实践。三分之二时间在校园接受经验丰富的专家教师指导，另外接近三分之一时间用于教学实践提升自身的教学能力和技巧。通过 PECE 系统培养学生一般性知识及专业性技能，激发学生批判性思考，建立起理论与实践之间的紧密联系，为学生未来职业生涯奠定坚实的基础。通过 PECE 课程证明符合教师标准后，拉夫堡大学授予合格者合格教师资格（QTS）证书。

表 8–17　PGCE 课程设置[1]

类型	课程	内容
模块一	中学通用专业研究	目标：①对中学教师更广泛的专业要求有系统地认识和理解；②培养对当代全校性问题的批判性认识和意识（这些问题来自专业实践，培养学生批判性地评估与教师更广泛的专业角色相关的政策和研究）。
模块二	反思性体育教师	目标：使学生具备必要的基础知识、理解和技能，以分析和评估中学体育教育中学科知识、教师与教学、学习者与学习以及情境和行为之间的联系和相互依存关系
模块三	体育教学中的情境教学：学校实习 1	在您的第一次长期实习中，您最初将参与一项有计划地观察和协助资深教师的计划，旨在培养您与学生一起工作的信心，然后随着您技能和信心的增长，您将逐步增加教学量。本模块的目标是让您：开始将中学体育专业教师需要的一般和具体知识以及教学技能，以及《核心内容框架》中详细规定的基本教学能力应用于教学实践
模块四	成为反思型体育教师	为您提供更高级的知识、理解和技能，以及进一步的经验和见解，以便对中学体育教学中学科知识、教师和学生、学习者和学习以及情境和行为之间的联系和相互依赖关系进行批判性分析和评估
模块五	在体育教学中的情境中嵌入和增强教学：学校实习 2	在您的第二次长期实习中，您将在前几周遵循类似的模式和计划，并逐渐承担起教师的全部职责。本模块将使您能够：发展在中学体育教学中成为体育专业教师所需的教学技能；运用《核心内容框架》中详细规定的一般和具体知识以及教学技能 / 能力，以满足《教师标准》的要求

（四）入职前教师能力培养项目——ITT[2]

教师通过 PGCE 获得 QTS 后成为“初级教师”，在入职校园正式开展教学活动之前，英国教育部专门开发了 ITT，为即将进入教学职业的个人提供系统化教育培训，以确保他们具备成为合格教师所需的知识、技能和态度。ITT 是教育工作者职业发展的关键阶段，为他们未来的教学事业奠定基础。通过 ITT 提高教师素质，改善学生学习成果，特别是对弱势背景的学生。ITT 课程结构设计灵活，以满足不同学科和教育阶段的要求。它通常包括几个主要部分：理论学习、实践教学、行为管理、专业发展、课程设计与实施、评

[1] 相关内容依据拉夫堡大学网站。
[2] 相关内容依据英国政府的官方文件托管平台（https://assets.publishing.service.gov.uk）。

估与反馈、法律与道德规范以及入职培训与支持，具体如表 8–18 所示。

表 8–18 ITT 课程结构

课程结构	详细内容
理论学习	采用讲座、研讨会等方式学习教育理论、学习心理学、教学方法、评估方法等理论
实践教学	实习教师在合作学校的实际课堂进行教学实践，接受指导、积累实际教学经验
行为管理	学习有效管理课堂行为，建立积极学习环境，包括设置规则和期望、优化管理策略等
专业发展	持续职业发展，通过反思、导师指导和专业学习等社区支持，提升专业知识和教学技能
课程设计与实施	学习如何设计和实施符合国家课程标准的课程，确保学生能够掌握所需的知识和技能
评估与反馈	学习如何进行有效的学生评估，提供建设性的反馈，帮助学生改进学习成果
法律与道德规范	了解与教育相关法律法规和职业道德标准，包括学生保护、平等机会和职业行为规范
入职培训与支持	新教师进入教学岗位后的支持计划，包括导师指导、同伴支持和职业发展计划

ITT 的框架设计涵盖所有学科和阶段的培训内容，但强调培训需要根据具体学科和阶段进行调整，确保基础知识的掌握。强调提供高质量支持，特别是在教师职业生涯的最初几年。同时提供者与合作学校需协作，确保框架的成功实施，确保所有培训生获得完整的培训内容。具体内容如表 8–19 所示。

表 8–19 ITT 核心内容框架

核心领域	对应教师标准	内容
行为管理	高期望（S1），管理行为（S7）	设置高期望、建立互信和尊重的文化、有效的行为管理策略
教学法	学生学习方式（S2）；课堂实践（S4）；适应性教学（S5）	理解学生如何学习、设计有效课堂活动、调整教学以适应不同学生需求
课程	课程知识（S3）	深入了解学科内容、确保学生掌握基础知识和概念
评估	评估（S6）	提供有效反馈、进行准确评估以指导教学
专业行为	专业行为（S8）	持续专业发展、高标准职业行为、与同事和社区建立良好关系

（五）体育学科教师的 ITT 课程框架

体育教育（PE）的 ITT 课程是在 ITT 总体框架下，结合体育学科特征，专门为见习教师在不同教育阶段教授体育课而设的，通常侧重于培养在这一学科领域进行有效教学所必需的实践技能和教学知识（表 8–20），确保体育教师做好充分准备，以促进学生身体健康、团队合作和体育精神。

表 8–20　体育学科的 ITT 框架

培养内容	具体概念
实践技能	学员接受各种运动和体育活动的广泛培训，学习如何有效地向不同年龄和能力的学生传授这些技能
教学法	课程涵盖体育教学方法，包括备课、评估、调整活动以满足不同需求和全纳教育实践
健康与安全	强调体育活动中的安全，包括急救、风险评估和创建安全的学习环境
理论知识	学员还将学习体育教育的基础理论，如运动的生理和心理益处、体育科学以及体育在整个教育课程中的作用

四、日本体育教师职业资格认证概述

日本体育教师资格认证方式包括两种：①通过符合日本教师执照制度中免试标准和条件直接获得教师资格；②通过日本教师资格考试制度获得。

（一）日本体育教师执照免试标准与条件

体育教师执照是日本体育教师从事教育工作的必备资格证明，类似于我国的体育教师资格证。当前，日本采用的体育教师执照涵盖 3 类执照：普通、特别及临时教师执照。具体来说，普通体育教师执照是面向各类学校中担任教学及养护职责的教师所颁发的资格认证；特别体育教师执照则专注于各类型学校教师的专业领域资格认定，这是为了吸纳无执照但具有广博知识或丰厚经验的优秀社会人士进入学校执教而设立的，该执照由都、道、府、县教育委员会审查并授予；临时体育教师执照则专为助教及养护助教在各类学校中的短期教学任务设计，这是一种临时授予的“助教师”执照，并且其证书尤为特别，其有效期限限定为三年，且适用范围局限于特定区域。进一步细化，普通体育教师执照依据所服务的学校类型，细分为多个专项执照，如幼儿园、小学、初中、高中及特殊教育等专用资格证书。在每个学校类型下，该类执照又被细化为 3 个等级，自高到低依次为专修执照、一类执照和二类执照。值得注意的是，高中教师的执照体系仅包含专修执照和一类执照两个层级。具体内容如表 8–21 所示。

表 8–21　日本体育教师执照分类[1]

<table>
<tr><th>三大类别执照</th><th>专项执照</th><th>执照等级</th></tr>
<tr><td rowspan="5">普通体育教师执照</td><td>幼儿园</td><td rowspan="4">①专修执照：相当于修完体育硕士课程所获得的执照
②一类执照：相当于大学体育专业毕业所获得的执照
③二类执照：相当于短期大学体育专业毕业所获得的执照</td></tr>
<tr><td>小学</td></tr>
<tr><td>初中</td></tr>
<tr><td>特殊教育</td></tr>
<tr><td>高中</td><td>专修执照 / 一类执照</td></tr>
<tr><td>特别体育教师执照</td><td colspan="2" rowspan="2">—</td></tr>
<tr><td>临时体育教师执照</td></tr>
</table>

虽然日本教师执照制度规定体育教师必须通过体育教师资格考试获得教师执照方可上岗任教，但若是满足“持有特定教育机构毕业证书者，持有师范学校、中学校、高等女学校或高等学校高等科教员证书者，高等学校高等科或大学预科毕业者，在文部省直属学校接受体育学科的学习并毕业者，中学校或高等女学校毕业者，具有其他府县授予的小学教师资格证者，文部省直辖学校体育学科、特别接受适合体育教师职业教育的毕业生，由府县知事认定的具有特殊才能或经验的人才”中的一个条件，皆可免试获得日本体育教师执照。其中，修满一定体育专业学分毕业即可免试获得体育教师执照的大学通常包括日本筑波大学、静冈县立大学和鹿屋体育大学等体育类大学或设有体育专业的日本大学。值得注意的是，不同的体育学科获得的日本体育教师执照等级也会有所不同，以日本体育科学大学为例（表 8–22）。而中学校或高等女学校毕业者需要满足额外的条件，如毕业后从事小学体育教育工作 2 年以上，或在特定教育机构接受了体育教师职业教育并毕业，以及具有其他府县授予的小学体育教师资格证者这类人群是需要在特定条件下方可免

[1]　相关内容依据日本文部科学省网站。

试获得更高级别的体育教师执照[1]。

表 8-22　日本体育科学大学体育学科对应专项执照分类[2]

学科	专项执照类型
体育学科	高中一类、初中一类、特殊教育一类
健康学科	
儿童体育教育	小学一类、初中一类、幼儿园一类
武术教育系	高中一类、初中一类
体育与国际学系	
体育管理系	
体育生活管理系	
体育教育专业硕士	高中一类、初中一类、特殊教育一类
实用学科教育硕士	小学一类

（二）日本体育教师的资格认证考试程序与标准

日本体育教师资格认证考试制度是一套全面且严格的体系，旨在通过对有意成为体育教师的人才进行与教师相关知识和技能方面的考试考核，以此获得相应体育教师资格执照，确保任职的日本体育教师具备足够的专业素养和教学能力。此制度经历了“设立高等教育教师资格考试—设立小学和特殊教育教师资格考试，废止高等教育教师资格考试—设立幼儿园教师资格考试—将考试相关事务移交到教职员支援机构”的演变过程。由此也可知日本体育教师资格认证考试制度发展是一个循序渐进、逐步完善的过程，以及资格认定机构并不会一成不变。

1. 报考资格

报考日本体育教师资格认证考试，首先需要申请者是为日本公民或符合相关规定的非日本籍人士；其次年龄和学历方面通常要求申请者是 20 岁以上，具备高等教育学历，如大学本科及以上学历，且所学专业须与申请的教师资格类别相关，但若申请的是幼儿园体育教师资格，申请者也可是拥有保育员 3 年

[1] 相关内容依据日本文部科学省网站。
[2] 相关内容依据日本体育大学网站。

以上的工作经验者；最后在健康状况方面，申请者需具备良好的身体健康状况，以胜任教师工作。

2. 考试内容

（1）幼儿园体育教师师资考试。申请者提交了相关证明材料，如学历证书、语言能力证书等，以证明其符合基本的资格要求，通过考试资格审核后，便可参与考试。不同的体育教师资格执照类型，其资格认定考试的考试内容也会有所不同。幼儿园体育教师资格认证考试，只需要进行一次笔试考试，考试内容涵盖了与体育学科和教师职业相关的科目（与教育原理、教育法规、教育心理、特殊教育等有关的内容）、与体育学科和教师职业相关的科目（与保育指导法、教育课程、教育方法、幼儿教育、教育咨询等有关的内容）和与幼儿园教育实践有关的科目［幼儿园教育要领、幼儿园教育要领解说、文部科学省编制的幼儿园教育指导资料等以及基于共同课题的指导方案（周方案、日方案）的编制有关内容］[1]。

（2）小学体育教师资格考试。小学体育教师资格认证考试需要进行 3 次考试：①第一次考试通常为笔试，考查通识科目和体育学科的基础知识；②第二次考试是进一步深入考查专门内容和体育学科的知识，可能包括笔试和口试；③第三次考试是对教师实践能力的考查，评估申请者的教学实践能力。

最后都会根据所有考试的成绩和表现，如各科目的笔试成绩是否达到了合格线、面试和模拟授课的表现是否得到考官的认可以及是否展现出了良好的教学技巧和学生指导能力等，进行综合评估，确定该申请者是否通过考试。其中与体育学科相关的问题可分为以下几个方面：实践理论、体育理论、健康理论、课程指南和教学方法，总体上还是以实践技能理论和课程指引为主。考试题型方面具有广泛性的特点，题型包括实操、田径、排球、篮球、足球、垒球等球类运动，剑道、柔道等武术以及游泳、舞蹈等，从技术术语到竞赛规则，一应俱全，但出现了论述题逐渐减少、选择题增多的趋势，面试问题还包括教学时的注意事项。考试内容范围广泛，包括健康与保健药品、兴奋剂、急救、生活方式相关疾病、健康促进、食品问题、环境问题、心理健康问题等。其

[1] 相关内容依据日本文部科学省网站。

中在考核体育理论方面，则是从运动的理论与特点、各种训练方法、体育推广、体能测试、终身体育教育等方面提出问题。

五、加拿大体育教师职业资格认证概述

加拿大作为联邦制国家，并没有全国统一的教育制度，各个省的教育由各省政府负责，并设置相对应的教育部来负责各省的教育事业。因此，不同省之间的教师资格制度也有所不同[1]。所以，本书以加拿大不列颠哥伦比亚省（British Columbia，BC）为例，BC省作为加拿大教育系统最好的省份，坐拥世界三大名校：不列颠哥伦比亚大学、西蒙菲莎大学以及维多利亚大学，其学科实力不容小觑。这3所大学同样是经过BC省教师委员会批准认定的教师教育培养机构，其毕业生可以直接获得BC省的体育教师资格证书，拥有该省体育教师资格证书可以使获得者拥有在该省教书的资格，本书将具体阐述该省体育教师资格申请的要求：

（1）申请人必须具有BC 12级（同等学力）

这是BC省对于申请人的学历基本要求。

（2）体育教师证书申请人必须完成高等体育教师教育计划

①完成BC省要求的体育教师教育计划。在BC省完成体育教师教育课程的申请人需要完成以下课程（表8–23）：由BC省的专业教育机构提供；目前已获得BC省教师教育计划的大学有汤姆逊河大学、不列颠哥伦比亚奥肯那根分校、北不列颠哥伦比亚大学、维多利亚大学、温哥华岛大学、西蒙菲莎大学、西三一大学、菲沙河谷大学以及不列颠哥伦比亚大学这九所学校。具体审核标准如表8–23所示。

②没有在BC省内完成经过认证的体育教师教育计划。若是在BC省以外完成体育教师教育的申请人必须完成可接受的体育教师教育计划：在经认可的体育教师教育机构完成相关的学位；完成包括至少18个学分的体育专业教育课程；完成包括为期10周的可接受实习，实习地点为幼儿园至12年级（K–12）学校，并由学校的指导教师以及高等教育机构的教职员工或主管进

[1] 相关内容依据加拿大不列颠哥伦比亚省网站。

行观察、审查和评估；授权申请人在高等教育机构所在辖区的 K–12 学校系统中任教。在加拿大境外完成可接受的体育教师教育课程并有资格获得有条件证书（Conditional Certificate）的体育教师资格证书申请人，必须在其有条件证书有效期内完成所需课程。

③从加拿大其他省或地区迁入 BC 省的体育教师。从其他省或地区迁入此地的教师可能有资格获得教师资格证书，而无需参加额外课程。以下两种情况能够直接获得 BC 省体育教师证书：一是持有加拿大其他省或地区颁发的现行、有效、不受限制的教学证书、符合 BC 省的教学能力标准以及填写并提交申请和所需文件。二是根据加拿大自由贸易协定，持有加拿大其他司法管辖区有效、不受限制的专业教学证书的人员将有资格获得 BC 省同等的专业资格证书，而无须完成额外的课程。如果申请人获得认证的加拿大司法管辖区没有语言能力要求，则可能会要求申请人证明其语言能力。

表 8–23　加拿大 BC 省教师教育计划审核标准 [1]

标准	具体要求
标准 1：设计、开发和交付	1.1 计划确保与设计、开发和交付相关的所有事项保持一致并符合适用的 BC 法规
	1.2 该项目具有连贯的理念和基本原理，基于研究和基于证据的理解，该项目将如何培养符合 BC 教育工作者专业标准和认证标准的优秀教师
	1.3 课程按顺序交付课程内容，包括实习，有助于实现 BC 教育工作者专业标准和认证标准
	1.4 项目设计教学方法，包括在线教学，以最大限度地提高访问权限并保持教学的互动性和关系完整性
	1.5 在推荐毕业生获得认证之前，课程提供至少 60 学分 / 学期的专业准备，结合课程作业和实习
标准 2：选择、保留和完成	2.1 计划具有多方面的选择标准，以促进潜在候选人的多样性，并制定政策，确保所有教师候选人享有公平的机会
	2.2 计划确保教师候选人了解该计划的评估系统，包括其实习期望以及进入该计划、继续参加该计划、在计划内提供住宿以及退出和重新参加的政策和标准
	2.3 计划对于暂停和重新加入计划制定了透明的政策，以确保教师候选人在合理的时间内完成课程，以满足 BC 教育工作者专业标准和认证标准所需的要求
	2.4 该计划确保所有教师候选人在开始实习之前完成犯罪记录检查

[1] 相关内容依据加拿大不列颠哥伦比亚省政府网站。

续表

标准	具体要求
标准 3：内容知识、教学和专业倾向	3.1 计划确保教师候选人了解 BC 课程并使用适当的教学方法
	3.2 这些计划确保教师候选人拥有其课程领域的教学知识，以设计和实施基于研究和证据的学习体验，以促进所有学生的成功
	3.3 计划确保教师候选人理解并使用多种评估方法来衡量学生的学习情况，并使用评估结果来调整他们的教学以满足学生的需求
	3.4 计划确保教师候选人了解儿童和青少年如何发展为学习者和社会人，承认并尊重他们在认知、语言、社会、文化、情感和身体方面的差异，设计并实施发展性的、适合年龄的、相关的学习体验
	3.5 计划确保教师候选人在其课程中使用技术，适当应用它们，并指导学生以安全、负责任和有效的方式使用技术
	3.6 计划确保教师候选人认识并重视个体差异和积极的个人身份的重要性，以创造安全和包容的学习环境
	3.7 这些计划确保教师候选人认识并尊重学校学生的多样性，以创造安全、反种族主义和社会公正的学习空间，引发对当代社会问题的批判性反思
	3.8 这些计划确保教师候选人认识到文化认同的重要性，重视本土教学法和未挪用的本土知识，能够将这些观点融入他们的教学中，并了解他们在推动“真相与和解委员会（TRC）行动呼吁”中的作用
	3.9 计划确保教师候选人理解并表现出以 BC 背景下的研究、法律法规、法规和道德原则为指导的职业责任感
	3.10 这些计划确保教师候选人表现出反思性的教学方法，并将自己视为终身学习者
	3.11 这些计划确保教师候选人对自己和他人的身心健康表现出反思性的方法
标准 4：实习	4.1 项目与实习合作伙伴合作设计、实施和评估实习，以确保教师候选人获得展示有效教学所需的指导
	4.2 项目与实习合作伙伴合作，确保教师候选人了解职业期望以及学校和学区内的雇佣关系
	4.3 项目与实习合作伙伴合作，确保教师候选人知道何时以及如何访问学区、当地社区、省和联邦资源来满足学生的需求
	4.4 项目提供至少 16 周的高质量实习，涵盖教师候选人期望教授的年级水平和课程领域范围
	4.5 在第 4.4 节要求的 16 周实习期间，计划必须包括至少连续 10 周的总结性实习，包括在推荐教师候选人获得认证之前由教师教育计划进行现场监督
	4.6 项目展示了为教师候选人提供各种实习的整体努力，其中包括不同的学生和教育工作者群体
	4.7 项目可以灵活地为选定的教师候选人提供额外的机会来展示其持续有效的教学并让其在必要时完成总结性实习

续表

标准	具体要求
标准 5：质量保证	5.1 计划与其机构的内部和外部质量保证结构和流程保持一致
	5.2 计划设计和评估流程确定了每项 BC 教育工作者专业标准的教学、实践和评估地点。计划有流程来确定教师候选人在毕业前如何根据 BC 教育工作者的所有专业标准展示成功的表现
	5.3 计划有流程来展示教师教育计划如何确保毕业生符合认证标准
	5.4 计划具有持续收集、分析和评估来自评估措施的数据的流程，包括自学和外部审查，以便为计划改进和定期 BCTC 审查提供信息
	5.5 计划制定了支持教师和教师候选人与教师教育计划和现场同事合作的流程
	5.6 项目拥有满足教师教育项目批准标准所需的领导、权力、预算、资源、人员、设施和技术
	5.7 项目拥有满足教师教育项目批准标准所需的领导、权力、预算、资源、人员、设施和技术
	5.8 计划有流程来展示它们如何满足当地、区域、农村、偏远和原住民社区的需求

（3）体育教师资格证书申请人必须精通英语或法语。所有体育教师资格证书的申请人均须证明其语言能力符合认证标准。申请人可通过提供满足其中一项可接受要求的证明来证明其英语或法语能力（表 8–24）。

表 8–24　加拿大 BC 省教师资格证书的语言要求

语种	具体要求
英语	在加拿大完成英语中学教育（包括 12 年级）
	完成 BC 省认可的英语教师教育课程，并获得该课程的教师资格认证推荐
	完成 BC 省可接受的英语更新课程，符合认证标准（2019）
	完成加拿大其他管辖区认可的英语教师教育课程
	完成至少 4 年的英语专业教育，其中必须包括可接受的教师教育计划
	经核实的在加拿大 K–12 英语教学经验，在申请前的 5 年内至少有 3 年全职（同等兼职）教学经验，并有成功的教学报告
	经核实的 K–12 教学经验，在以英语为主要教学语言的学校，在申请前的 5 年内至少有 3 年全职（同等兼职）教学经验，并有成功的教学报告
	TOEFL iBT（机构代码 8693）成绩：总分 95 分，阅读、听力和写作不低于 23 分，口语不低于 25 分
	雅思学术成绩：总分 6.5，单项不低于 6，口语单项不低于 6.5
法语	在加拿大完成法语中学教育（包括 12 年级）
	完成 BC 省批准的法语教师教育课程，并获得该课程的教师资格认证推荐

续表

语种	具体要求
法语	完成 BC 省法语更新课程，符合认证标准（2019）
	完成加拿大其他管辖区认可的法语教师教育课程
	完成至少 4 年的法语专业教育，其中必须包括可接受的教师教育计划
	BC 省第 93 学区（法语教育管理局）出具的一封证明您法语流利程度和熟练程度的信函
	经核实的在加拿大 K–12 法语教学经验，在申请前的 5 年内至少有 3 年全职（兼职）教学经验，并有成功的教学报告
	经核实的 K–12 教学经验，在以法语为主教学语言的学校任教，在申请前的 5 年内至少有 3 年全职（兼职）教学经验，并有成功的教学报告
	法语文凭（DALF）最低成绩为 C1
	法语文凭（DELF）最低成绩为 B1

（4）体育教师资格证书申请人需要经过犯罪调查。体育教师资格证书申请人必须品行良好，品德良好，适合任教。

（5）申请体育教师资格证书。一般来说，若是满足以上的所有要求，即可申请无有效期限制的体育专业资格证书（Professional Certificate），持有该资格证书的体育教师可以在任何 BC 省的 K–12 公立学校任教。若是没有达到所有要求，在特定情况下如未完成全部体育教师教育专业课程、该学区急需教师且申请人仍在完成相关的体育教师教育计划等，可以申请有条件的证书，该证书的最长有效期为 60 个月。体育教师资格证书还有一种特殊的类型就是独立学校教学证书（Independent School Teaching Certificate），该证书的特别之处在于颁发给仅受雇于独立学校的教师，主要包含系统限制证书和主题限制证书。其中系统限制证书无有效期限制，但只限在 BC 省独立蒙特梭利或华德福学校任教。而体育限制证书有效期最长为 60 个月且只能教授与其体育直接相关的科目，若是其持有者证明自己拥有 1.5 年全职教授体育课程的教学经验，则可以直接升级为永久的体育教师证书。

第三节　国外体育教师的继续教育与职业发展

一、美国体育教师的职后培训与专业发展

（一）美国教师执照续签与继续教育学分制度

1. 美国教师执照续签概述

美国教师执照属非永久制，与教师继续教育挂钩。美国各州均规定：美国教师资格认证考核后申请的首个教师执照统称“初级教师资格执照”。教师需要经历系统性的继续教育学习，获得专业发展积分（Professional Development Points，PDPs）和继续教育学分（Continuing Education Units，CEUs），才能将“初级教师资格执照”更换为“正式体育教师执照”，并持续维持教师资格执照的有效性。体育教师执教资格的有效性同样依赖于继续教育的必修课学习。当然，美国各州为体育教师开设的继续教育培训课程形式多样，包括学术会议、研讨会、讲习班以及高等教育课程等，获得 PDPs 和 CEUs 方式也很多元，如在线课程和网络研讨会、志愿者、自主学习等。

2. 美国教师执照续签要求

由于美国独特的教育体系，美国各州规定的教师执照续签要求也有所不同。例如，阿拉斯加州规定申请续签需要完成 6 个续签学分，学分获取方式与教师专业相关，1 个续签学分相当于经过认证的教师教育单位提供的 15 个小时继续教育学分或一个学期的大学学分。亚利桑那州规定申请续签需要完成 180 小时的专业发展积分[1]。美国各州获得执照续签的相关积分或者学分的方式也是存在差别。大部分州要求教师持有教师执照期限内，需要参加利福尼亚州政府认证或批准的教师教育培训机构组织的“教师教育发展项目”获取续签或升级教师等级所需的继续教育、专业发展学分，具体包括以下内容:

（1）根据实际情况提交续签申请。美国部分州不需要教师经过继续教育获得专业发展学分就申请续签，如弗吉尼亚州和威斯康星州要求申请人可以

[1]　相关内容依据美国广泛使用的教师资格认证和教师职业发展的教育类网站（https://www.teachercertificationdegrees.com）。

根据实际需求申请教师执照续签。

（2）多样化学分积分获取方式。不同州允许申请人根据自身特点选择适合的继续教育方式、在规定时间范围内获得积分或学分达到续签要求。例如，在亚拉巴马州，教师通过全职教育工作经验、专业发展时间或允许学分这三者中任意一项来实现教师执照续签；佐治亚州规定申请者只需满足在佐治亚州政府认可的本科院校进行相关专业课程学习，或佐治亚政府组织的专业机构培训，或参加美国教育部教师研讨会、参加国家级别继续教育与培训协会批准的继续教育课程中的任意一项便可完成教师执照续签。

（3）继续教育时效控制。申请人需要在教师执照有效期限内完成规定的专业发展学分。最大限度地确保教师队伍的整体素质和教学能力维持在一个水平。

（4）特殊教育学分。申请人需要在完成专业发展学分的同时完成一定的特殊教育领域学分，如佛罗里达州，要求申请人需要完成一个学期的残疾学生教学学分。通过特殊教育领域学分研学，促使教师学习掌握一定特殊教育的知识和技能。

（5）就职学校提供相关证明。申请人教师执照的升级或续签需要学校提供相关证明，如新泽西州，申请人的临时教师执照的升级就需要由所就职学校的校长进行推荐并由学校代为提交相关的文件。学校作为教师在职期间的主要工作评估者，能够为教师的教学能力、职业道德和学生反馈等提供最直接的证据。要求学校提供相关证明，可以确保只有表现达到一定水平的教师才能获得教师执照的升级或续签资格。

（6）NBPTS 认证。申请人可以通过国家专业教学标准委员会（NBPTS）认证获得执照续签的资格，如华盛顿州允许申请人可提交 NBPTS 有效证书进行续签，与 100 学时专业发展、大学课程以及专业成长计划（PGP）等专业发展学分具有同等效力。

（7）修读更高教育学位。申请人可以通过修读更高的教育学位来满足教师执照的续签要求，如密歇根州允许申请人通过获得与教育学相关的硕士学位或更高学位来满足教师执照的续签要求，这与完成 150 小时的教育相关专业学习具有同等的效力。

（8）执照续签次数。申请人根据执照的续签次数来确定执照续签的学分要求。例如，肯塔基州执照续签的要求就是随着执照续签的次数而变动的，第一次、第二次以及后续执照的续签要求都是完全不同的。第一次续签要求申请人完成15个研究生课程学时或完成继续教育选项（CEO），第二次续签要求申请人完成经州政府批准的硕士学位或32个研究生课程学时或首席执行官要求，之后的续签要求申请人完成至少3年的课堂教学或6个学期的额外研究生学分。

（9）学位挂钩学分。申请人根据自身学位确定执照续签的学分要求。例如，堪萨斯州执照续签要求就是与学位进行挂钩，硕士学位申请人可以获得堪萨斯州当地专业发展委员会颁发的120个专业发展学分；本科学位申请人则是可以获得堪萨斯州当地发展委员会颁发的160个发展学分，其中至少80学分与大学学分挂钩。通过对更高学位的申请人提供相对较少的学分要求，间接鼓励教师追求更高学术成就，有助于提升整体教师队伍学术水平。

（二）美国体育教师的职业标准

体育教师入职后需要根据美国体育教师的职业标准开展相关工作、谋求职业发展、进行继续教育。其中，基于《教师应该知道什么和能够做什么》（*What Teachers Should Know and Be Able to Do*）制定的美国体育教师职业标准是美国体育教师的职业行动、职业发展乃至继续教育方式、形式的重要依据。

1.《教师应该知道什么和能够做什么》的制定背景

1987年，国家专业教学标准委员会（National Board for Professional Teaching Standards，NBPTS）成立，是美国一个非营利性、无党派非政府组织，旨在提升美国教学专业地位、声望和作用，通过制定高标准的教师专业标准和评估认证体系，推动教育质量全面提升。1989年NBPTS制定颁布《教师应该知道什么和能够做什么》政策，构成所有国家委员会标准和国家委员会认证的基础[1]，强调五大原则：激励教师致力于学生高效学习、强化教师精通所教授的学科内容、督促教师加强对学生学习的监控、引导教师系统反思提高教学实践效率、帮助教师建设学习共同体。

2. **体育教师职业标准的制定**[2]

NBPTS 基于《教师应该知道什么和能够做什么》制定体育教师职业标准，包括学生知识、学科知识、课程选择、体育促进健康、学习环境、多样与包容、教学实践、评价、反思性实践、合作与伙伴关系、专业发展及倡导（表 8–25）。

表 8–25　美国体育教师标准

标准	内涵
学生知识	了解学生独特的个人品质和特点，与学生建立积极关系，为学生创造有意义的学习体验，培养学生对终身体育活动和健康的有益态度
学科知识	能够利用其深厚的学科知识，培养、发展学生体育素养
课程选择	根据学生需求、兴趣推动课程选择与课程建设，全面推动体育教育计划实施
体育促进健康	将健康理念融入课程，提供积极的信息体验，引导学生作出有利于健康幸福的独立选择
学习环境	创造良好课堂环境，让所有学生在安全、尊重的学习氛围中参与学习
多样与包容	创造包容、诚信、安全、公平、公正的学习环境，尊重学生独特性，形成良性社交氛围
教学实践	有效开展教学实践，并最大限度提高学生参与度，促进学生体育学习和健康幸福
评价	教师能够选择、设计和利用评估改善学生学习、调整教学、增强体育教育计划的
反思性实践	教师要有效反省，不断突破自我局限追求专业成长，提高教学效率、改善学生学习效果
合作与伙伴关系	帮助教师与其他教育工作者、利益相关者建立合作伙伴关系，提高学生学习效果
专业发展	树立教师职业的社会地位，成为受人尊敬的领导者，帮助学生成长并满足学生的多样化需求
倡导	帮助教师成长为体育健康理念的倡导者，成为健康积极生活方式的推行者

（三）美国体育教师的继续教育方式

美国教师执照制度与继续教育高度关联，继续教育方式多种多样，主要包括在线课程培训、研讨会和专业发展日、学术会议、研究生课程、专业认

[1] 相关内容依据 NBPTS 网站。
[2] 同 [1]。

证计划等。美国许多州的教育部门选择 SHAPE 作为继续教育的重要方式[1]，其能够提供在线课程和培训、研讨会和专业发展、学术会议等多种继续教育方式，是体育教师群体开展继续教育的途径，还能细分出 3 个模块。

1. 美国在线课程与学分模块

美国在线课程与学分模块（SHAPE America Online Courses and CHES Credits）可以为体育教师提供广泛的在线课程和培训资源，教师可以根据自己的需求参加免费或收费的课程，每个课程都有提供确切的名称、类型、适用范围以及学分。例如，“健康教育课程建设者”这一门课，可以为教师提供 20 个小时培训，是面向 K–12 体育教师所开展的，课程内容较为丰富（表 8–26）

表 8–26 “健康教育课程建设者”的具体内容[2]

课程类型	课程概述	预期效果
国家健康教育标准课程	概述国家健康教育标准（NHES）以及使用 NHES 作为健康教育计划基础的策略	了解健康教育是全学校、社区、儿童模式的组成部分，列出并描述国家健康教育标准，解释基于技能的健康教育方法，确定 NHES 与健康素养的关系，向各类受众（即管理人员、家长和同事）解释每项国家标准的重要性和相关性，讨论 NHES 与国家标准的关系，确定每个国家标准内的等级绩效指标（PI）
健康教育课程规划	利用 NHES 和学前至 12 年级健康教育绩效指标，说明在年级内（横向映射）和跨年级（纵向映射）进行课程映射的过程	将适当的做法纳入学校健康教育课程发展中，运用有效的健康教育课程的特点，制定健康教育主题、功能信息和技能的范围和顺序
健康教育单元和课程计划	补充国家健康教育标准，并协助学习该课程的教师创建课程，以此帮助学生养成和保持有益健康的行为并尽量减少危险行为	将适当的做法纳入学校健康教育的教学策略，采用逆向设计制订健康教育单元计划，制订基于技能的健康教育课程计划
健康教育评估	介绍健康教育中形成性和总结性评估的基础知识。它将分享评估学生时使用的工具、评分标准和资源，讨论如何纳入技能评估	纳入学校健康教育适当做法进行评估，区分形成性评估和总结性评估，设计真实的、基于绩效的健康教育评估
健康教育教学策略	帮助学习该课程的教师制定必要的流程和程序，以创建和管理有效的学习环境，使教学和活动持续进行。此外还会讨论以学生为中心的教学技能发展策略	将适当的做法纳入学校健康教育的教学策略，开展活动促进学生积极学习，区分活动以满足所有学生的需求

[1] 相关内容依据 SHAPE America 网站。
[2] 同 [1]。

2. **美国健康在线课程与体育教育研讨模块**

美国健康在线课程与体育教育研讨模块（SHAPE America Health and Physical Education Webinars）旨在通过网络研讨会形式，为教育工作者提供最新的教育资源和教学策略。例如，2023 年举办健康素养网络研讨会，受众人群是 K-12 的教师，学习目标是让参加本次研讨会的与会者可以展示对预防教育重要性的理解，以及如何将它与健康素养中不可或缺的基于技能的学习相结合；探索目标设定与健康素养、决策技能和预防教育之间的联系重要性；计划如何在健康课堂上利用"问、听、学"提供的免费未成年人饮酒预防资源。若是教师错过该场会议也没关系，网页上有会议视频可供观看[1]。

3. **美国国家会议与博览会模块**

国家会议与博览会模块（SHAPE America National Convention & Expo）是美国体育和健康教育领域最大的线下专业会议，该活动汇集全国各地的教育工作者，提供广泛的学习和交流机会。参会者制定研讨会议或参加会议，想制定研讨会议的教师可以在规定的时间内提交提案，提交提案者需要提前阅读并同意演示者协议，确定提案类别是健康教育、体育、体育锻炼或职业准备。参会者可以通过网页浏览会议的时间、作者、作品、类别、受众人群等参数，如会议类别有：适应性体育活动、运动科学、健康教育、测量与评估、动机与心理学、运动行为、体育锻炼、身体活动与健康促进、体育、职业准备、社会文化与社会公正、体育与教练、教学等。

（四）NBPTS 考核认证

前文曾述，NBPTS 考核认证通过的证明具有较高公信力，在美国许多州均可作为重要依据转化为体育教师的继续教学学分。NBPTS 体系中，体育教师领域的考核认证包括两个部分[2]：第一，幼儿—学龄儿童（3~12 岁）的体育教师认证；第二，少年—青少年（11~18 岁）的体育教师认证。这两个认证部分均需要经历 4 个认证环节，4 个认证环节的考核分值存在差别（表 8-27），旨在确保教师专业能力的可持续成长。

[1] 相关内容依据 SHAPE America 网站。
[2] 相关内容依据 NBPTS 网站。

表 8–27　NBPTS 4 个组件的分值[1]

组件	分值占比
内容知识	40%
差异化教学	15%
教学实践与学习环境	30%
高效且善于反思的实践者	15%

1."内容知识"认证

计算机评估中，申请人需展示其在体育领域的知识和教学实践能力，包括展示对与不同学龄、不同体育素养水平学生相适宜的教学内容的了解，对于在体育领域开展全面教学至关重要。评估内容包括完成 3 项主观题和 45 项选择题。

2."差异化教学"认证

考查教师教学过程中学生的体育学习效果以及教师对学生学习的书面评语。申请人应系统分析自己所授学生的体育学习表现、成长状况，并提交一份书面评估报告进行学情分析。评估时，要考查：①教师是否充分了解每名学生的学习情况，并为学生成长设定难度适宜、有价值且可实现的目标；②教师是否使用多样、丰富且适当的作业和教学资源；③教师是否准确且周到地描述和分析学生作业，充分尊重学生进步，并为学生提供进一步提升的方法建议；④教师能否与学生进行详细且有效的沟通，引导学生关注其作业的突出特点，并鼓励他们思考如何改进作业；⑤教师能否全面且准确地描述自己的教学实践，并对自身在应对教学挑战方面的有效性进行深刻反思。

3."教学实践与学习环境"认证

"教学实践与学习环境"的认证主要考查教师的教学实践能力以及积累经验，观察点包括：①教师能够建立一个安全、公平、公正且充满挑战的环境，有效促进自主学习，使学生积极与教师、其他学生和课程内容互动；②教师能够以学生为中心创建出一个完善的学习环境，该环境基于信任和相互尊重，

[1] 相关内容依据 NBPTS 网站。

促进学生探究学习的过程，帮助学生更好掌握体育技能；③教师能够在授课期间有效监控学生的学习情况，做出教学调整，定期向学生提供建设性反馈；④教师能够有效开发学生探索体育与健康的相关技能、知识的自主学习能力；⑤教师能够有效说服、沟通学生，并对学生探索学习提供有益启发，引导学生进行学习反思和发展。

4.“高效且善于反思的实践者”认证

该认证环节重点考查教师能否进行有效的体育教学反思、持续改进体育教学策略，包括以下侧重点：①教师能够有效、公平地分析学情来调整原有教学策略。②有效统筹学生学习发展的进度，包括合理设定学生初步的学习目标、适当评估学生学习进度、调整学生学习的过程目标、改善学生学习效果。③充分运用形成性评价和总结性评价，全面掌握学生体育学习状态，为指导、修正教学策略提供依据。④帮助学生理解教师的评估反馈，进而引导学生自行调整学习策略、将教师评估作为改进学业的重要依据。

二、澳大利亚体育教师的专业发展

澳大利亚《国家教师专业标准》（*National Professional Standards for Teachers*，NPST）是一份全面指导教师专业发展的政策文件，旨在确保所有澳大利亚教师都具备高水平的专业素养和实践能力，以支持学生的全面发展和提高学习成果。

NPST 规定教师专业的“3 大领域”“7 项标准”和“4 个阶段”，并以“教学质量”为核心[1]（表 8–28）。其中，3 大领域是专业知识、专业实践与专业发展。“7 项标准”是了解学生及其如何学习，熟悉教学内容和方法，计划和执行有效教学，创建与保持支持性的、安全的学习环境，评价、反馈与报告学生学习情况，积极参与专业学习和发展，与同事、家长和社区合作。“4 个阶段”是毕业教师阶段、熟练教师阶段、娴熟教师阶段、主导教师阶段。

[1]　相关内容依据澳大利亚教学与学校领导协会（Australian Institute for Teaching and School Leadership，AITSL）网站。

表 8-28 澳大利亚《国家教师专业标准》（NPST）内容[1]

3 大领域	7 项标准	重点领域
专业知识	了解学生及其如何学习：教师应了解学生的学习需求、兴趣和能力，为每个学生提供个性化的学习支持	学生身心发展及个性特征知识
		学生学习方式的知识
		面对不同语言、文化、宗教和社会经济背景学生的知识
		教授原住民和托雷斯海峡岛民学生的策略知识
		满足学生各方面特殊学习需求的差异化教学知识
		支持残疾学生充分参与的策略知识
	熟悉教学内容和方法：教师应掌握所教学科的知识体系和教学方法，能够设计有效的教学活动	教学内容和教学方法的知识
		教学内容选择和组织的知识
		课程评估和报告的知识
		尊重理解原住民和托雷斯海峡岛民学生的文化，促进和平相处的策略知识
		识字和算术教学的知识
		教育信息技术知识
专业实践	计划和执行有效教学：教师应具备制定教学计划、管理课堂和评估学生学习成果的能力	设立具有挑战性的学习目标
		规划教学计划的内容、结构和课程顺序
		有效运用教学策略
		选择和使用教学资源
		使用有效的课堂交流技术
		评价和改进教学方案
		提高家长在教育过程中的参与度
	创建与保持支持性的、安全的学习环境：教师应具备制订教学计划、管理课堂和评估学生学习成果的能力	支持学生参与
		管理课堂活动
		管理对日常教学有挑战性的学生行为
		维护学生安全
		安全、负责任和合乎道德地使用通信技术

[1] 相关内容依据澳大利亚教学与学校领导协会（Australian Institute for Teaching and School Leadership，AITSL）网站。

续表

3 大领域	7 项标准	重点领域
专业实践	评价、反馈与报告学生学习情况：教师应通过多样化的评估方式了解学生的学习进展，并给予及时、具体的反馈	评估学生的学习情况
		向学生提供学习方面的反馈
		对学生学习提供可靠的、连续一致的评价
		正确解释对学生评估的数据
		报告学生成绩
专业发展	积极参与专业学习和发展：教师应持续学习、反思和改进教学实践，不断提升自己的专业素养	确定和规划教师专业学习需求
		积极参与教师专业学习和改进教学实践
		与同事合作，改进教学实践
		应用专业知识，提高学生学习能力
	与同事、家长和社区合作：教师应与同事建立积极的合作关系，与家长和社区保持有效沟通，共同促进学生的发展	遵守教师职业道德和责任
		遵守相关的行政管理规定以及组织要求
		提高与家长的互动性
		拓展专业性教学网络和社区合作

三、英国体育教师的继续教育与专业发展

（一）英国体育教师适用的“继续教育”模式

1. 新任教师的继续教育培训——早期职业框架

英国早期职业框架（Early Career Framework，ECF）[1] 由英国教育部推出，旨在支持新教师在职业生涯的最初两年内发展其教学技能和专业能力。2021 年 9 月 ECF 正式实施，目的是通过结构化培训和支持，帮助新教师在职业生涯的早期阶段建立信心和技能，从而提高教学质量并减少教师流失。《早期职业框架》颁布是英国教育部为提升新入职教师，特别是小学和中学阶段初任教师的专业素养和教学能力而采取的重要举措。ECF 出台经历了长时间酝酿、设计与完善，旨在为新入职教师提供一个全面、系统的职业发展路径，

[1] 相关内容依据英国政府的官方文件托管平台（https://assets.publishing.service.gov.uk）。

精心构建了涵盖行为管理、教学法、课程规划、评估机制及专业行为五大支柱的发展蓝图，与英国教育部颁布的 8 项核心教师标准紧密对接，通过细化为 8 个具体领域，确保教育实践的全面性和标准化（表 8–29）。

表 8–29 《早期职业框架》的涉及领域

领域	标准
高期望值	S1：设定高期望值
学生的学习方式	S2：促进学生学业进步
科目和课程	S3：展示良好的科目和课程知识
课堂实践	S4：计划和教授结构合理的课程
适应性教学	S5：进行适应性教学
评估	S6：准确有效地使用评估
管理行为	S7：有效管理行为
专业行为	S8：履行更广泛的专业责任

2. 促进职业升级的继续教育培训——CPD 认证计划

CPD 认证计划（Career Professionalization Development Badging Scheme）[1] 由英国职业发展研究所（the Institute of Career Development, ICD）颁布，旨在提升职业发展从业人员的专业水平。ICD 成立于 1998 年，致力于推动职业发展领域专业标准化实践，通过认证、培训和研究提高从业人员专业水平。CPD 认证计划对于体育教师群体的职业发展同样具有重要影响，具有以下 3 个方面价值：①能够有效帮助处于职业生命中期的体育教师群体完成专业知识技能的迭代更新、获得职业发展的再次突破。②能够有效激发体育教师和用人单位的人才培养意识，协同用人单位推动体育教师的持续学习和业务改进，帮助体育教师完成职业发展规划。③能够针对体育教育职业的特殊属性，完善、提升职业标准，发展教师实践能力，鼓励终身学习和专业卓越，有效推动体育教师职业整体进步。2015 年，CPD 认证计划首次推出并持续发展、更新，以适应不同职业的特殊性、贴合不同职业发展新需求，具体评估步骤

[1] 相关内容依据英国文化教育协会（British Council）与英国国际发展部（UKAID）合作运营的英语教学（ELT）专业资源平台（https://www.teachingenglish.org.uk）。

和评估内容如表 8–30 所示。

表 8–30 CPD 的具体步骤

步骤	具体措施
报名和初步评估	从业者通过 ICD 官方网站申请加入 CPDBS，并进行初步评估，以确定其当前的专业水平和需要发展的领域
确定能力框架和设定目标	ICD 提供详细的能力框架，涵盖职业发展所需的技能和知识领域。参与者根据该框架和自身的职业目标设定专业发展目标
专业发展活动	从业者参与结构化学习、体验式学习以及自主学习（如阅读、研究和在线课程）等多种专业发展活动
收集和记录证据	参与者通过收集证书、反思日志、项目报告以及导师或主管的反馈等，建立专业发展档案，记录其专业发展活动和成果
评估和验证	从业者提交档案和支持文件，由 ICD 进行详细评估，验证其完成的活动和实现的专业发展目标
颁发数字徽章	通过评估后，参与者将获得相应的数字徽章。徽章通过数字凭证平台颁发，分为基础、中级、高级和专家等不同等级，反映参与者专业发展的深度和广度
持续专业发展	从业者被鼓励继续参与新的学习机会，更新其档案，并在必要时进行重新认证，以保持徽章的有效性和展示持续专业发展的承诺
认可和网络	数字徽章可以在专业网站、简历和个人档案中展示，增强从业者的职业前景。徽章获得者还可参与 ICD 网络活动、论坛和实践社区活动，促进职业发展

（二）英国体育教师适用的《教师职业标准》

《教师职业标准》能够有效指导英国体育教师的继续教育培训、引领体育教师群体的职业发展。2012 年 9 月 1 日，英国教育部颁布《教师职业标准》，取代此前“合格教师资格”（QTS）标准和由前学校培训与发展署颁布的“核心专业标准”，侧重教师职后培训，包括两个部分。

1.《教师职业标准》第一部分

《教师职业标准》第一部分包括 8 个部分：树立高期望，激励和挑战学生；促进学生的良好进步和结果；展示良好的学科和课堂知识；计划和教授结构良好的课程；根据学生的优势和需求调整教学；有效利用评估；有效管理行为，营造良好和安全的学习环境；履行更广泛的专业责任。

2.《教师职业标准》第二部分

《教师职业标准》第二部分包括个人和专业行为两类，要求教师应展示高标准的个人和专业行为，考查以下几方面教师的专业行为标准：①在职业道德和行为方面保持公众对教育行业的信任；②尊重和保护学生的尊严，建立基于相互尊重的关系，始终保持适当的职业边界；③依照法律条文，考虑维护学生幸福感方面需要；④展示对他人权利的宽容和尊重；⑤不破坏包括民主、法治、个人自由、相互尊重和对不同信仰的宽容在内的基本英国价值观；⑥确保个人信仰不会以利用学生的脆弱性或引导他们违法的方式表达；⑦尊重学校的风气、政策和实际，在出勤和守时方面保持高标准；⑧理解并始终遵守设定其专业职责和责任的法律框架。

四、日本体育教师的继续教育与专业发展

（一）日本教师资格更新制度的制定背景

2009 年之前，日本长期采用教师资格证终身制度，与教师职业的继续教育体系脱钩，造成教师群体一旦获得从业资格便失去终身学习的职业发展诉求。日本体育教师作为教师行业的重要组成部分，同样在教师资格终身制的负面影响下，失去了不断追求职业发展的内在动力。尤其，日本学校教育日益暴露的各种问题，需要全面调动教师群体积极性、集中力量解决各类问题，于是 2009 年日本正式出台“教师资格证更新制度”。

（二）日本“教师资格更新制度”与“继续教育制度”的衔接

“教师资格更新制度”，是指对教师资格证书设置有效期限，并在该期限到达后，要求教师在满足一定条件的情况下进行再次认定或更新的制度。这一制度旨在确保教师能够持续保持和提升其专业素养及教育教学能力，以适应不断变化的教育需求和学生发展需求。日本“教师资格更新制度”要求除了校长、教头、主干教谕和指导教谕等“指导教师立场的人员”[1]，从幼儿园到高中的在职教师以及取得教师资格但未进行实际教学的“证书教师”，都需要将取得的教师资格证书每隔 10 年更新一次，即日本教师资格证书有效期为 10 年，若不及时更新原有教师资格证书即会失效。因此，“教师资格更

[1] 钟晨音 . 日本教师资格证书更新制度改革及其困境 [J]. 教师教育研究，2009，21（6）：77-80.

新制度”与教师职业的“继续教育制度”紧密衔接，教师需要完成“参加讲习—完成学时—接受考核”继续教育流程，进而通过继续教育的考核结果向相关主管部门申请教师资格证的更新。日本文部省规定，申请更新教师资格证的教师需要在文部省认定的大学或者由都道府县教育委员会举办的培训项目中，学习至少 30 个培训学时的更新讲座并通过考核，证明自身已经按照国家规定要求积累了新的知识、提升新的能力，能够在未来 10 年保证教师教学的有效性。但并不是每个获得教师资格证书的教师都具备教师资格更新条件，“教师资格更新制度”规定，教育委员会裁定的教学不力的教师在进行教学改善研修期间不具备教师资格更新条件。

但是，日本“教师资格更新制度”与“继续教育制度”衔接挂钩严重提高了教师额外负担。2022 年 7 月日本正式废止施行 13 年的“教师资格更新制度”。日本试图充分调研，在充分调动“教师资格更新制度”激励效力的基础上，更加精准、高效地衔接继续教育，促进教师的职业发展，同时尽可能地提高继续教育的时效性、精确性，避免过大的继续教育压力影响教师现实的教学任务实施。

五、加拿大体育教师的继续教育与专业发展

加拿大各省继续教育制度存在差别，本部分重点选择了安大略省的继续教育相关政策和标准进行讨论。

（一）加拿大体育教师继续教育需满足专业伦理标准[1]

专业伦理是加拿大体育教师继续教育的重要内容，需要对标加拿大《教师专业伦理标准》。《教师专业伦理标准》深植教师职业核心理念，旨在激励教师持续自我审视，坚守职业尊严，清晰界定职业担当。此规范不仅为教师日常教学工作中的道德抉择与行动提供指引，还致力于增强社会对教师职业的信赖与尊重。体育教师在职业发展过程中，首要任务便是秉持教师专业伦理标准，涵盖关怀、信任、尊重与正直四大基石（表 8-31）。

---

[1] 相关内容依据加拿大安大略省教师学院（Ontario College of Teachers，OCT）网站。

表 8–31 教师专业伦理标准

类别	核心原则	概述
伦理标准	关怀	包括对学生潜力的同情心、接纳、兴趣和洞察力。通过积极影响、专业判断和同理心表达对学生福祉和学习的承诺
	信任	体现公平、开放和诚实。成员与学生、同事、家长、监护人和公众的关系基于信任
	尊重	尊重人的尊严、情感健康和认知发展。在专业实践中，树立对精神和文化价值、社会公正、保密性、自由、民主和环境的尊重榜样
	诚信	体现诚实、可靠性和道德行为。通过持续反思帮助成员在专业承诺和责任中行使诚信

（二）加拿大体育教师教学实践标准[1]

加拿大体育教师继续教育培训需要满足教师实践的标准导向，对体育教师职业提出全面要求，确保体育教师能够为学生提供高质量教育，满足社会对体育教师角色的期望。安大略省出台《教师教学实践标准》，要求各科教师在标准导向下参加系列培训，提高教学实践效果，加强对学生以及学生学习的承诺，学会引导学生自发组建并运转学习团体，拥有充足内驱力不断学习以提升自身专业建设，结合最新形势吸收学习前沿专业知识，通过有效的实践磨炼提升教学能力（表 8–32）。

表 8–32 教师教学实践标准

类别	原则	概述
实践标准	对学生以及学生学习的承诺	致力于学生的关怀和学习。公平、尊重地对待学生，并对学生学习的各种影响因素保持敏感
	学习团体的领导作用	促进和参与建立合作、安全和支持性的学习社区。承认在促进学生成功中的共同责任和领导角色
	持续专业发展	认识到对持续专业学习的承诺对有效实践和学生学习的重要性。通过经验、研究、协作和知识来指导专业实践和自学
	专业知识	努力保持专业知识的更新。理解并反思学生发展、学习理论、教学法、课程、道德、教育研究及相关政策和立法，以指导专业实践中的判断
	专业实践	将专业知识和经验应用于促进学生学习。使用适当的教学法、评估和评价、资源和技术在规划和响应个人学生和学习社区需求方面发挥作用。通过持续探究、对话和反思来完善专业实践

[1] 相关内容依据加拿大安大略省教师学院（Ontario College of Teachers，OCT）网站。

第九章

国际教育制度对我国体育教师教育的改革启示

结合我国体育教师教育与职业发展的改革诉求来看，美国（以加利福尼亚州为例）教育问责制、职务（职称）晋升制度、绩效工资制度等与教师教育、教师成长紧密相关的制度，对于改进我国教师教育制度具有较强的启示作用。

第一节　美国加利福尼亚州“教育问责制”对我国体育教师职后的启示

推动在职、在岗体育教师职后高质量培训，关系到体育教师职业的持续发展，是落实我国学校体育工作改革精神、有效推动广大学生体质健康的重要手段。职后培训并非简单“教学培训”或“专家讲座”，而是一套严谨而系统的专业知识灌输、专业行为塑造和专业经验积累的教育系统。当前，我国整体教师教育系统建设的重心偏向职前学历教育，而教师职后教育相对而言并未受到重视，系统性建设相对薄弱，进而导致我国整体体育教师职后培训工作有待进一步压责、提质。近几十年来，美国长期推行的教育管理体制改革卓见成效，该体制将“问责制”上升到整个教育系统核心位置[1]，通过“层

[1] 李璇律 . 包容、集体与情境性：美国教师问责的经验与启示 [J]. 中国人民大学教育学刊，2022（5）：117–129.

层问责”压实职后培训的职责、通过层层的数据上报检验培训效果，对于我国高质量建设体育教师的管理制度系统具有一定借鉴价值。为此，本章从3个层次展开讨论，包括：①参照ESSA，探讨我国国家层面是否能够建立起一套国家统筹、宏观调控的体育教师职后培训系统。②对标加利福尼亚“本地财政控制”，探讨我国省级教育部门如何将“公共财政配置”杠杆机制与体育教师职后培训“问责评价”相衔接。③操作层面以加利福尼亚州“学校仪表盘”为参照，探讨我国体育教师教育培训项目问责机制的实现方式或手段是什么以及通过哪些评价指标来考查职后培训项目是否达到预期。

一、《每个学生都成功法案》的启示

（一）我国建立体育教师职后培训顶层控制系统的必要性

相比职前学历教育，我国体育教师职后培训系统建设仍处于初期阶段，各省、各市地方体育教师职后培训质量参差不齐，难以有效监管、教师参与培训积极性丧失。2020年10月13日中共中央、国务院印发《深化新时代教育评价改革总体方案》，提出改革教师评价，突出教育教学实绩，引导教师上好每一节课、关爱每一个学生。政策表述反映出我国在职教师的能力素养有待进一步提升，以更好地完成教育教学任务。国家顶层设计体育教师职后培训监控系统，在相对统一标准下督促、引导、支持各省推动体育教师职后培训，压责、提质优化职后培训评价模式、落实问责机制，对于我国体育教师队伍高质量建设意义重大。

（二）ESSA颁布背景与内容概述

长期以来，我国体育教师职后培训质量总体偏低，一个重要原因在于缺乏体系化设计与实施，导致责任边界模糊。为此，国家层面建设一套机制健全的体育教师职后培训监控体系，协调好“国家调控—省级实施—市县落地”三者关系，规定好培训过程中权力、责任与义务关系，是落实“问责制”关键所在。美国《每个学生都成功法案》（ESSA）是一套综合化教育管理体制，是美国教育“问责制”实施的政策基础，能够为我国建设体育教师职后培训的顶层控制体系提供借鉴。

1. ESSA 制定背景与政策演化路径

（1）教育问责制的核心地位初步确立。

①美国进步主义教育改革的负面影响与“问责制”颁布初衷的萌生。20 世纪 70 年代前，美国教育事业风靡进步主义教育运动，强调以儿童为中心的学生观和强调合作精神主导的学校观。拉尔夫·泰勒（Ralph Tyler）是进步主义的倡导者，认为学校教育的关键是让学生对学习产生兴趣，懂得如何学习，并且更多关注儿童实践技能的培养，为日后社会发展培养所需的技能[1]。同时，进步主义先进教育理念与美国当时的教育现实产生了矛盾与冲突，进步主义提倡的“亲和力”教学模式过犹不及，导致美国教师群体出现权威淡化的倾向，在教育资源相对薄弱的地区、学校负面影响严重，教育质量下滑程度明显，一批家庭教育意识淡薄、能力不足或自我管控能力不足的学生无法适应这种改革，美国教育整体陷入低迷。美国高质量教育委员会针对进步主义教育运动负面影响作出报告，指出进步主义改革失败的几类表现，包括：学生学习成绩不良、美国青少年文盲率较高，美国教育成本的增加，学生阅读、写作、工作技能掌握能力差，美国学生在国际性学业成就检测中显示明显低于一些先进国家。

②美国教育政策调整与教育行政问责制度萌芽。为解决进步主义改革的负面影响，美国政府开始加强对教育管理体系行政介入，围绕“学生考试成绩”展开各类教育行政治理，对美国各级教育行政部门、学校机构层层问责，“问责制”逐步发展壮大，后经过长期改良发展为美国教育制度核心[2]。1988 年，国会批准《初等和中等学校改进修正案》，突出对学生考试成绩的评价以及学校教学质量的问责[3]。2002 年 1 月 NCLB 签署，该法案将“不达标”教育问责制度推向历史高峰，要求 2014 年之前各州、学区和学校要确保全体学生达到各州自主设定的评价标准，学校必须实现美国联邦教育部规定的“充分

[1] 李树峰 . 教育问责制：美国的经验及启示 [J]. 外国教育研究，2006（4）：67-71.

[2] 杨秀治 . 从《不让一个孩子掉队法案》到《每个学生都成功法案》：美国中小学教育问责体系的演变 [J]. 外国教育研究，2017，44（5）：18-25.

[3] KLEIN A. The Nation’s Main K-12 Law：A Timeline of the ESEA[EB/OL].（2016-06-03）[2025-01-06]. http：//www.edweek.Org/ew/section/multimedia/the-nation-main-k-12-law- a-timeline.Html.

年度进步”目标（Adequate Yearly Progress, AYP）（即在学生总体水平达标的同时，要求低收入家庭学生、残障学生、非英语母语学生也必须达到相应的阅读、数学学习标准）。可以说，NCLB 出台基本使美国教育体制整体围绕“问责制”建立起来，所有教育资源及行政监管手段都需要以“学生成绩—学校表现—学校改进与奖惩”作为“问责评价”的基本依据，教育管理权由各州政府集中转移至联邦政府[1]。

（2）教育改革失序与 NCLB 评价标准被迫降低。

① 2002 至 2015 年间，NCLB 执行效果明显偏离预期。一方面“充分年度进步”目标设置未能考虑各州教育基础的差异性、特殊性；另一方面“充分年度进步”目标问责体制的政策推行时间过快、强度过烈，未能留出一定的适应与准备时间，导致美国很多州存在强烈的反感情绪。很大一部分州未能达成“充分年度进步”目标，进而衍生出更多问题[2]，包括两方面：第一，进步主义影响下，长期习惯高亲和度教学模式的教育行政部门、学校、教师乃至学生，对于统一目标标准的课程模式的“高压”状态，表现出非常强烈的不适应性；第二，“问责制”改革追求在统一标准下“层层施压”，美国部分州因为教育资源客观不足的原因很难适应“一刀切”的问责体制，只能“破罐子破摔”主动放弃对“充分年度进步”目标的追求，进一步降低教学质量[3]。

② NCLB 的实施导致美国多个州无法达成“充分年度进步”目标。具体到学校而言，据统计 2007 年 38% 的学校无法达成“充分年度进步”目标[4]，2011 年更是高达 50% 学校无法实现“充分年度进步”目标[5]。为缓解美国各地抵触情绪，2005 年至 2007 年美国有 15 个州自主决定降低一个年级的单科标准（4 或 6 年级，阅读或数学单科）评价标准，另外 3 州决定降低全部两

---

[1] ELMORE R F. Unwarranted intrusion： isn’t it ironic that republicans sponsored the single largest and potentially the single most damaging expansion of federal power over the nation’s education system in history?[J]. Education next， 2002， 2（1）： 31–36.

[2] 谷贤林 . 破解《每个学生都成功法案》的“成功密码”[J]. 人民教育，2016（5）：70–74.

[3] DILLON S. Federal researchers find lower standards in schools[EB/OL].（2016–06–01）[2025–01–06]. http：//www.nytimes.Com/2009/i0/30/education/30educ.Html?r=0.

[4] 相关内容依据美国教育媒体《教育周刊》网站。

[5] TUCKER S. Fixing Our National Accountability System[EB/OL].（2016–06–01）[2025–01–06]. http：//files.eric.ed.Gov/fulltext/ED556313.pdf.

个年级的阅读、数学两科标准[1]。即便很多州自主决定降低标准，但是美国联邦制定的 NCLB“充分年度进步”目标依然造成全美各州的应试教育之风盛行，各州、各区、各学校为获得更加充足的公共财政支持，避免罚则反而卷入恶性竞争循环。“问责制”弱化进步主义教育改革“高亲和度”负面影响的同时，又走到另外一个极端，引起美国政府及教育各界的关注。

（3）ESEA 豁免与评价多元化设计。美国很多州无法达成“充分年度进步”目标，尤其是严重降低很多弱势群体的教育质量，对于美国社会产生撕裂的潜在危害，社会对 NCLB 改革的社会公平性产生怀疑。2007 年美国国会围绕 NCLB 法案进行激烈辩论，民主、共和两党始终无法统一意见，NCLB 无法通过国会成为正式法案。为此，2011 年奥巴马政府提出 NCLB 豁免权方案，可以向豁免州授权相关自主权利，获得豁免权的州教育局能够根据本州实际情况对本州教育评估不达标的学校展开问责。具体来说，获得豁免权的州教育局可以根据自身教育实际，在“充分年度进步”目标基础上设置适合本省实际的年度测评目标（Annual Measurable Objectives，AMOs），并自行决定采取何种方式帮助学生达成 AMOs。与 NCLB 相比，由州政府自主设计的 AMOs 一方面继承 NCLB 评价系统，另一方面则融入州自身的更多考虑，如毕业率、学校绩效、改进成效等方面会纳入部分州的 AMOs 之中。最后，各个州在 NCLB 基础上结合自身特征制定 AMOs 进行问责，对州所辖学校进行分类化管理，并对评价效果较弱的学校予以相关政策的支持或者责罚。2015 年经过 4 年政策酝酿，美国时任总统奥巴马签署 ESSA，教育部依据 ESSA 正式授予 42 个州和哥伦比亚特区豁免权，各州都在 NCLB 基础上设计新的问题评价体系[2]。

2. ESSA 相对于 NCLB 的重要转变

ESSA 让各州有更多的教育自治权限，州教育局能够结合自身特点设置多元化的评价指标体系，让“问责”模式避免了“一刀切”的不合理性局限，更容易适应不同州的实际情况，既消除了进步主义教育改革的不良影响，也

[1] MCNEIL M. Are 82% of Schools ‘Failing’ Under NCLB, as Duncan Warned? [EB/OL].（2016-06-03）[2025-01-06]. http://blogs.Edweek.Org/edweek/campaign-k-12/2011/08/are82of schoolsfailingunde.html.

[2] 相关内容依据美国教育部网站。

能够有效地对各地方学校合理施压，给教育机制注入更多新活力，这标志着美国基础教育取得进一步成功[1]。具体来说，联邦教育部充分放权，并在教育目标、考核方式、管理权限、问责导向 4 个方面作出政策调整。

（1）教育目标由“追求公平”向“努力卓越”转变。2015 年奥巴马签署 ESSA 时提出：“美国儿童拥有世界一流教育资源，但是美国学生却没有做好应对全球竞争的充分准备。”ESSA 教育目标已从关注“教育公平”转移到“教育卓越”，目标层面作出以下调整：①重视学前教育高质量发展，从幼儿时期夯实人才卓越发展的成长基础；②提高高中毕业生学业标准，为大学阶段学习做好充足准备；③各州倾向采用学生学业跟踪评价，及时反馈学生、家长等利益相关者，全方位调动学生积极性；④鼓励各方加大投入，创新发展学校周边教育氛围环境，优化教育邻里项目；⑤加强对学业不达标学校的问责，对学校管理者施加教学改进的行政压力和必要支持；⑥加强对弱势学生群体的关注与关怀，划拨必要资源帮助弱势学生群体提高学业。

（2）考核方式将“严格统一”与“柔性调整”兼而有之。NCLB 要求每个州都以“充分年度进步”目标为导向，按照高度统一的考试标准进行学业评价，但是各州在执行统一标准时，由于自身资源基础、能力的不足，很难达成既定目标。ESSA 颁布并没有否定 NCLB 的全国统一性安排，而是在高中阶段鼓励全国统一的教学管理标准，倡导各州选择联邦认可的高中学业评价系统（如 ACT、SAT 等）；而其他学段、年级则由州政府在联邦政府给出的一套框架下，自主设计考试内容与标准，考核方式更加灵活，按照统一框架设计考核方式也是为了保证各州上传学业数据可以做到横向可比。

（3）管理权限由“联邦层面”向“地方层面”下放。NCLB 的实施意味着美国联邦教育管理权力逐步向地方下放，要求各州在联邦制定的教育目标引导下，自主制定学业、课程、考核标准，并由联邦教育部审核通过后进行实施，不予通过的实施方案由州政府重新评估调整，再次报送审批。ESSA 法案让州、学区在法理层面拥有更多教育自治权限，教育质量保证办法、方案不再受传

[1] GOLDHABER D. Everyone’s Doing It， but What does Teacher Testing Tell us About Teacher Effectiveness? [J]. Journal of human resources，2007，42（4）：765-794.

统联邦教育管理体制的限制、阻碍。另外，联邦也进一步弱化自身行政监管的权限，协调各州专家在原有学术标准基础之上共同建立教育管理的同行评审小组，利用同行评议小组凝聚、协调各州合作关系，在联邦层面协调、监管各州的教育水平和质量。

（4）问责导向由“严厉罚责”向“正向激励”过渡。NCLB是典型的“‘联邦—学校’问责制”政策，州政府仅负责数据搜集和上报，在具体的治理体系中并未占据重要权重。NCLB规定各地方学校100%学生的数学与阅读能力必须达到“熟练”，只要有1名学生某1类指标未能达标，学校整体裁定不达标；连续2年不达标，学校认定为“需改进学校”；连续3年未达标则责令学校给不达标学校为少数差生提供课后辅导、周末补课；连续4年不达标，责令学校需要更换教师，重新安排实施课程；连续5年不达标，学校面临关闭重组风险。NCLB过度单一、死板的考核标准，以及过于关注“罚则”而缺乏激励手段的问责模式，让很多州的基层学校困难重重甚至“躺平”，反而降低了教育教学效率。

ESSA选择“‘州教育局—学校’问责制”，一方面引导州教育局根据自身实际，增设衡量学生成绩和学校教学质量指标（如高等教育准备情况、学校学习氛围与安全情况、学生课程完成情况等）；另一方面重新审视无法达标学校的实际情况，规定每三年评定1次“全面支持和改进的学校”（包括学术表现最低的5%的学校和所有高中毕业率低于67%的学校）与“有针对性地支持和改进的学校”，将“问责评价”与“公共财政教育配置”相融合，利用公共财政的杠杆效应增加问责机制的“激励效应”。

（三）ESSA对我国体育教师职后培训顶层监控系统建设的启示

2020年《关于全面加强和改进新时代学校体育工作的意见》颁布以来，我国进入学校体育工作改革快车道，学校体育工作重要性、复杂性、困难性相比以往不断提升，对于我国体育教师群体知识储备、能力基础、经验积累提出更高要求。短期内，如何高效提升我国广大在职、在岗体育教师综合素养，达到学校体育工作改革相关要求，成为现阶段学校体育改革工作的重要挑战。但是，我国体育教师职后培训体系相对不够健全，国家层面缺乏有力的引领性制度，地方体育教师培训体系各行其政，质量水平参差不齐。只有建立起一套“国家统筹—省区自治—地方落实”的顶层控制系统，才能够进一步针对在职、在岗体育教师展开系统化、针对性的职后培训，学校体育改革才有机会落地生根。ESSA 是在“美国教育进步主义改革”与 NCLB 反复打磨、折中，结合美国各州实际情况创建出来的，其设计的“联邦—州—学区—学校”的教育治理问责体系值得我国学习，治理体系内在逻辑对于我国加强体育教师职后培训的宏观监控系统建设有着重要借鉴价值，包括以下几点。

1. 国家层面建立职后培训的宏观质量监控系统

ESSA 推进美国联邦教育管理权限的下沉，各州教育局需要在联邦制定的教育目标引导下，在一个便于各州之间相互比较的框架内，自主设计本州教育治理实施方案。建议我国教育部结合国际成熟经验，牵头推动我国体育教师职后培训监控系统的设计与开发，监控系统应积极调动各省级教育行政系统自主性，基于相关政策，联合各省体育教育方面专家共同研究论证《国家体育教师职后培训实施标准》，对职后培训项目性质、对象分类、培训重点难点、国家评价抽查方式等进行归纳总结。各省教育行政部门组织本省专家，结合本省实际情况，以《国家体育教师职后培训实施标准》为导向设计编制具体的《××省体育教师职后培训实施意见》，报教育部批准后实施。每年省级教育行政部门需要填报相关数据、撰写当年职后培训总结报告、梳理下一年度计划组织的培训相关事项，附所需财政支持预算，报教育部审查。教育部横向比较各省情况，调查评估上报的培训效果数据后，调整公共财政的配置额度进行有差别拨款。

2. 省级层面依托公共财政建立起柔性问责机制

（1）省级教育行政部门统筹制定《××省体育教师职后培训实施意见》。ESSA 颁布后，美国各州根据本州实际制定具体的 ESSA 落地政策，加利福尼亚州“本科控制财政模式”很好配合落地政策实现“问责”的最优效果。我国省级教育行政部门同样应当按照教育部要求，自主设计《××省体育教师职后培训实施意见》，并结合本省财政政策，指导各地市教育局制定并实施《××市体育教师职后培训实施方案》。该方案涉及培训项目的具体目标、内容、时间计划、落地举措和评价指标，报省级教育行政部门审批通过后实施。每年，地市教育局结合当年培训的实际效果撰写年度总结报告，报教育行政部门审查。省级教育行政部门横向比较各地市培训完成情况，结合未来计划方案所需经费，柔性配置体育教师职后培训的专项经费。

（2）建立线上数据填报系统、设计多元化、多维度的评价指标体系。ESSA实施过程中，会通过建立起一套教育管理平台，联通各州教育管理系统（“学校仪表板”就是加利福尼亚州数据采集系统，将在本章第三节详述），实现教育信息共享。联邦教育部和州教育局通过系统分析，能够直观审查很多客观数据分析结果。为此，我国教育行政部门应当做好统筹，设计体育教师职后培训的评价机制时，结合线上数据填报系统的设计开发，设计多元化的评价指标体系。

①客观性指标与描述性指标。结合国际经验，评价指标体系可以分为“客观性指标”和“描述性指标”。客观指标能够反映体育培训的客观结果（如学生体质测试成绩），而“描述性指标”则交由地市体育培训具体实施者阐述。国家和省级教育行政部门能够直接通过线上系统考查各省、各地市职后培训效果。

②强制性指标与柔性指标。ESSA实施中，美国联邦将大量教育管理权限下放至州政府，各州根据总体要求、结合本州实际自主设计学生学业考核指标。但是，联邦教育部仍然要求全国统一采用联邦政府主导的“高中学业质量考试”，各州政府仅负责组织学生参加高中学业考试。高中学段，联邦政府全国一盘棋，按照统一标准评价各州教育水平。高中阶段全美统一审查，迫使各州纵向对标高中统考的标准与要求，有目的性地加强中小学学段学生学业考核方式的设计与实施。我国在监管全国体育教师职后培训的效果时，建议选择某个中间学段（小学五、六年级或者初中一、二年级），在国家层面组织统一标准组织抽查。

（四）未达标学校的“积极帮扶”与“整改无效罚则”

ESSA相对NCLB的一个重大变化在于转变“罚则态度”，对于未达标学校会保持一段时间的克制，针对未达标学校存在的客观原因进行支持与帮扶。若连续数年整改无效且始终无法达标，则联邦政府或州政府教育行政部门逐步加大行政罚则的力度。因此，这种针对未达标学校的“边帮扶”“边处罚”的问责机制，相对更加合理。因此，建议我国省级教育行政部门转变“问责态度”，针对体育教师职后培训未达标的学校或区县教育局，调整公共财政配额予以专项帮扶并责令整改，后续若整改长期无效则使用行政责罚机制。

二、加利福尼亚州教育问责制对我国省级体育教师职后培训项目的启示

借鉴 ESSA 思路，我国可建立一套体育教师培训的宏观监管体系。各省教育行政机构或教师发展中心（机构）可基于相关政策要求，结合本省实际情况制订体育教师职后培训实施方案。实施方案如何与国家宏观监管制度相协调、与各地市具体职后培训工作实际相衔接呢？美国加利福尼亚州政府的“教育问责制”给出可行的参考案例，对于我国各省压实职后培训责任、提高职后培训效果起到借鉴作用。

（一）加利福尼亚州教育问责制产生的基本背景

2015 年 ESSA 颁布，美国各州根据 ESSA 制定适合本州的教育管理体制。其中，美国加利福尼亚州教育管理“问责”制度受到广泛关注与普遍认同。一方面，加利福尼亚州教育“问责”制度经历长期磨合，由州教育局、教育委员会、地方学区教育局、学校负责人、学生家长及学生等利益相关者历经长期讨论最后确定下来，争论焦点集中于评价指标选择以及评价分值计算方式（将在第三节详述）；另一方面，加利福尼亚州教育“问责”制度与公共财政配置切实挂钩，将问责效应落到实处，值得参考。“问责机制”成为教育公共财政配置的指挥棒，融入各校、各区教育评价结果实施问责，是下一年度财政拨付配额的依据，对教育事业起到调节干预作用。结合加利福尼亚州教育问责经验，我国省级教育行政机构在组织实施体育教师职后培训过程中，可以考虑将各地、各区、各校评价数据进行汇总分析，并将评价结果与各类公共教育资源、教育行政罚则手段进行结合，有效压实各地市、各学区教育局的责任，调动基层学校、体育教师参与培训，积极学习，努力提升培训效益。

（二）加利福尼亚州教育“问责制”的基本架构

美国加利福尼亚州教育“问责制”运转效果良好，通过“学校仪表板”搜集教育日常数据，借助“教育公共财政配置”压实问责责任，采用“正向激励”方式实施问责。我国省级教育行政部门可参考加利福尼亚州教育“问责”体系及相关机制，构建符合我国国情的体育教师职后培训管理体系，结合我国实际借鉴加利福尼亚州经验，设计培训项目的评价问责机制。

1. 美国加利福尼亚州教育“问责制”的基本架构

ESSA 要求联邦教育部将更多权力下放至各州教育局，在定期监控各州相关教育指标外，联邦教育部给予各州教育行政部门充分自主权限，设计、实施调控本州教育管理的体制机制。聚焦加利福尼亚州，ESSA 赋予加利福尼亚州政府在本州最高级别的教育行政管理权力，但是加利福尼亚州政府或教育行政部门并不参与具体、繁杂的管理事务，而是依照“专业人管专业事”基本原则将绝大部分事务授权交由加利福尼亚州教育委员会承担，加利福尼亚州教育局更多负责决策、监督和行政审批（图 9–1）。

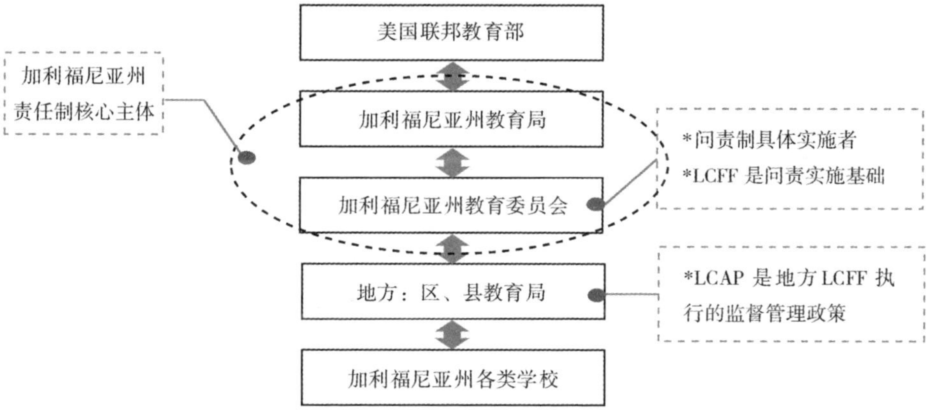

图9-1　加利福尼亚州教育“问责制”的基本架构与责任主体

2. 加利福尼亚州教育“问责制”核心主体的权责介绍

根据图 9–1，加利福尼亚州教育局（California Department of Education，CDE）和州教育委员会是问责实施的核心主体，地方区、县教育局以及所辖的各类学校则是加利福尼亚州“问责制”实施的对象。其中，教育委员会是问责实施与决策的核心主体，会常态评估加利福尼亚州各区、县教育局所辖学校“学生考试”基本情况，并决定如何通过公共财政调配来强化“问责制”激励效应；而CDE会综合根据加利福尼亚州的各项制度对委员会提出的申请进行审批。加利福尼亚州教育局和州教育委员会分别是“问责制”制定、实施的两大核心主体，两者权责关系既具有关联性，也有鲜明区别。

（1）CDE基本职责概述[1]。CDE负责监督加利福尼亚州公立学校系统，负责执行加利福尼亚州教育相关的法律法规，对公立学校课程进行改革和完善，职能如下：第一，制定决策。CDE负责为K–12公立学校制定政策与指导方针，并纳入加利福尼亚州教育法律和规定框架，确保所有学生获得优质教育。第二，监督指导。监督指导加利福尼亚州公立学校，确保它们遵守相关法规和政策，并通过技术支持、培训和资源分享帮助学校提高教学质量。第三，教育监测。收集和分析教育数据，以监测学生成绩、学校表现和教育趋势，评估教育政策有效性。联合其他教育机构和利益相关者，制定和实施教育计划，提高学生教育体验和成效。第四，提高教师质量。CDE代表加利福尼亚州在全国协调和推动多项计划、政策，确保课程和教育数据的一致性。政策旨在让教师更加符合当代学生和教育模式需要，促进教师专业发展和学科创新。

（2）加利福尼亚州教育委员会（California State Board of Education）基本职责概述[2]。教育委员会最初于1852年通过法令成立，加利福尼亚州教育委员会则在1884年通过加利福尼亚州宪法修正案正式成立。美国联邦宪法和法令明确规定教育委员会职责，承担宪法赋予的公共教育总监察职责（State Superintendent of Public Instruction，SSPI），需要提名任命1名总监和3名副总监，负责审核一年级至八年级教材。委员会的11名成员中有10名由州长任命，任期4年，交错任期，须在任命后1年内由参议院三分之二议员投票确认。第11名委员是加利福尼亚州公立高中学生，由州长任命并经参议院确认，任期1年。该学生委员享有完全投票权和加利福尼亚州委员会其他成员拥有的

[1] 相关内容依据美国加利福尼亚州教育署网站。
[2] 同[1]。

其他权利。

另外，委员会作为国家的教育管理和决策机构，法律还赋予教育委员会其他职责，其中包括 9 个部分：第一，制度建设。加利福尼亚州教育委员会可以为加利福尼亚州政府，以及加利福尼亚州政府管辖的各地区公立学校制定相关的教育规章制度。第二，标准制定。加利福尼亚州教育委员会有责任定期修订加利福尼亚州各项学术标准，用于考查英语语言艺术、数学、科学等教育内容和学生表现。第三，课程框架。加利福尼亚州教育委员会根据不同学科的性质制定适合的课程框架。课程框架设置需要符合相关学术标准的具体要求。第四，遴选教材。加利福尼亚州教育委员会基于学术标准、课程框架，负责为幼儿园到八年级（K–8）学生遴选适合的教学材料。第五，豁免。加利福尼亚州教育委员会拥有最终裁决加利福尼亚州各学区教育机构“免除法定监管”申请的权力。第六，评估。加利福尼亚州教育委员会负责制定加利福尼亚州教育评估政策，是组织实施加利福尼亚州教学评估的责任主体，全面考查加利福尼亚州学生学业表现和学业进步情况。第七，ESSA 的监督者。加利福尼亚州法律指定加利福尼亚州教育委员会为州教育机构（State Educational Agency，SEA），负责监督加利福尼亚州各区各校落实 ESSA 的情况。第八，资金分配。根据州和联邦法律规定，加利福尼亚州教育委员会有权力批准分配加利福尼亚州和联邦的资金来源。第九，学习与规划。教育委员会被授权研究国家教育状况和需求，结合加利福尼亚州实际研制加利福尼亚州学生学习规划，帮助公立学校改进管理和效率，并负责批准加利福尼亚州教育局项目计划。

3. 美国加利福尼亚州教育“问责制”实施基础——本地控制财政模式

ESSA 给予加利福尼亚州充分教育自主权。加利福尼亚州教育局在充分自治基础上，将教育“问责”机制与其公共财政制度进行融合，依托“公共财政配置”机制对不达标学校进行问责，以改善教师素养、实现学生学业进步。本地控制财政模式（Local Control Funding Formula，LCFF）是问责制落地的财政机制基础。

（1）LCFF 基本内涵。2013 年，加利福尼亚州政府制定 LCFF，旨在将更多教育财政向高贫困地区倾斜，在地方层面将“问责制”和“公共财政”高度融合，提供具有更大的灵活性的教育改革方案[1]，既保证公共财政使用灵活性，也以公共财政配置机制为基础更好地落实了“问责制”。

（2）LCFF 赋予地方获得更多财政自主支配权力。LCFF 赋予地方学区更多权力选择资金的使用方式。各学区在享受教育财政基本保障的基础上，加利福尼亚州会根据各地方学区的“特殊需求学生”数量为其提供额外的财政支持。“特殊需求学生”主要包括低收入学生、英语学习者、被寄养的青少年、有障碍的学生、无家可归学生[2]。LCFF 给予学区最大范围自治权力以外，也将学区作为实施加利福尼亚州教育问责的基本单元，同时将学区辖区内的社区、家庭纳入问责范畴，实现对教育教学环境的整体改善。

（3）LCFF 资金调控机制。LCFF 作为加利福尼亚州分配教育资金的新方式，并没有增加新的资金来源，而是根据学段，向学区、特许学校和郡教育办公室（County Office of Education）统一提供生均基本拨款，确保将教育财政资金分配到对应学区，由学区教学行政机构按照规定再将资金分配给学校和学生，并针对具有特殊需求的学生或学校进行额外拨款的追加。这种拨款不是由学生自行申请，而是由学区教育部门直接认定和落实到具有特殊需要的学校或学生身上，一定程度上弱化了教育资金分配不公平问题。

LCFF 运作下加利福尼亚州教育资金分为 3 个部分：基础拨款、补充拨款及集中拨款。①基础拨款。这部分拨款方式延续过去以学生每日平均出勤率为基准的拨款计算方式。②补充拨款。这部分拨款经费主要用于“特殊需求学生”群体。③集中拨款。获得“集中拨款”需要满足一个条件：该学区具有“特殊需求学生”群体必须占总体学生的 55% 以上。集中拨款金额占基础拨款的 65%。加利福尼亚州教育资金分配的改革核心是补充拨款和集中拨款，州政府会根据总体教育现状制定基础拨款政策，并从教育公共财政中拿出一块固定额度资金用于基础拨款；而补充拨款和集中拨款是利用基础拨款之外

[1] BAKER B D，FARRIE D，SCIARRA D G.Does the measurement matter? assessing alternate approaches to measuring state school finance equity for California’s local control funding formula[J]Journal of Education Finance.2016，42（1）：1-24.

[2] 相关内容依据美国加利福尼亚州教育署开发和管理的“加利福尼亚州学校仪表板”网站（https://www.caschooldashboard.org）。

公共财政大盘子剩下的资金进行的相对柔性的拨款方式。补充拨款是州教育部门直接将经费拨付给有特殊需求的学生或者学校；集中拨款则是州教育部门对具有较高比例“特殊需求学生”的学区进行公共财政的追加拨款。补充拨款、集中拨款就是为了尽可能保证教育资源的公平化，交付学区或学校的拨款资金使用方式由学区、学校行政管理部门根据自身实际情况自行制订资金分配方案[1]。

（4）LCFF 实施效果。① LCFF 有效推动加利福尼亚州教师队伍发展。2018—2019 年数据显示，加利福尼亚州教师数量为 307 470 人，对比 2013 年的 286 995 人增长 20 475 人。受到资金扩大投入的积极影响，加利福尼亚州教师得到较好的职业发展支持，教师获得更多培训机会，教师之间获得更好的沟通渠道与研讨空间。部分学区拥有更多经费，能够聘请课程设计专家和职后培训指导教师，为教师专业发展提供更好支持。部分学区利用额外拨付经费开发教师发展的互联网平台，支持优秀教师外出交流，拓展了专业知识获取渠道。部分学区获得经费支持后，可以关注学区内学校的个性化建设、个人的个性化发展，学区教学规划更加多元，针对不同英语学习者群体类型改进教师教学方法[2]。② LCFF 有效提升学生学业绩效与表现。LCFF 使得高中毕业率和学业成绩显著提高，贫困学生和少数民族学生尤其明显。据统计，2013 年加利福尼亚州高中毕业率（Graduation Rate）为 81%，2022 年增长至 87%；2017 年加利福尼亚州学生英语语言艺术能力低于标准 17 分，至 2022 年低于标准 12.2 分，教学效果显著提高[3][4]。

4. 学区教育局执行 LCFF 的“地方控制与责任计划”

根据图 9-1，LCFF 执行过程中，加利福尼亚州各学区教育局会获得相应的公共财政资助，并按照加利福尼亚州教育局总体要求设计本学区教育财政的使用方案。2013 年 9 月加利福尼亚州教育局为更好监督各学区执行

[1] 相关内容依据美国加利福尼亚州教育署网站。
[2] LOTAN R， BURNS D， DARLING-HAM M L. The instructional leadership corps：entrusting professional learning in the hands of the profession[EB/OL].（2019-02-21）[2024-09-20]. https：//Learningpolicyinstitute.org/sites/default/files/product-files/ILC_Cross-Case_REPORT.pdf.
[3] 相关内容依据美国加利福尼亚州教育署开发和管理的“加利福尼亚州学校仪表板”网站（https：//www.caschooldashboard.org）。
[4] 同 [3]。

LCFF 的经费使用效率，配套制定“地方控制与责任计划”（Local Control and Accountability Plan，LCAP）监督各学区公共财政经费使用情况。LCAP 给出一套地方经费自主使用的行动导向，各学区在相对统一的导向框架下设计经费使用方案。LCAP 行动导向包括各学区教育目标、行动计划、预算分配和总体指导方针。在相对统一的 LCAP 导向框架中，加利福尼亚州政府可以更好地横向比较不同学区之间的经费自主使用计划，便于加利福尼亚州政府更好地监管学区经费使用情况。总体来说，LCAP 设计同样是由加利福尼亚州政府制定，与 ESSA 和 LCFF 两套上位政策逻辑一致，起到政策补充的作用，体现出以下特点。

（1）高度自治：学区教育局负责年度财政预算申报与审批。根据 LCFF 规定，加利福尼亚州各学区教育局每年预判下一年教育行动计划，预估可能产生费用，并结合实际并按照规范方式编制下一年度经费预算，向上提交给郡立教育办公室（County Office of Education，COEs）审批，再由加利福尼亚州政府按照预算拨款方式将经费拨付给地方教育局。

（2）动态监管：经费自主使用的 8 个方面监管。联邦政府充分给予地方教育局充分自治权的同时，会通过 LCAP 加强对学区教育局及学校的经费使用监管，主要围绕以下 8 个方面（不同年度会有所微调）：①学习内容，包括核心学科领域（英语、数学、社会科学、自然科学）和相关领域（健康教育、体育、CTE 等）；②学生兴趣（学生出勤率、旷课率、辍学率、高中毕业率等多项指标合并计算关联性）；③学生其他表现（大学升学表现、语言能力表现）；④学风（计算本区与加利福尼亚州州内“安全标准”学区关于“退学率”“停课率”差距变化）；⑤父母参与度（家长参与学校及学区教育局进行决策的程度）；⑥基础设施（教师、辅导员、社工配比等，及充足的教学资料，另外教育教学设施保持维护更新）；⑦共同核心教育标准实施（所有学生均通过基础的共同核心教育标准）；⑧课程设置（根据学校属性不同，包括基础知识课程、职业技术课程、视觉与表演艺术课程，另外还包括体育课程与课外活动）。

（三）加利福尼亚州教育问责制对我国体育教师职后培训管理的启示

1. 效仿加利福尼亚州教育委员会成立体育教师职后培训专家委员会

根据ESSA，美国联邦教育部将更多权力下放至各州教育局，CDE成立“加利福尼亚州教育委员会”，由加利福尼亚州教育专家构成，承担CDE委托负责的教育管理工作。同样，我国省级教师职后培训工作一般会由省级教育研究院负责，结合加利福尼亚州经验，本书建议：省级教育研究院应当遵循“专业人士管专业事务”原则，由体育学科教研员牵头组织该省各地体育教育、教学专家，组建体育教师职后培训专家委员会，对标国家体育课程相关标准，结合本省实际，明确职后培训目标、组织职后培训师资培训、编制职后培训材料、制订年度职后培训预算方案、定期对各地市体育教师职后培训效果进行检查监督等。

2. 模仿“LCFF-LCAP”实施体育教师职后培训“问责制”

ESSA授权下，加利福尼亚州政府拥有独立自主的教育管理权。加利福尼亚州根据ESSA相关规定和要求制定LCFF，这是加利福尼亚州教育问责制的基础，并配套制定LCAP对加利福尼亚州各学区教育经费使用状况进行监控评估。我国体育教师教育同样可以借鉴加利福尼亚州经验，将体育职后培训的效果评价作为下一年度该地市体育教育相关专项经费拨付的重要依据。①结合LCFF学区财政预算的申报流程，体育教师职后培训专家委员会可以制定论证下一年全省体育教师职后培训的经费预算，并向省教育研究院或省教育厅申报；②基于LCFF学区财政分配机制，省教育厅批准并拨付经费用于下一年体育教师职后培训专项经费后，体育教师职后培训专家委员会可以以上一年度评估成绩为依据，结合各地市需要制订拨款分配的计划方案，并报省教育厅批准；③地市教育局教师发展中心组织向体育教师职后培训专家委员会申请下一年预算，申报材料需按照委员会提出的统一范式，分析前一年体育教师职后培训的经费使用情况，以及是否能够按照预期达到职后培训的效果；④评估经费使用不善、无法达到预期效果的地市，甄别其内在原因。若无法达到预期效果的原因是客观困难所致，建议启动豁免并加大支持力度，帮助解决培训中的客观局限；若因为管理失误或主观疏忽造成培训效果较差，则启动问责消减经费并对相关负责人员进行调整罚则。

三、“学校仪表板”概述及对我国体育教师培训量化评价的启示

CDE 以及加利福尼亚州教育委员会通过一套严密的“数据评估模式”评价各学区教学质量和学生学业情况。因此，加利福尼亚州采用“学校仪表板”作为评价系统的数据采集平台。该系统可配合 CDE 教育评价系统，是教育问责制度实施的重要支撑。加利福尼亚州“学校仪表板”的设计理念与操作成熟度较高，具有较高的借鉴价值。我国省级教育行政部门实施体育教师职后培训项目过程中，可以借鉴加利福尼亚州“学校仪表板”的设计理念施行问责机制，将教师接受培训后所授课程学生的运动能力提升、健康行为塑造和体育品德养成情况作为考查对象，建设一套符合国情、省情的“数据信息平台”，便于全面细致收录相关数据指标，这是保证体育教师职后培训项目效率与质量的重要手段。

（一）加利福尼亚州学校仪表板概述

根据图 9-1，不论是联邦 ESSA，还是加利福尼亚州 LCFF 和 LCAP，均需要一套系统搜集整理学校办学情况及学生整体学业表现的“基础数据”。2015 年，加利福尼亚州教育局为落实 ESSA，加利福尼亚州教育委员会组织数百次会议吸收大量教师、学生、家长和学校意见建议，于 2016 年 9 月在原有系统的基础上建立加利福尼亚州学校仪表板（California School Dashboard），并于 2017 年 3 月 15 日上线，以数据支撑 ESSA、LCFF、LCAP 高质量落地。

1.“学校仪表板”功能概述

“学校仪表板”属于线上评估系统，需要各地方学校接受系统操作培训后，按照要求进行数据的系统填报。“学校仪表板”能够统计分析两类结果：第一，特定学校或特定学区的学生人口统计；第二，加利福尼亚州整体教育评价（6 项州指标）以及特定学区教育评价（5 项地区指标）。

（1）关于学生人口统计的概述。“学校仪表板”会对特定学校或学区注

册学生的人数进行统计，除白种人学生外还包括 12 个特殊学生群体，最后根据人口性质进行统计分类，包括以下维度：①高需求学生，包括英语学习者、寄养学生、无家可归学生、社会经济弱势群体学生及残疾学生。其中，英语学习者、寄养学生及社会经济弱势群体学生是市政府重点关注群体，以更好体现教育公平的执政理念。②学生种族统计，包括非裔美国人、美洲印第安裔、亚裔等。

（2）关于统计指标的概述。“学校仪表板”包括 6 项州指标和 5 项地方指标。6 项州指标分别为长期旷课率、停课率、英语学习者进步程度、高中毕业率、大学 / 职业生涯准备、3~8 年级和 11 年级的数学能力以及英语语言艺术，5 项地方指标分别为：基础条件（教师、教材、设施）、学术标准实施、家长和家庭参与、学校氛围、广泛学习机会。相比升级前，学校仪表盘增加了广泛认同的课程，鼓励地方教师能够积极推进优质课程建设[1]。

（二）加利福尼亚州学校仪表板的指标内涵说明

1.“学校仪表板”的 6 项州指标

“学校仪表板”6 项州指标主要用于针对联邦教育部、加利福尼亚州教育局、教育委员会的工作绩效展开评价，集中反映加利福尼亚州教育当年总体水平与质量，以便为 LCFF、LCAP 次年实施的调整提供依据。相关指标具体计算方式如表 9–1 所示。

表 9–1　加利福尼亚仪表板州指标的计算方式说明

指标名称	计算方式
长期旷课率	（1）长期旷课率分子：学生缺勤率 计算公式是：（请假天数 + 无理由缺席天数）/ 该学年课程天数 当学生缺勤率高达 10% 及以上且上学超过 31 天时，就认为该学生长期缺勤 长期缺勤的学生数量将作为长期旷课率的分子
	（2）长期旷课率分母：学生总数，统计该学校或学区幼儿园八年级学生总数 遵循统计原则：学生在该学年上课时间超过 31 天；有二次及以上入学记录的学生不能统计在内；学区方面有入学记录一次的学生只统计一次
	（3）长期旷课率 = 学生的缺勤率 / 统计的学生总数

[1]　相关内容依据美国加利福尼亚州教育署开发和管理的“加利福尼亚州学校仪表板”网站（https://www.caschooldashboard.org）。

续表

指标名称	计算方式
停课率	（1）停课率分子：该学校或者学区停课一天及以上的学生
	（2）停课率分母：该学校或者学区的全体学生总数。学生总数的统计遵循以下原则：中途入学的学生不计算在内；学校方面多次入学的学生只统计一次，学区方面在同一学区多次进行转学的学生只统计一次
	（3）停课率 = 停课率分子 / 停课率分母
英语学习者的进步程度	（1）英语学习者进步程度分子：（与去年相比在加利福尼亚州的英语语言能力评估考试中的英语学习者进度指标进步一个等级的学生人数 + 维持英语学习者进度中最高指标的学生人数）
	（2）英语学习者进步程度的分母：所有参加加利福尼亚州的英语语言能力评估考试的学生
	（3）英语学习者进步程度 = 英语学习者进步程度的分子 / 英语学习者进步程度的分母
高中毕业率	（1）高中毕业率分母：4 年制高中毕业班的学生总数 +5 年制毕业并有资格获得标准普通高中文凭的学生总数。值得注意的是处于“过渡状态的残疾学生”中标记为“Y”不进行人数统计
	（2）高中毕业率分子：4 年制高中学生获得标准文凭的学生人数 +5 年制高中生获得标准文凭的学生人数。值得注意的是获得特殊教育结业证书的学生以及获得普通教育发展证书（GED）的学生不进行人数统计
	（3）高中毕业率 = 高中毕业率分子 / 高中毕业率分母
3~8 年级和 11 年级数学能力 / 英语语言艺术能力	（1）学生考试参与率：（3~8 年级和 11 年级参加数学方面的智慧平衡总结性评估考试的学生人数 +3~8 年级和 11 年级参加加利福尼亚州替代性评估考试的学生人数）/3~8 年级和 11 年级在校注册学生人数
	（2）数学领域智慧平衡总结性评估的 DFS（与标准的距离）： 总体 DFS 值 =[3~8 年级和 11 年级参加数学（英语）方面的智慧平衡总结性评估考试的学生的 DFS 相加 +3~8 年级和 11 年级参加加利福尼亚州替代性考试评估的学生人数的 DFS 相加]。 学生数学（英语）智能平衡的 DFS= 学生在数学（英语）的智慧平衡总结性评估考试的分数 – 第三级评估量表的最低分数（固定点）。 以数学举例来说：迈克作为五年级学生参加了数学方面的智慧平衡总结性评估考试，考了 2 537 分，则他的 DFS 值 =2 537–2 528=11，又或者爱丽丝为三年级学生考了 2 397 分，则她的 DFS 值 =2 397–2 436=–39，最终两人总的 DFS 值 =11+（–39）=–28。 参加加利福尼亚州替代性考试评估学生的 DFS 值也像举例的那样进行计算。另外，3 种情况学生不纳入 DFS 计算：在美国当地教育机构注册不到一年的学生，没有连续在学校进行注册的学生，在考试过程中出现医疗紧急事故的学生
	（3）学生考试参与率是否达标：联邦法律规定学校或者学区考试参与率必须高于 95%；当考试参与率低于 95%，联邦将会对该学校或者学区进行处罚。以数学能力为例，某学校组织学生参与数学智慧平衡总结性评估和加利福尼亚州替代性评估考试的学生总人数为 400 人，若达到联邦法律规定考试参与率 95% 要求应参加考试 380 人，但是该学校只有 370 人参加考试，那么按照联邦规定的罚分机制（表 D–5）应该扣分，罚分计算公式为：（380–370）×（–246）=–2 460

续表

指标名称	计算方式
3~8 年级和 11 年级数学能力 / 英语语言艺术能力	（4）计算 3~8 年级和 11 年级的数学（英语）能力评估分数。（总体 DFS 值 – 参与率罚分）/ 该学校或学区考试参与率 95% 以上人数。继续上述举例（数学），已知该学校参与率罚分为 –2 770，且参与率 95% 的人数为 380 人，假设该学校的总体 DFS 值为 4500，则该学校 3~8 年级和 11 年级的数学能力的评估分数 =（4 500–2 460）/380 ≈ 5.3，即该学校 3~8 年级和 11 年级的数学能力的评估分数是 5.3 分，根据表 D–6 该州数学能力表现为“高绩效等级”（High）

（1）长期旷课率。统计对象是从幼儿园到 8 年级学生，学校或学区长期旷课率高于 20%，绩效评估为非常高；长期旷课率在 10%~20%，绩效评估为高等；长期旷课率在 5%~10% 为中等；长期旷课率在 2.5%~5% 为低等；长期旷课率低于 2.5% 为非常低。

（2）停课率。统计对象是从幼儿园到 12 年级的学生，停课率大于 6% 为非常高，停课率在 3%~6% 为高等，停课率在 1%~3% 为中等，停课率在 0.5%~1% 为低等，停课率低于 0.5% 为非常低。

（3）英语学习者进步程度。统计对象是需要英语语言辅导，正在学习如何用英语进行交流的国际学生，通过统计进步程度大于 65% 为非常高，进步程度在 55%~65% 为高等，进步程度在 45%~55% 为中等，进步程度在 35%~45% 为低等，进步程度低于 35% 为非常低。

（4）高中毕业率。统计对象是即将毕业的 12 年级学生，毕业率大于 95% 为非常高，毕业率在 90.5%~95% 为高等，毕业率在 80%~90.5% 为中等，毕业率在 68%~80% 为低等，毕业率低于 68% 为非常低。

（5）大学 / 职业生涯准备。统计对象是即将毕业的 12 年级学生，需要综合分析高中毕业率、州考试成绩和大学学分课程等指标，反映出高中毕业生是否为毕业后做好充分规划和准备。

（6）3~8 年级和 11 年级学生数学、英语语言艺术能力评价。统计对象是 3~8 年级和 11 年级学生，通过智慧平衡总结性评估（Smarter Balanced Summative Assessments）和加利福尼亚州替代性评估（California Alternate Assessment）对学生数学能力表现展开评估，通过智慧平衡总结性评估和加利福尼亚州替代性评估对学生英语语言艺术表现展开评估。

2.“学校仪表板”的5项地方指标

“学校仪表板”给予地方教育行政机构或学区充分自治权限，5项地方指标的具体内涵和计算方式由地方酌情设置，因此州政府并未给出具体计算方式。学区教育局是5项地方指标具体使用的责任主体，是“地方控制与责任计划”（LCAP）实施问责评估的重要内容，每年会系统整理分析以支撑自评报告撰写，用于向郡立教育办公室（COEs）申请下一年度教育补贴预算。5项地方指标包括：①基础条件。包括师资结构、学生的教材使用是否符合课程标准要求、学校设施维护。②学术标准实施。地方教育行政机构基于联邦学术标准，对该学区开展的学术活动是否合规、达标进行评估，定期向当地教育管理委员会汇报并公示。③家长和家庭参与。考查家长、家长团体参与学校活动情况，与学校或者学区教育行政机构的沟通交流情况，以及是否通过家校协同有效解决学生学业问题。④学校氛围。每隔1年对学校进行安全检查和认同调查，系统搜集学校氛围相关信息。⑤广泛提供选课学习机会。考查学生在该学区是否能够注册，并能够获得广泛的选课学习机会，重点考查是否为特殊需求学生群体开发并提供相关课程服务。

（三）“学校仪表板”对我国体育教师职后培训效果的量化评价启示

“学校仪表板”设计体现了教育评价的指标复杂性，是美国加利福尼亚州尝试从多元化视角展开对加利福尼亚州自上而下的综合性评价。“学校仪表板”所蕴含的指标复杂性，以及各个复合型评价指标的计算公式都经历了利益相关者旷日持久的讨论，因此整个指标体系设计非常复杂。而我国省级教育行政机构应当根据自定的实施方案配套建设体育教师职后培训的数据信息平台，平台运行的本质就在于全面有效地录入体育教师职后培训的相关数据信息建设工作站。

1.基于学生体育学习表现来评价职后培训效果

“学校仪表板”6项州指标均是以衡量学生学习情况为基本逻辑起点，

进而评价加利福尼亚州的教育质量，并配合财政政策来实施问责。同样，我国省一级教育行政部门可以借鉴“学校仪表板”的基本逻辑，对培训后教师返回工作岗位后，所授班级学生的体育学习成绩，包括运动能力、健康行为、体育品德等是否能够得到改善进行评价。体育教师职后培训的初衷本身就是提高课堂教学效率、更好地按照国家相关标准改善学生运动表现、体质健康等。因此，我国体育教师职后培训效果评价同样应当以学生体育学习表现为对象，系统采集相关指标数据加以分析。

2. 分类考量不同类型体育教师群体的职后培训效果

“学校仪表板”以人口统计参数为变量，从不同维度对注册学生的教育状况进行数据分析；也会重点考查英语学习者、寄养学生、无家可归学生、社会经济弱势群体学生及残疾学生的数据表现情况。这种分类化考查模式值得我国借鉴，我国体育教师包括一些不同的教师群体，如职业教育领域体育教师、特殊教育领域体育教师、学前教育领域体育教师、农村地区体育教师等。我国开发平台时应当充分考虑不同体育教师群体的岗位特殊性，针对不同体育教师类型进行可以横向比较、纵向分析的分类评价模式，对于调整职后培训政策、调整职后培训的经费预算具有指导价值。

3. 多重标准筛选体育教师职后培训项目的评价指标体系

根据前文，“学校仪表板”的评价指标体系包括6个州指标和5个地区指标，对于我国设计体育教师职后培训的评价指标体系同样具有启示作用，包括以下几点。

（1）“学校仪表板”学业质量评价的相关指标及计算方式值得借鉴、调整。“学校仪表板”中诸多评价指标直指学生学业状况，与我国体育教师的工作绩效评价逻辑相一致。体育教师教学效果的好与坏或者职后培训的最终效果，都应当以是否促进学生体育学习效率为终极目标。其中，“学校仪表板”上有若干个评价指标值得参考，包括：①英语学习者进步程度。我国区、县教育局或教师发展中心，应当系统搜集注册受训体育教师的所授班级学生体育学习情况，综合考查班级学生在其教师完成系列培训课程后，体育学习成绩是否有所提高。②高中毕业率。高中毕业率属于结果性评价，同样可以应用于职后培训效果评价机制。例如，针对乡村体育教师群体培训，可以更多关注初中、高中学业水平考试合格率，也可以更多关注中小学学生体质健康测试合格率。③参考“3~8 年级和 11 年级学生数学、英语语言艺术能力评价”内在逻辑，设计考查“学生核心素养”评分等级。“学校仪表板”对数学、英语语言艺术能力评价是统筹考虑学生学习的多个方面，运用智慧平衡的逻辑。我国体育课程已经定位于“非学科”，不仅考查学生的运动能力，还需要考查学生的健康行为与体育品德，可借鉴“3~8 年级和 11 年级学生数学、英语语言艺术能力评价”的综合属性。

（2）“学校仪表板”学业质量“客观性 + 描述性”相结合的评价模式值得参考、转化。目前，我国体育教师职后培训效果评价过于简单，很多地区仅以参加培训的人次作为重要评价结果。“学校仪表板”指标体系包括：①客观性评价指标。同样依照学生学业情况，如定期测量学生体育课考勤、课堂满意度、身体活动状态、身心健康水平等客观指标。②描述性指标。建议体育教师接受培训后，在系统及时填报相关信息，将自己通过培训获得的知识获取感知、技能习得感知、教学能力提升感知、培训组织管理效率感知等方面进行填报。我国体育教师职后培训同样应当做到全面而理性，建议参照“学校仪表板”“客观性 + 描述性”结合评价模式，设置评价指标体系。

第二节　我国中小学体育教师职务（职称）制度的域外启示

基础教育领域，中小学体育教师职务制度是指中小学体育教师专业技术职务评聘制度，关系到广大体育教师群体的职业发展，包括任职资格与条件、评聘程序等系列制度。作为中小学教师群体的重要组成部分，如何对广大体育教师的岗位进行评聘？如何通过体育教师的职称晋升来激发体育教师终身学习的积极性？不同国家中小学体育教师职务制度建设的域外经验，对于我国完善中小学体育教师的职务晋升制度具有较高的启示价值。

一、我国体育教师的职称晋升制度概述

2015 年人力资源社会保障部、教育部联合发布《关于深化中小学教师职称制度改革的指导意见》，是自 1986 年我国开始实施中小学教师职称制度以来的又一次划时代的改革举措，旨在全国范围推动中小学教师职称制度改革。回顾我国中小学教师职称改革发展历程，中小学教师职称制度持续改革。

（一）由“分类化”向“统一化”的职称等级制度过渡

1986 年我国开始实施中小学教师职务条例，对中学、小学教师职称进行分类化管理[1]。其中，中学教师职称设中学高级（高级职务）、中学一级（中级职务）、中学二级、中学三级（初级职务），小学教师职称设小学高级（高级职务）、小学一级（中级职务）、小学二级、小学三级（初级职务）。实操过程中，小学教师职称低于中学教师一级，即小学高级相当于中学一级。2015 年实施中小学教师职称制度改革的重点是根据中小学教师职业特点，建立统一的职称（职务）制度体系，将中学、小学的教师职称等级和称谓进行统一，并设立正高级。自此，我国中小学教师的职称等级划分为初级职称、中级职称和高级职称。其中，初级职称设置员级、助理级，高级职称设副高级和正高级。这样，员级、助理级、中级、副高级、正高级职称（职务）名称依次为：三级教师、二级教师、一级教师、高级教师、正高级教师。

（二）参照事业单位岗位设置标准建立中小学体育教师职称结构

1986 年我国教委颁布《中学教师职务试行条例》《小学教师职务试行条例》和《关于中小学教师职务试行条例的实施意见》中提出：“各级教师职务应有定额”“中小学各级教师职务的定额应依据学校事业发展和教育教学工作需要、教师队伍结构及编制来确定”。具体配给的职务名额由各地方政府根据实际情况确定。2006 年国家人事部颁布《事业单位岗位设置管理试行办法》，规定：“专业技术高级、中级、初级岗位之间的结构比例全国总体控制目标为 1 ∶ 3 ∶ 6”。“专业技术高级岗位分为 7 个等级，即 1 至 7。其中，高级专业技术职务正高级的岗位包括 1 至 4 级；副高级岗位包括 5 至 7 级；

[1] 高慧斌 . 中小学教师职称制度改革特征与现状分析 [J]. 教师教育研究，2016，28（6）：25–31.

中级岗位分为3个等级，即8至10级；初级岗位分为3个等级，即11至13级”。2015年《关于深化中小学教师职称制度改革的指导意见》颁布，提出国家对正高级教师数量施加总体控制，但是并未对中小学教师的职称结构进行明确规定。结合2010年颁布的《国家中长期人才发展规划纲要（2010—2020年）》，至2020年高级、中级、初级专业技术人才比例为10 ： 40 ： 50。依此推理，我国中小学教师属于专业技术人才，高级职称比例应控制在10%，中级职称比例应控制在40%，初级职称比例应控制在50%。

二、美、新、日中小学教师职称制度的国际经验

目前，全球范围内基础教育领域的教师职务制度大致可以划分为两个系列：以日本为主要代表的大陆法系国家将中小学教师定位为“教育公务员”或“公务员”，以美国、新加坡为主要代表的英美法系国家将中小学教师定位为“公务雇员”[1]。由于不同的教师职称定位，造成不同国家采用不同的职级评定和晋升方式。

（一）美国职级自然晋升制度的概述

美国自20世纪60年代开始使用“教师职业梯级计划”，成为全球范围内全面开展教师职后管理的重要制度基础，涉及不同职称梯级的评价标准，综合考查教师的专业水平、学历资质、职业发展空间以及相应的工作年限，符合条件的依规自然晋升[2]，与教师群体的不同梯级薪酬水平挂钩。1986年美国颁布《准备就绪的国家：21世纪的教师》，明确提出：改变教师专业结构，实行专业阶梯制度，在专业阶梯制度中将教师划分为两种类型——“领导型教师”和“一般型教师”[3]。“领导型教师”往往特指在不同学科、专业领域具有较强专业素养的教师群体，往往具备更高的岗位胜任力，需要承担更加复杂、更加艰巨的教学研究等相关任务，同时享受相应更高的薪酬补偿。“教师职业梯级计划”结合职能领域、工作胜任力等指标要求，给出不同类型教师群体划定3个级别，不同级别对应不同的职后培训要求，也给予不同级别

[1] 劳凯声，蔡金花．教师法律地位的历史沿革及改革走向 [J]. 中国教育学刊，2009（9）：21-27.
[2] 余雅风，储招杨．中小学教师职务制度的域外经验及其政策启示 [J]. 中国基础教育，2023（2）：73-76.
[3] 斯通，库珀．教学不孤独 [M]. 陈峥，何倩，译．上海：华东师范大学出版社，2005.

的待遇和专业职称[1]，能够有效与教师的能力和工作量紧密挂钩，综合评价教师教龄、学历以及教学工作量并实现岗位、职级的自然晋升。

例如，美国田纳西州的中小学教师职级包括5级，从低到高依次晋级为试用教师、新手教师、初级教师、中级教师和高级教师。其中，高级教师类似于教学指导或顾问，需要承担指导较低职级教师专业成长的重要责任。5级职级之间采用“能上能下”灵活机制，达到规定任期和考核要求则直接申请晋级。另外，中小学教师当达到较高职级后产生工作懈怠的消极态度时，田纳西州会采取对考核不合格的教师进行降级处理[2]。密苏里州采用4级教师职级制度，各职级教师均需要完成3个维度的职级任务，包括个人专业成长、与相关学科合作教研、承担学校与周边社区服务工作[3]。佐治亚州中小学教师制度实行分类化的四级认证制度，包括实习教师、初任教师、在职教师和高级教师。其中，实习教师入职前需要进行职前教学证书的认定、初任教师需要进行入职证书的认定、在职教师需要进行专业教学证书的认定、高级教师需要进行高级专业证书的认定，强调教师职业生涯早期、中期、后期持续职业终身的成长与发展[4]。

（二）新加坡、日本职级的考核晋升制度概述

日本与新加坡更多依托于中小学教师工作考核来制定相应的职称晋升制度，与美国中小学教师群体的自然晋升存在明显区别。

1. 新加坡职称晋升的绩效评价制度

新加坡教师身份等同于国家公务员，政府依托考核评价的方式建设中小学教师的职称晋升制度，与教师职业发展过程中的教学能力、教学业绩水平相挂钩，在相应时间节点新加坡中小学教师通过工作考核，才能够获得职称晋级加薪的机会。可以说，新加坡小学教师的晋升机会、薪酬水平与教师本身的工作职责密切相关[5]。2003年新加坡教育部实行中小学教师“绩效评价

---

[1] 范宁，杨之岭．霍姆斯协会报告：明天的教师（1986）（上）[J]. 外国教育资料，1988（5）：1-9.
[2] 李远方．美国田纳西州中小学教师职级制度研究 [D]. 宁波：宁波大学，2014.
[3] 刘翠航，王定华．试论新世纪以来美国教师质量保障改革措施：基于对九份联邦教育部长教师质量报告的分析 [J]. 教师教育研究，2017，29（4）：115-121.
[4] 夏青．美国佐治亚州中小学教师职级制研究 [D] 大连：辽宁师范大学，2020.
[5] 张俊．新加坡教师积极参加培训的制度保障和市场机制对我国的启示 [J]. 外国中小学教育，2010（5）：39-42.

制度”，包括教学、行政管理、特殊人才 3 个职称晋升通道，并相应制定 3 个通道相应的职称晋升的评价标准。其中，“教学实践”和“教学研究”是各个职称晋升通道的考核指标条件，其中“教学实践”是最为基础、重要的关键条件。教学晋升通道的教师专门承担中小学的日常教学工作，一旦通过相应考核便能够获得职称晋升，不受名额限制。绩效评价过程中，教育行政部门分别从“对应级别”“教学负担”“教学业绩水平”“教育教学能力”“教育教学知识”5 个方面评价绩效，绩效评价结果与教师的年终奖励、岗位聘任、职务晋升等切身利益密切相关。新加坡中小学教师职称晋升制度强调考核，有效推动中小学教师提高教学质量、完善教学能力，同时取消教学型教师职称晋升的名额限制，为教师成长与发展提供宽松空间。

2. 日本实行年均晋升制

日本属于大陆法系，中小学教师是公务员身份。日本政府颁布《国家公务员法》《地方公务员法》，分别规定：国立中小学教师享有国家公务员身份、公立中小学教师享有地方公务员法律身份[1]。日本职称晋升制度与待遇并不挂钩，会对照公务员等级标准发放相应的薪酬，并会根据相应标准、围绕从业年限逐年增长。但是，日本中小学教师与公务员依然存在典型身份区别，日本政府结合中小学教师教育工作的特殊性质出台《教育公务员特例法》，进一步明确日本中小学教育公务员身份，规定日本中小学教师 4 至 6 级的职称等级。不同等级按照“级”和“号给”进行区分，其中“级”是指教师的职称等级、“号给”是指教师的教学工作年限，每年自动提升一个等级，但“职称”级别并不会随着“号给”级别的提升而提升。教师薪酬会随着“号给”等级增加而提升，也称为“年均升薪”[2]。另外，日本各县对“级”的划分也存在区别。例如，东京将教师的“级”划分为 6 个层次，包括校长（6 级）、副校长 / 教头（5 级）、主干教谕（3 级）、教谕（2 级）、实习助手（1 级）[3]。除此之外，各学校需要结合岗位原则，每所学校的主干教谕、主任教谕和教谕职级教师必须至少配备 1 名，并且

[1] 高姗姗 . 对国外中小学教师聘任制的思考 [J]. 牡丹江大学学报，2009，18（5）：122-124.
[2] 缪丽 . 对美日教师聘任制度的思考 [J]. 世界教育信息，2005（2）：18-20.
[3] 张丽珺 . 中日教师资格制度比较研究 [D]. 上海：上海师范大学，2016.

教师平均工资需高于同等职级一般公务员工资[1]。

三、美国、新加坡、日本经验对我国体育教师职称制度的启示

我国中小学教师职称（职务）晋升制度经过多年沿革发展，为保障我国中小学体育教师群体的成长奠定基础。但是，伴随时代发展，我国长期形成的中小学教师职称晋升制度表现出一定的弊端，具体表现为：除了初级、中级职称（职务）不受岗位比例、任教年限限制以外，我国中小学教师的高级、正高级职称则存在比例的限制；需要通过竞争方式获得相对有限的职称指标。正是由于该特点，我国很多体育教师职业发展到一定水平后，往往会围绕职称晋升的相关要求投入大量非教学努力，一定程度上降低体育教学的质量。为此，结合美国、新加坡、日本的经验，我国中小学体育教师制度可以进行适度改革，构建职务（职称）自然晋升制度，并围绕中小学体育教师的工作特点优化、调整职务（职称）的晋升标准。

（一）构建职务（职称）自然晋升制度、调整适合的晋升标准

美国实行中小学教师的职务自然晋升制度，是尊重中小学体育教学基本规律的一类制度设计。中小学教师的教学工作往往存在重复性，按照相关岗位标准开展教学，尤其是体育教师的教学任务具有典型的“非学科”特征，不需要像高校教师群体那样投入过多的精力在科学研究工作上。为此，中小学教师的职称晋升不能过多地向学术论文、承担课题倾斜，也不能简单化地将教授学生的成绩作为教师职称晋级的依据。为此，根据美国经验，我国应当进一步针对中小学体育教师的“非学科”教学特征，改革推进职务（职称）自然晋升制度的建设，将体育教师的“工作绩效”和“工作年限”作为评价职称晋升的关键依据，即设置中小学体育教师职务晋升的年限上限，中小学教师按照岗位标准按部就班完成教学任务并达到相应绩效标准并积累至一定年限后，则按照“等额”原则晋升至下一职称等级。其中，在具体的制度设计中应当设定明确的中小学体育教师的工龄年限，如 5 年、10 年、15 年、20 年等。达到相应绩效完成相关教学要求后，体育教师工作年限达到相应标准

[1] 佐藤晴雄．教职概论 [M]. 东京：学阳书房，2015.

便能够相应晋级为初级、中级、副高、正高级职称，并兑现相应级别的薪酬待遇。另外，在职称晋升标准的设计方面，应当充分考虑体育教师的工作特点，设立师风师德的红线底线，适当增加学生终身体育观念养成、体质健康发展的教学绩效评估比重，避免将大量非体育教学因素与教师职级晋升相挂钩，避免中小学体育教师职称晋升的“科研化、高校化”。同时，坚持年限自然晋升的同时，也要加强基本绩效的考核，杜绝部分教学态度不端正的体育教师滋生“熬年龄、熬资历”的懈怠状态，对于年度考核不达标的体育教师可以进行降级降薪、转岗低聘等处理，通过可上可下的柔性岗位职称制度调动体育教师工作积极性。

（二）建立中小学体育教师多元化、柔性化的工资结构

我国当前的中小学教师工资制度与职务等级直接挂钩，不能够全面、有效、可持续地利用工资杠杆调动教师工作积极性。尤其，我国基础教育领域正处于学校体育工作改革的中间过渡时期，体育教师工作任务结构复杂且极具挑战。单纯将职称级别作为薪酬发放的唯一标准，不利于学校体育工作的高质量开展。按照目前中小学体育教师收入的主要构成，发挥中小学教师职务制度的正向作用，应在法律层面明确体育教师收入的基本结构，有效区分薪级工资、岗位工资、基本绩效等与教师职务制度的区别，在制度体系下建立起科学的基础性、绩效奖励性工作制度。因此，在职称晋升制度的基础上，我国政府还需要根据自身实际情况加强中小学体育教师专业发展、绩效水平的考核评价制度。中小学体育教师的工作绩效工资、岗位补贴等可以通过常规化的绩效评价考核方式进行等级认定，发放相应的工资薪酬，不需要完全与职称晋升制度挂钩。

第三节　美、英、澳经验对我国体育教师绩效工资制度的启示

前面谈到中小学体育教师应当在职务职称晋升制度的基础上，进一步

建立起多元化、柔性化的工资制度。那么，对于我国各级、各类体育教师而言，绩效工资能否有效帮助勤奋、努力、优秀的体育教师从普通教师中脱颖而出，尤其调动广大体育教师的积极性。其中，绩效工资制度是建立在体育教师职务（职称）晋升制度框架之下，依托体育教师定期的绩效考核或评估发放的工资类型，属于“绩效工资”范畴，包含对特别优秀或者具有特殊贡献的教师群体发放额外的奖励性工资，起到有效的激励作用。但是，尤其在我国正处于学校体育工作加快改革的关键时期，广大体育教师承担巨大的体育教学、学校体育相关工作的执行、推广任务，但是各所学校在具体设计、实施绩效工资方案过程中，并未针对学校体育相关工作设计适合的考核评价标准，也并未在绩效工资的激励部分体现出对体育教师群体的倾斜导向，一定程度上降低了体育教师参与学校体育工作改革的积极性，也降低了学校体育相关工作开展的质量与效益。为此，有必要参考国际教师绩效工资制度的相关经验。

一、我国体育教师绩效工资制度的实施不足

2009 年我国全国义务教育学校开始实施“绩效工资”制度。一般而言，我国绩效工资包括“基础性绩效工资”和“奖励性绩效工资”。“基础性绩效工资”往往与我国职称晋升制度相挂钩，需要综合考虑教师的工作年限、教学资历、学历等，占据工资总体的 70% 左右。而“奖励性绩效工资”实施方案与教师职务职称晋升制度相独立，是用于激励拿到重大成果、作出突出贡献、具备特殊才能的少数教师，能够有效调动少数才能突出教师的积极性。但是，2009 年以来我国全面实施绩效工资制度的过程中并未针对学校的发展实际设计适合的“绩效工资制度”。为尽快且顺利通过学校集体决议、被教师教职工大会接受，学校往往采用“绝对平均主义”方式将绩效工资平均分配，或者顾及绝大多数员工利益。这种方式虽然较为平稳，但是与我国“绩效工资制度”设计初衷不相符，并未向少数高绩效员工倾斜。当前，我国正处于学校体育改革探索阶段，在体育教师社会地位不断提升背景下，日常体育教学、体育课外活动组织、校运动队带训、大课间安排、体质测试检测等各项任务的工作量骤增，体育教师相比以往承担更多的工作压力，但是在我国广大中

小学并未在绩效工资分配方案中突出体育教师的额外贡献和特殊贡献。这也在很大程度上导致我国部分体育教师存在职业认同度不高、积极性缺乏的现实问题。

二、美、英、澳体育教师绩效工资制度概述

传统模式下，美国主要采用由教师教龄和学历决定的单一工资制。英国教师工资由基本工资和津贴两部分构成,其中津贴主要与教师所处岗位挂钩,而基本工资则是由相对固定的教师学历、教师职称、教师教龄3部分构成。澳大利亚教师工资结构更为简化，即将教师的学历层次作为基础工资的发放依据，并将教师的教龄年限作为增加工资的对应标准。可以说，美、英、澳教师传统工资制度与我国体育教师当前工资制度所存在的“绝对平均主义”非常相像，一定程度上剥夺了学校管理者通过薪酬调整调动教师员工积极性的管理权利，前期获得学历基础的教师不需要投入更多便能够通过“熬年限”获得薪酬的提升，相应降低了有进取心、有突出能力教师的终身学习、专业发展积极性，甚至造成大量优秀教师人才的流失，也降低了学生学业质量。为此，美、英、澳三国先后启动教师绩效工资制度的改革举措。

（一）美、英、澳教师绩效工资制度的改革概述

1. 美国教师绩效工资制度的改革概述

长期以来，美国公立中小学长期采用“单一工资制”（Single Salary Schedule），教师获得的薪酬水平更多依赖于教师的受教育水平（学历水平）或任职年限。虽然，“单一工资制”能够消除教师工资分配过程中的性别歧视、族裔歧视等，但是也割裂了工资数量与专业水平、工作绩效及市场因素的关系，导致教师投入工作、教学内容难易、教授学生规模等无论差别如何，均采用“一刀切”的方式分配工资。美国相继颁布了NCLB、ESSA后，很多州、地方教育机构开始探索教师绩效工资制度（Pay for Performance），将教师工资与其绩效表现联系起来[1]。美国联邦教育部“教师激励基金”（Teacher

[1] PODGURSKY M， SPRINGER M. Teacher Performance Pay[R/OL].（2019-11-10）[2025-02-01]. http：//larrycuban.Files.Wordpress.com/2011/04/podgurskyandspringer-teacherperformancepay.Pdf.

Incentive Fund, TIF）分别在 2010、2012 和 2016 3 个财政年度资助了 36 个州和华盛顿特区的 300 个学区，共计 2000 所公立中小学启动教师绩效工资制度改革，依据学生学业成绩表现与进步情况确定教师薪酬工资的发放水平。后来，更名为“教师与校长激励基金”（Teacher and School Leader Incentive Fund, TSLIF），资助范围和力度持续扩大。2007 年，美国哥伦比亚学区“影响力项目”提出设想，经过两年系统性论证和意见征询，于 2009 年正式启动实施，具有以下特征：

（1）将奖惩机制与教师专业发展相衔接。哥伦比亚学区的“影响力项目”让不同教师之间以及单个教师在不同职业发展阶段的薪酬结构按照“多劳多得”“优绩优酬”的基本原则进行动态调整与优化，以更好地持续激励教师。其中，“影响力项目”的关键指标为“工资幅度”（Pay Range），是指同一专业技术岗位不同教师最低工资与最高工资之间的变化情况，以反映对同一专业技术岗位不同教师的奖励或惩罚。其中，工资幅度过低则失去对教师的激励效应，但是工资幅度较高又容易打击大部分普通教师的积极性。“影响力项目”启动后，教师需要接受严格的绩效考核，考核包括无效（Ineffective）、低效（Minimally Effective）、发展中（Developing）、有效（Effective）、高效（Highly Effective）。若绩效评价为“高效”，教师则有机会获得职务晋升并提高基本工资，还能够额外获得数额不同的一次性年终奖励，最高额度为 25 000 美元[1]。另外，当教师获得考核的“有效”或“高效”，不仅可以获得相应的年终绩效奖励，也会拥有职称晋升的机会。一名高级教师（Advanced Teacher）要晋升为杰出教师（Distinguished Teacher）需要获得 1 年“高效”或者连续两年获得“有效”。一旦获得晋升，绩效工资和基本工资部分将不同程度地有所增加。若教师在考核中获得较低等级，则学校需要结合考核结果对教师进行一定批评或罚则，并督促教师在未来聘期内进行整改。若教师考核等级低于“有效”，则可能被冻结工资，并不再按照原有的工资发放标准进行薪酬的发放；若教师连续 3 年仅获得“发展中”，或连续 2 年获得“低效”，或 1 年被评价考核为“无效”，则学校与教师解除合同。这样，哥伦

[1]　相关内容依据华盛顿哥伦比亚特区公立学校系统网站。

比亚学区打破公办教师“铁饭碗”，建立依托绩效评估考核、充分结合奖惩机制与手段、具有可上可下灵活变化的绩效管理制度。当然，绩效工资制度的根本初衷是促进教师的专业成长、保证教师能够在绩效工资制度的激励、罚则机制下投入更多精力提升能力、开展相关教学工作。

（2）全面考核教师工作绩效。美国联邦教育部规定，“教师激励基金”要求教师绩效工资需要与教师所授学生学业状况、水平等挂钩。哥伦比亚学区的“影响力项目”却在此基础上强调更加综合化的绩效考核方式，分别从学生个体的价值增幅（Individual Value-Added, IVA）、教师考试给出的学生成绩（Teacher-Assessed Student Achievement Data, TAS）、教学框架（Teaching and Learning Framework, TLF）、学校共同承诺（Commitment to School Community, CSC）、核心专业精神（Core Professionalism, CP）[1]。

2. 英国教师绩效工资制度的改革概述

1998 年英国教育与就业部颁布《教师：迎接变化的挑战》绿皮书，提出一系列对教师队伍建设与改革的新举措，其中一项便是英国教师的工资制度改革[2]，建议推进教师工资 4 项改革，包括：①引入优秀教师绩效门槛。建议服务年限为 5~7 年，教师达到任职的基本年限后则可以申请对其上一个周期展开相应的绩效评价考核。评价包括内部评价、外部评价、教学质量评价（学生成绩）、专业学习与发展、基于国家标准的教师教学评价。获得优秀教师绩效评价认定后薪酬提升幅度最高可为 10%，这将相应改善工资水平、获得职称晋升的机会。②绩效评价与考核的标准更加严格。绿皮书建议要将教师个人的进步发展、所授学生学业的进步情况作为教师绩效考核的重要内容。教师个人进步发展目标中至少有一项应当与所授学生的学业绩效目标相契合。③设计学校绩效工资的分配方案。政府层面，设立以“学校”为资助对象的激励基金，鼓励教师绩效提升工作尤为突出的优秀学校。政府会对绩效成绩突出的学校进行资金的重新分配并予以倾斜。以“学校”为资助对象的激励基金将为突出学校注入一笔奖励性资金经费，但是并不一定直接补充

[1] 相关内容依据华盛顿哥伦比亚特区公立学校系统网站。
[2] KIRK G.The growth of central influence on the curriculum[M]//GOODSON I F.Social Histories of the Secondary Curriculum: Subjects for Study.London：Routledge，1985.

到“学校”对教师员工的绩效奖励资金，具体使用由学校自行决定。④学校绩效管理项目。学校会根据特定阶段学校的发展定位和提升方向，设计校内教师绩效工资的分配方式，通过绩效考核和工资激励的方式调整教师的职业发展方向和工作投入目标[1]。

3. 澳大利亚绩效工资制度的改革概述

长期以来，澳大利亚教师工资制度相对呈现“扁平化”结构特征，更多依赖“工作年限”来增加教师的工资水平，可以说澳大利亚传统的工资制度缺乏激励性，对于澳大利亚教师工作者的积极性造成一定伤害，尤其是降低优秀教师的工作积极性。2003 年澳大利亚教育、科学与培训部的《教学与教师教育评论》（*The Review of Teaching and Teacher Education*）报告对教师队伍建设提出明确的、系统化的行动方案：为澳大利亚不同职业生命周期阶段的教师设计完善教学专业标准，论证编制一套可信、透明、可靠的评估方法体系；基于评估方法体系设计出一套教师的职务晋升、工资薪酬制度，以及积极推进高级专业标准和优秀教师的激励性政策。在此背景下，2007 年澳大利亚教育部开始在中小学基础教育领域启动教师绩效工资制度。澳大利亚新政更多强调将教师所授学生的学业进步与发展情况、教师承担的教学与行政管理工作业绩等作为评价教师绩效的重要指标，并依据考核评估在工资结构中预留出激励性薪酬的空间予以倾斜。其中，如何进行绩效评估尤为重要。2009 年，澳大利亚联邦政府正式委托教育研究委员会专家建立全国统一的教学评估标准，尤其适用于评估考核合格教师、熟练教师、领先教师，并依托该全国统一的考核评估框架为教师职务升降、薪酬升降提供依据。

（二）美、英、澳教师绩效工资制度改革的积极效果

澳大利亚政府同样大力推行绩效工资制度，2008 年澳大利亚联邦政府推出“国家优质教学合作伙伴关系”计划，鼓励学校和地区教育行政部门向表现优异的任课教师提供奖励[2]。调查发现，美、英、澳教师“绩效工资制度”

[1] WEST M， FIELDING M. Reforming teachers’ pay： crossing the threshold[M]. Taking Education Really Seriously： Four Years’ Hard Labour.London： Routledge， 2001.
[2] 朱宛霞 . 澳大利亚教师绩效工资改革思路解析 [J]. 教育与教学研究，2009，23（9）：11–14.

对于教师职业成长和学业提升有着极其显著的积极作用。尤其能够有效避免优秀教师因无法获得相应激励而流失的被动局面，也能够有效衔接教师职业退出制度[1]，大大提升美、英、澳的教师积极性。绩效工资制度大大提升了优秀教师的积极性，尤其在教学能力培养、前沿专业知识补充等方面投入更多精力与时间，进一步实现了美、英、澳学生群体学业成绩的普遍提升。例如，美国米尔肯基金会组织综合计划——“教师提升项目”（TAP），并在美国亚利桑那州、南卡罗来纳州实施，TAP实施学校学生的学习成绩超出了同时期同类学校的三分之二[2]。

三、美、英、澳经验对我国体育教师绩效工资制度的启示

（一）完善具有较高操作可行性的绩效评估体系

绩效工资制度的初衷在于更好地匹配不同类型教师的贡献权重，通过分类化、层次化的绩效工资分配方案来调动优秀教师的积极性，并对不合格教师予以罚则。我国体育教师承担着大量的体育教学、训练任务，很多体育教师还承担着额外很多学校的相关管理工作。在绩效工资制度框架下建立起与我国体育教师工作相匹配的绩效评估方案，以及满足不同教育领域体育教师需求、适合不同职务职称级别体育教师职业发展规律、与学校体育工作各方面相匹配的绩效评估方法，意义重大。

（二）加强体育教师绩效评估的透明性和公开性

美、英、澳教师绩效工资改革给予学校更高的薪酬调配权限，但是在执行过程中却滋生很多绩效工资发放不公开、不透明的问题，学校的大量激励性薪酬发放标准并未经过系统论证，并未真正意义上与学校的教师发展的导向相挂钩。由于大部分学校的绩效工资调配方案是由学校领导集体制订，很多学校并未充分考虑到教师自身发展的内在需求，导致绩效工资分配方案与教师诉求存在脱节。这一制度虽然对少数优秀教师具有一定的积极引导效应，但是也很容易形成对大部分教师积极性的打击。为此，绩效工资制度与评估

[1] 相关内容依据在线百科全书 Debatepedia 网站。
[2] 王静．美国公立中小学教师工资制度历史发展研究[D]. 福州：福建师范大学，2008.

标准既要体现出对少数优秀教师的激励，又要为普通教师群体中努力成长的潜在优秀教师制定适宜难度的绩效评估标准，在培育优秀教师的过程中激励这部分潜在优秀教师。我国体育教师同样存在着层次化激励的目标，在运用绩效工资制度时不仅需要充分考虑优秀体育教师的高标准，还要充分考虑到广大体育教师职业发展诉求。

主要参考文献

扫码获取本书主要参考文献